L'ÉCHAPPÉE
POCHE

Éditions L'échappée
23, rue Voltaire
75011 Paris
info@lechappee.org
www.lechappee.org

graphisme **ADGP**
(adgp.fr)

correction **Lionel**
de La Fouchardière

dépôt légal
2e trimestre 2021

isbn 978-23730909-1-8

impression **Corlet**
N° d'imprimeur **21020533**

L'échappée, 2021

ÉDITION GRAND FORMAT
L'échappée, 2018

Éditions L'échappée
23, rue Voltaire
75011 Paris
info@lechappee.org
www.lechappee.org

graphisme **ADGP**
(adgp.fr)

correction **Lionel**
de La Fouchardière

dépôt légal
2e trimestre 2021
isbn 978-23730909-1-8
impression **Corlet**
N° d'imprimeur **21020533**

L'échappée, 2021

ÉDITION GRAND FORMAT
L'échappée, 2018

éric sadin

l'intelligence artificielle ou l'enjeu du siècle

anatomie d'un antihumanisme radical

INTRODUCTION

–

LE SURMOI DU XXIe SIÈCLE

Elle s'appellerait Audrey, Kaylee, Jasmine ou Kimiko. Elle aurait la quarantaine, serait divorcée, élèverait, en garde alternée, deux filles en âge de fréquenter le lycée. Elle habiterait une ville moyenne française, une capitale du nord de l'Europe, Johannesburg, Chicago, ou quelque mégalopole asiatique. Durant une dizaine d'années, elle aurait occupé un poste de conseillère financière auprès d'un groupe bancaire international. La réduction des effectifs, due à la pression concurrentielle et à la rationalisation croissante des méthodes managériales, aurait conduit le service des ressources humaines à la remercier en dépit de ses loyaux services et de ses excellentes notations annuelles. Jusque-là, elle aurait bénéficié d'un train de vie confortable qui lui aurait permis, grâce à un emprunt, d'acquérir un appartement de trois pièces en proche banlieue, de privilégier une alimentation saine, de sortir de temps à autre avec ses enfants ou des amis et de s'accorder chaque été quelques semaines de vacances au bord de la mer. Depuis son licenciement, le quotidien serait devenu plus austère. Elle aurait envoyé des centaines de CV, reçu de nombreuses lettres louant ses compétences mais signalant qu'elle ne correspondait pas exactement au profil recherché. Elle commencerait à éprouver des doutes, sur son avenir professionnel, sur sa capacité à assumer ses charges, elle serait sournoisement gagnée par une dépression latente.

Mais nous savons qu'après la rudesse de l'hiver vient la radieuse floraison du printemps. Un beau jour, elle aurait reçu un SMS lui indiquant qu'un entretien d'embauche était programmé pour le lendemain. En dépit de sa nervosité, elle se serait préparée au mieux, s'attachant à répertorier et à synthétiser quelques points jugés primordiaux. Dès le réveil, elle se serait minutieusement apprêtée, secondée par son aînée qui s'y connaîtrait en agencement vestimentaire. Deux femmes et un homme l'auraient accueillie avec cordialité. Le poste concernerait la vente de contrats d'assurance-vie auprès de particuliers. Plusieurs questions, principalement d'ordre technique, lui auraient été posées. Elle aurait parfois fait preuve d'hésitation, marqué des temps avant de répondre, mais ses paroles auraient toujours été sensées et appropriées. Un soudain rayon de soleil aurait illuminé son visage, révélant une mine affable. Les échanges terminés, il lui aurait été avisé qu'on l'appellerait sous peu. Dans la foulée, ils auraient débattu de son cas. Deux d'entre eux auraient estimé qu'elle semblait effacée, manifestant une retenue peut-être dommageable. La troisième personne aurait argué que ces traits seraient gênants si ses propos avaient été inconséquents, or ce fut l'exact contraire. Elle aurait pensé que c'était là un signe d'écoute et d'ouverture aux autres, correspondant à ce qui était requis aujourd'hui, à savoir entretenir une relation aux prospects faite d'authenticité et d'empathie ; de surcroît, son parcours plaidait à son avantage. Finalement, sa candidature aurait été retenue. Elle aurait fêté l'heureuse nouvelle en famille dans un restaurant de leur quartier qu'elles aimaient autrefois fréquenter, où elles auraient célébré avec joie ce moment de renouveau.

Ce serait encore elle. Le cas de figure serait identique mais les faits se dérouleraient plus récemment, ou peut-être demain. Cette fois-ci, elle ne s'embarrasserait plus à expédier des lettres de motivation, son assistant numérique, qui la connaîtrait sans cesse davantage, se chargerait de dialoguer avec des agents conversationnels et de transmettre, sur demande, toutes sortes d'informations relatives à sa protégée. En cet instant, elle découvrirait une notification lui suggérant de rejoindre sans attendre la plateforme Pymetrics. Sur la fenêtre d'accueil, elle distinguerait un panel de douze jeux auxquels elle devrait se livrer successivement. L'un appelant, par exemple, à toucher l'écran aussitôt qu'une boule rouge apparaîtrait sur l'image, un autre à se déplacer au moyen de l'index le long d'un labyrinthe, un autre encore à classer des cartes à jouer suivant des règles à décoder intuitivement. Une fois l'ensemble des tâches accomplies, un message serait apparu : « Nos exercices ont été élaborés sur la base d'études en sciences comportementales unanimement reconnues. Ils nous permettent de collecter, en temps réel, des centaines de milliers de données mesurant objectivement quatre-vingt-dix traits de votre personnalité, tels la créativité, l'adaptabilité, la réactivité, la flexibilité, les niveaux d'attention, la persévérance ou les capacités décisionnelles. Ces tests, issus de notre culture de l'innovation permanente, rendent enfin possible un recrutement efficace, prédictif, non biaisé et parfaitement adéquat. Au vu de votre score, nous avons le plaisir de vous annoncer que vous êtes conviée à passer l'épreuve suivante. »

Elle se trouverait face à un pingouin en image de synthèse lui adressant un large sourire et déclarant d'une voix quasi enfantine s'appeler Recrutello. Il l'interrogerait sur ses goûts, ses hobbies, ses aspirations, jusqu'à certains de ses rêves les plus intimes. Il lui demanderait encore d'épeler rapidement et sans accroc l'intégralité des lettres de l'alphabet, de chanter une mélodie de son choix et enfin d'user de tout son pouvoir de séduction afin de l'inciter à la rejoindre sur-le-champ en usant des bons mots et en arborant son regard le plus envoûtant face au viseur de son smartphone. L'échange se serait subitement interrompu par une formule la remerciant de sa disponibilité et concluant de façon enjouée : « Nous recherchons la meilleure concordance en toute chose. » Elle serait fort décontenancée, n'ayant jamais dû, à ce jour, se plier à un tel format. Quelques instants plus tard, un rapport d'évaluation lui serait transmis : « À la suite de votre prestation lors de cette conversation augmentée, nous sommes au regret de vous informer que, malgré le degré de votre implication et vos indéniables capacités proactives, nous ne vous avons pas sélectionnée, n'étant pas jugée Recrutello-compatible. Votre sensibilité trop aiguë vous empêcherait de répondre avec la détermination requise aux objectifs opérationnels définis jour après jour lors des *war rooms* matinales et de vous intégrer pleinement à la *task force* en place. C'est pourquoi nous vous conseillons de travailler sur la neutralisation de vos penchants expressifs. » Une larme de tristesse coulerait de ses yeux, pendant qu'elle recevrait une proposition d'une start-up lui offrant un mois d'abonnement gratuit pour le soutien d'un coach virtuel spécialisé dans l'amélioration des compétences émotionnelles.

L'ÉMERGENCE D'UNE *ALÈTHEIA* ALGORITHMIQUE

Un phénomène appelé à bouleverser de part en part nos existences se serait cristallisé depuis peu, depuis à peine une décennie. Néanmoins, nous avons du mal à pleinement le saisir, comme si nous étions sidérés par sa soudaineté et sa puissance de déflagration. Nous ne cessons de gloser sur certaines de ses possibles conséquences, généralement celles mobilisant la part la plus émotive de nous-mêmes, mais sans jamais chercher, comme nous le devrions, à identifier sa cause et à l'appréhender dans ses enchaînements successifs, dans une perspective globale. Or, son origine peut être identifiée : c'est celle d'un *changement de statut des technologies numériques*. Plus exactement, de l'une de leurs ramifications, la plus sophistiquée d'entre elles, qui se voit chargée d'une fonction que nous n'aurions, jusqu'à peu, jamais pensé lui attribuer. Non seulement parce qu'elle ne faisait pas partie de notre imaginaire, mais également parce qu'il existait des limites formelles. Car, dorénavant, certains systèmes computationnels sont dotés, nous les avons dotés, d'une singulière et troublante vocation : *énoncer la vérité*. À l'instar des méthodes d'évaluation auxquelles est confrontée cette femme en vue de son éventuel recrutement, capables, d'après une foule de critères, de déterminer si son profil correspond au poste recherché. Ou à l'instar d'un assistant numérique personnel qualifié pour conseiller un régime alimentaire supposé le plus adapté, d'un système de diagnostic dermatologique conçu pour déceler une tumeur de la peau, ou d'un procédé de surveillance policière destiné à prévenir de l'imminence d'un danger sur une zone identifiée.

Désormais, la charge dévolue au numérique ne consiste plus seulement à permettre le stockage, l'indexation et la manipulation aisés de corpus chiffrés, textuels, sonores ou iconiques en vue de diverses fins, mais à divulguer de façon automatisée la teneur de situations de tous ordres. Il s'érige comme une *puissance alèthéique*, une instance vouée à exposer l'*alètheia*, la *vérité*, dans le sens défini par la philosophie grecque antique entendu comme le dévoilement, la manifestation de la réalité des phénomènes au-delà de leurs apparences. Il se dresse comme un organe habilité à expertiser le réel de façon plus fiable que nous-mêmes autant qu'à nous révéler des dimensions jusque-là voilées à notre conscience. En cela, il prend la forme d'une *technè logos*, une entité artéfactuelle douée du pouvoir de dire, toujours plus précisément et sans délai, l'état supposé exact des choses. Nous pourrions affirmer que nous entrons dans le stade achevé de la techno*logie*, ne désignant plus un discours portant *sur* la technique, mais un terme qui prendrait acte de sa faculté à proférer du verbe, du *logos*, mais dans l'unique but de garantir le vrai. Ce pouvoir constitue la caractéristique première de ce qui est nommé « intelligence artificielle », déterminant à la suite toutes les fonctions qui lui sont assignées.

L'octroi de cette faculté ne provient pas d'une conjonction hasardeuse, d'une suite d'événements non préméditée. Tout au contraire, elle a été conditionnée par un facteur déterminant : une large part des sciences algorithmiques emprunte dorénavant une *voie résolument anthropomorphique*, cherchant à attribuer à des processeurs des qualités humaines, prioritairement celles de pouvoir évaluer des situations et d'en tirer des conclusions. Nul artefact, au cours de l'histoire, n'a résulté d'une volonté de reproduire à l'identique nos aptitudes, mais plutôt de pallier nos limites corporelles en vue d'élaborer des dispositifs dotés d'une plus grande puissance physique que la nôtre. Aucun ne procédait d'un décalque scrupuleusement mimétique, mais d'une dimension prothétique dans l'intention de racheter les insuffisances de notre condition, alors que certains furent fondés sur de tout autres référents naturels ou principes théoriques. Ce qui aujourd'hui spécifie un nombre croissant d'architectures computationnelles, c'est qu'elles sont modélisées sur le cerveau humain, dont on suppose qu'il incarne une forme organisationnelle et systémique parfaite du traitement de l'information et de l'appréhension du réel.

Sa structure, faite de neurones, de synapses, de conductions électriques, de réseaux de transmission, devient le parangon à dupliquer. Nombre de recherches menées au sein de laboratoires publics ou privés se développent dans cette perspective et sont accompagnées d'un appareillage rhétorique qui entend en tirer un prestige symbolique. Tout un lexique se constitue qui emprunte, sans vergogne et sans souci de précision terminologique, au registre des sciences cognitives. Sont évoqués des puces « synaptiques », « neuromorphiques », des « réseaux de neurones artificiels », des « processeurs neuronaux ». Désormais, affecter à des systèmes une contexture supposée analogue à celle de notre cerveau se présente comme le nouveau Graal technoscientifique à atteindre.

À un point tel que nous entrons dans *l'âge anthropomorphique de la technique*. Mais il ne s'agit pas d'un anthropomorphisme littéral et strict, car il est empreint d'une logique propre, se trouvant affecté de trois caractéristiques. D'abord, c'est un anthropomorphisme *augmenté*, extrême ou radical, cherchant certes à se modéliser sur nos capacités cognitives, mais les prenant comme des leviers afin d'élaborer des mécanismes qui, tout en s'inspirant de nos schémas cérébraux, sont voués à être plus rapides, efficaces et fiables que ceux qui nous constituent, tout en étant tendanciellement inaltérables. Ensuite, c'est un anthropomorphisme *parcellaire*; il n'a pas vocation à embrasser la totalité de nos facultés cognitives et à traiter, comme nos esprits, une infinité de questions, étant seulement destiné, en l'état actuel des choses, à assurer des tâches spécifiques. Enfin, c'est un anthropomorphisme *entreprenant* qui ne se contente pas d'être doué de seules dispositions interprétatives, mais est envisagé comme une puissance capable d'engager, de façon automatisée, des actions en fonction de conclusions arrêtées. C'est précisément ce triple devenir anthropomorphique de la technique qui entend être exploité afin de conduire, à terme, à une gestion sans défaut de la quasi-totalité des secteurs de la société.

UNE PUISSANCE INJONCTIVE

L'intelligence artificielle ne constitue pas une innovation parmi d'autres, elle représente davantage un « principe technique universel » fondé sur une même systématique : l'analyse robotisée –le plus souvent opérée en temps réel– de situations d'ordres divers, la formulation instantanée d'équations, prétendument les plus conformes, généralement en vue d'engager les actions adéquates correspondantes, soit par le biais d'interventions humaines, soit, de façon autonome, par les systèmes eux-mêmes. Cette logique est supposée s'appliquer, à terme, à tous les pans de la vie individuelle et collective, que ce soit dans le cadre de nos rapports à notre corps, aux autres, à l'habitat, de celui de l'organisation de la ville, des réseaux de transports, des espaces professionnels, de la santé, des activités bancaires, de la finance, de la justice, des pratiques militaires, du fonctionnement futur des véhicules dits « autonomes », bref, la liste des sphères concernées ou vouées à l'être serait trop longue à dérouler ; en vérité elle est virtuellement infinie. Car, à y voir de près, nous assistons à l'émergence d'une *technologie de l'intégral*.

Les dispositifs *alèthéiques* sont appelés, par leur sophistication sans cesse croissante, à imposer leur loi, orientant du haut de leur autorité les affaires humaines. Et ce, non pas de façon homogène, mais à différents degrés, pouvant aller d'un *niveau incitatif*, à l'œuvre dans une application de coaching sportif suggérant tel complément alimentaire par exemple, à un *niveau prescriptif*, dans le cas de l'examen de l'octroi d'un emprunt bancaire, jusqu'à atteindre des *niveaux coercitifs*, particulièrement dans le champ du travail, voyant des systèmes édicter les gestes à exécuter. Dorénavant, une technologie revêt un « pouvoir injonctif », le libre exercice de notre faculté de jugement et d'action se trouve substitué par des protocoles destinés à infléchir chacun de nos actes ou chaque impulsion du réel en vue de leur insuffler, presque de leur « souffler », la bonne trajectoire à suivre. L'humanité se dote à grands pas d'un organe de dessaisissement d'elle-même, de son droit à décider, en conscience et en responsabilité, des choix qui la regardent. Un statut anthropologique et ontologique inédit prend forme qui voit la figure humaine se soumettre aux équations de ses propres artefacts, dans l'objectif prioritaire de répondre à des intérêts privés et d'instaurer une organisation de la société en fonction de critères principalement utilitaristes.

LE TEMPS DE L'EXPONENTIEL

L'intelligence artificielle se situe à la pointe avancée de ce qui est nommé « technologies de l'exponentiel », qui voient leur élaboration et leur mise sur le marché s'effectuer à des cadences toujours plus soutenues. Cette poussée se trouve aujourd'hui favorisée par deux phénomènes conjoints. Le premier prend sa source dans le mouvement d'informatisation de la société, entamé à l'amorce des années 1960, qui a progressivement fait germer l'idée que les machines de calcul sont dotées d'une efficacité dont il ne fait pas de doute qu'elle doit bénéficier à tous les secteurs d'activité autant qu'elles facilitent l'existence des individus. Ces modes d'appréhension, vite devenus une doxa, ont conduit à la généralisation de la notion acritique de « révolution numérique » et, de façon corollaire, au mouvement en cours de numérisation intégrale du monde. Les acteurs, tant économiques que politiques, y voyant l'opportunité historique de procéder à une intensification continue des cycles de rotation du capital entre entreprises, entre entreprises et personnes et entre personnes elles-mêmes *via* l'économie de la donnée et des plateformes, autant qu'à l'optimisation du fonctionnement de la quasi-totalité, à terme, des entités privées ou publiques, que l'on retrouve dans l'expression emblématique de « transformation digitale », entendue comme l'objectif à atteindre en vue de tendre vers une administration indéfiniment maximisée des choses.

Le deuxième facteur qui favorise cette extension sans fin trouve son origine dans le fait que la production industrielle actuelle ne respecte plus toute une série de phases, jusqu'à peu, marquées par des formes d'indétermination dans la recherche, par l'acceptation de l'échec comme risque consubstantiel à l'élaboration de tout prototype, ou encore par l'exigence de procéder à de multiples et minutieux tests de qualité – dont on relève qu'ils font de plus en plus défaut. Aujourd'hui, le rythme est celui de la quasi-absence de délai entre la conception et la commercialisation. La pression concurrentielle et le primat de l'immédiat retour sur investissement interdisent toute latence, toute évaluation concertée sur la valeur et la pertinence des produits. Les unités de recherche et développement devant sans délai et inlassablement prouver qu'elles représentent des leviers de profits. L'heure est aux « cycles d'innovation » toujours plus rapprochés qui favorisent une dynamique d'emballement permanent, adoubée par les dogmes conjugués de la croissance et du surcroît de confort supposé des personnes, qui, pour le bien de la société, ne doivent jamais cesser de s'intensifier.

Dorénavant, les technologies numériques dictent le tempo de nos existences, elles donnent le rythme à l'époque. Cette frénésie se trouve entérinée, presque normalisée, dans les notions de « technologies de rupture » et de « disruption », conformément à la novlangue iconoclaste de l'« innovation » contemporaine. Un vocabulaire guerrier s'est constitué, comme si la vérité de notre rapport au temps consistait, dans une forme de violence, à épouser son « cours naturel » qui, comme chacun sait, est fait de flux ininterrompus héraclitéens. La cadence des évolutions techniques ferait alors miraculeusement corps avec les fluctuations changeantes de la vie, devant s'imposer *de facto* à nos horloges internes et à nos psychés, induisant la conséquence corollaire de l'adaptabilité permanente. Les ordinateurs quantiques ne feront que consolider et institutionnaliser cette aspiration à faire se confondre la société avec la *phusis* éruptive du monde, et on y travaille, principalement à l'aide de fonds publics. Cette poussée exponentielle, laissant entrevoir un horizon téléologique, renoue avec l'idéologie du progrès qui avait été tant décriée depuis la fin des « Trente Glorieuses », et redonne corps à la perspective d'une sorte d'accomplissement de l'Histoire, d'après une vision eschatologique occidentale de l'avènement d'un régime achevé de perfection.

In fine, la mesure indéfiniment précipitée des « cycles d'innovation » participe d'une naturalisation du développement technico-économique en cours, allant jusqu'à l'assimiler à un « tsunami », soit un phénomène quasiment impossible à contenir par le fait d'une force asymétrique, qui procède d'une analogie inappropriée contribuant à imposer la doxa de l'inéluctable. Or, le propre des artefacts, c'est qu'ils ne relèvent d'aucun ordre naturel, mais qu'ils sont le produit de l'action humaine et qu'ils interfèrent sur les affaires humaines. User du terme exponentiel permet aux nouveaux « révolutionnaires » de notre temps, les entrepreneurs super-héros et autres startuppers visionnaires, ceux qui auraient tout compris à la vérité de l'époque, qui la personnifieraient même, de banaliser l'idée selon laquelle les évolutions techniques, l'intelligence artificielle en particulier, s'inscriraient dans une trajectoire inévitable et vertueuse des choses à laquelle, dans l'intérêt de tous, il faudrait se greffer. Les autres, les incrédules, les critiques, tous ceux aspirant à des modes d'existence non systématiquement adossés à des protocoles de guidage automatisé, étant des grincheux, des rétrogrades, n'ayant rien compris au caractère exceptionnel, messianique, de notre époque, dans la mesure où c'est à elle qu'il revient, en regard du grand livre de l'histoire, d'éradiquer toutes les scories du réel. Dans les faits, ce qui caractérise l'exponentiel, c'est qu'il marginalise, et annihile à terme, le temps humain de la compréhension et de la réflexion, privant les individus et les sociétés de leur droit d'évaluer les phénomènes et de témoigner ou non de leur assentiment, bref, de celui de décider librement du cours de leurs destins.

LE VEAU D'OR DE NOTRE TEMPS

L'intelligence artificielle représente, depuis le début des années 2010, l'enjeu économique jugé le plus décisif dans lequel il convient d'investir sans attendre et avec détermination. Outre les entreprises, ce sont également les États qui mobilisent tous les moyens nécessaires en vue de se situer aux avant-postes ; chacun faisant désormais de cet objectif une grande cause nationale. Aux premiers rangs desquels les États-Unis, qui élaborent des plans stratégiques d'envergure, notamment portés par la Darpa (Agence pour les projets de recherche avancée de Défense), la NSA (Agence nationale de sécurité), le secrétariat à la Défense, ainsi que par une myriade d'universités et d'instituts de recherche bénéficiant de subventions fédérales. À l'instar de sa position hégémonique dans l'Internet depuis le milieu des années 1990, le pays entend maintenir son leadership dans la maîtrise des technologies dites « cognitives ». Néanmoins, de nombreuses nations n'entendent plus jouer les seconds rôles et manifestent leur volonté de s'engager corps et âme dans cette farouche compétition planétaire. D'abord la Chine, qui ambitionne de monter sur le « haut du podium » à l'horizon 2030 grâce à des programmes précisément planifiés : « Voici la feuille de route du gouvernement chinois : "D'abord, poursuivre le rythme des nouvelles technologies et des applications d'intelligence artificielle d'ici à 2020, puis réaliser des avancées capitales d'ici 2025 et enfin devenir le leader mondial incontesté au cours des cinq années suivantes"[1]. »

Le Canada prétend s'ériger comme un « pôle mondial de l'IA » et soutient entreprises et laboratoires à l'aide de généreux fonds publics. La Russie, quasi inexistante depuis des décennies dans l'industrie de l'électronique, compte devenir un acteur majeur dans ce domaine qui, en outre, revêt à ses yeux une portée géopolitique. Vladimir Poutine ayant déclaré que la « nation qui deviendra leader de ce secteur sera celle qui dominera le monde », et qu'il ne souhaitait pas « que quiconque jouisse d'une position de monopole ». La liste des pays qui souhaitent s'impliquer dans cette prometteuse épopée serait longue à décliner. Elle comprend notamment, parmi les plus actifs, Israël, le Japon, la Corée du

Sud… Les Émirats arabes unis sont allés jusqu'à créer un ministère de l'Intelligence artificielle : « L'intelligence artificielle sera la prochaine grande révolution. Nous voulons être l'un des pays les mieux préparés à cette fin[2]. » De son côté, la France se vante de posséder tous les atouts nécessaires en vue de devenir un acteur de premier plan : grande école de mathématiques, « incubateurs de start-up », système éprouvé de partenariat public/privé[3]… La région Ile-de-France, parmi d'autres territoires, a identifié « ce secteur comme un axe majeur de développement en matière d'innovation et entend devenir la "région européenne leader en la matière"[4] ». Emmanuel Macron, fervent évangéliste de la numérisation intégrale de la société, envisagée comme le seul horizon politique et économique radieux de notre temps, entend, à l'aide de fonds publics massifs, faire du pays un « *hub* mondial de l'IA » et « attirer les meilleurs chercheurs étrangers ».

Cet enivrement face à l'étendue des perspectives annoncées encourage une profusion de discours de tous ordres. Probablement n'aura-t-on jamais entendu autant d'insanités à propos d'un phénomène si déterminant. C'est la grande ivresse de l'époque, on saisit que des évolutions décisives se jouent, mais au lieu de travailler, comme nous le devrions, à dénouer la complexité des enjeux afin de nous donner les bons instruments de compréhension et d'action, on laisse, sans contradiction, s'exprimer des personnes qui s'érigent comme des experts, la plupart mus par leurs propres intérêts, et qui prétendent éclairer la société de leurs lumières tout en prodiguant, contre rétribution sonnante, leurs précieux conseils aux responsables politiques et économiques[5]. Cette approximation généralisée contribue encore à alimenter nombre d'élucubrations. À l'image de celle formulée par l'astrophysicien Stephen Hawking qui, en 2014 avait affirmé, en compagnie de nombreux scientifiques, que l'intelligence artificielle était vouée, à terme, à éradiquer la race humaine, s'inspirant d'un imaginaire catastrophiste inapproprié fantasmant une rébellion future des machines. Ou de l'entrepreneur Elon Musk qui en 2017 avait rédigé, avec cent quinze industriels et ingénieurs, une lettre ouverte adressée aux Nations unies avançant que « la course à la supériorité en IA des États pourrait être à l'origine d'une troisième guerre mondiale ». Ces propos ineptes émanent de personnes qui, pour la plupart, travaillent, par l'exercice de leurs compétences ou en y injectant de puissants fonds, à l'extension de ces technologies, manifestant une schizophrénie patente autant qu'une mauvaise conscience qui, de temps à autre, ne semble pouvoir être contenues.

De son côté, Mark Zuckerberg, le fondateur de Facebook, ne partage pas cet alarmisme de bon aloi, y voyant, au contraire, la formidable opportunité de « bâtir des communautés », conduisant à la connaissance toujours plus approfondie de l'aspiration des personnes et de leurs comportements, permettant d'offrir en retour une administration bienveillante et continue de la vie grâce aux vertus miraculeuses de l'intelligence artificielle[6]. Au-delà de leur défaut d'argumentation et de leur dimension sensationnaliste, ce qui caractérise toutes ces déclarations, c'est l'allégation selon laquelle un nouvel horizon économique se dessine, une infinité d'avancées avantageuses s'annonce, notamment dans le domaine de la médecine, qu'il ne faut pas, pour le « bien de l'humanité », brider, à la condition de savoir « corriger les éventuels défauts » et de « prévenir les probables dangers », conformément à l'équation sociale-libérale usuelle. La panacée consistant à introduire une « dose d'éthique » et de « régulation », comme une injection qu'il faudrait administrer de temps à autre pour calmer une si belle créature, mais aux velléités potentiellement menaçantes.

L'ÉTROITESSE « ÉTHIQUE »

Dès qu'on veut faire montre de vigilance à l'égard des technologies numériques, on convoque « l'éthique », comme si brandir cet étendard pouvait représenter la parade suprême nous prémunissant contre leurs principales déviances. En vérité, il s'agit là d'une des grandes confusions de l'époque. Comment devons-nous comprendre l'éthique ? Probablement à partir d'un socle minimal : le respect inconditionnel de l'intégrité et de la dignité humaines. Soit le fait de pouvoir user sans entrave de son autonomie de jugement, de décider librement et en conscience de ses actes, de bénéficier de parts de soi à l'abri du regard d'autrui, ou encore de ne pas être continuellement réduit à un strict objet marchand. Alors que généralement, lorsqu'on invoque l'éthique, elle renvoie à une notion confuse, à un vague fourre-tout, à des référents abstraits variant au gré des tropismes de chacun. Plus précisément, une forme d'éthique toute particulière s'est imposée, cantonnée à une seule et sèche aspiration à une « liberté négative », selon les termes du philosophe politique Isaiah Berlin, entendue comme une liberté défensive, uniquement protectrice du droit des citoyens face aux prétentions potentiellement abusives du pouvoir[7].

Nous nous estimons libres, d'après l'opinion commune, dans la mesure où personne ne vient contrarier notre action ; dans cette perspective, la liberté politique renvoie à l'espace au sein duquel chacun peut agir sans que des forces coercitives l'en empêchent. Montesquieu avait explicité et défendu ce principe, faisant, selon Pierre Manent, de cette opposition entre l'individu et les autorités le « centre du problème politique », et avait par là même « fixé ce que l'on pourrait appeler le langage définitif du libéralisme[8] ». Tout un glossaire prétendument « critique » du numérique se détermine en fonction de cette méfiance fondamentale et jamais relâchée éprouvée à l'égard des gouvernants. On comprend mieux pourquoi, dès lors que l'on prétend se soucier d'éthique, on en vient aux questions indéfiniment ressassées relatives à la protection des données personnelles et à la « défense de la vie privée ». Ces postures, se restreignant au seul souci de préserver l'intérêt particulier et confinant à une forme de bonne conscience arborée à peu de frais, possèdent le défaut majeur d'occulter d'autres enjeux au moins aussi décisifs. Car l'essentiel de ce qui se joue échappe à ce que l'on entend par cette conception, à savoir les modes de vie individuels et collectifs qui émergent, appelés à être toujours plus orientés par des systèmes nous dépossédant de notre faculté de jugement et qui ne se trouvent jamais soumis au prisme éthique, alors qu'ils devraient l'être dans la mesure où ils constituent une offense aux principes juridico-politiques qui nous fondent. À l'opposé d'une éthique réduite à la seule sphère personnelle, il serait temps de cultiver une éthique de la responsabilité pleinement soucieuse de défendre le droit à l'autodétermination de chacun et celui de la société tout entière.

Pour apaiser les esprits, il est de bon ton de monter des commissions qui toutes se caractérisent par le fait qu'elles se cantonnent à ces sempiternels axiomes réducteurs et s'en remettent à de supposés experts, tout en organisant, depuis peu, des consultations publiques en ligne afin de donner le sentiment d'être à l'écoute des citoyens. En général, leur seule fonction ne vise qu'à entériner, sous couvert d'examens scrupuleux, des choix déjà adoptés. C'est ce qu'il se passe de façon récurrente en France, qui voit, après le rapport « France IA », commandé par le gouvernement Valls en 2016, un autre l'être par Emmanuel Macron aussitôt son entrée en fonction. L'exécutif a chargé le mathématicien et député de la majorité présidentielle, Cédric Villani, de le présider et qui, avant même le début des auditions, n'a eu de cesse d'affirmer qu'il convient d'édifier un « écosystème pour une recherche agile et diffusante, [...] un terreau général favorable au développement de l'IA, [...] ne pas entraver la recherche» ou encore, qu'elle représenterait un «facteur de démocratie[9]»! Propos qui, à la suite de la remise des conclusions, ont été prolongés par d'autres autant frappés du sceau technolibéral : «Si nous ne faisons rien, nos entreprises vont perdre en compétitivité et l'économie dégringolera encore. [...] Il faut plus de recherche et que celle-ci soit beaucoup plus attractive en France. [...] L'IA, c'est de l'intelligence humaine en plus, ce sont des techniques qui s'insèrent dans tous les domaines, avec parfois une très forte valeur ajoutée[10].» Voici un cas de figure exemplaire d'un chercheur se faisant ventriloque d'un gouvernement et qui a manifestement renoncé à exprimer toute distance critique. Cet alignement des scientifiques et des ingénieurs à la doxa technico-économique représente un vice de notre temps, dans la mesure où ce sont des formes de pluralités dans le champ de la recherche qui se trouvent dorénavant asphyxiées.

Le comble du grotesque revient aux grands groupes de l'industrie du numérique qui, voyant se manifester dans l'opinion publique des signes d'inquiétude, cherchent à se parer des meilleures intentions en mettant en place des «cellules de réflexion éthique», tel le «Partnership on Artificial Intelligence to Benefit People and Society[11]», à l'initiative de Google, Amazon, Facebook, IBM et Microsoft. Les critères retenus renvoient prioritairement au respect supposé de la «vie privée», autant qu'aux principes les plus flous, alors que dans le même temps ces entreprises représentent les agents les plus actifs du vaste mouvement d'automatisation du monde. Comme la confirmation éclatante que l'obsession étriquée de la seule «liberté personnelle» est inéluctablement appelée à faire le lit d'un guidage toujours plus robotisé des affaires humaines.

AGONIE DU POLITIQUE ET AVÈNEMENT D'UNE « *DATA DRIVEN SOCIETY* »

Ce qui caractérise l'intelligence artificielle, au-delà de tous les discours confus qui l'environnent et des rengaines sempiternellement rebattues sur la fin du travail, les prétendus progrès médicaux ou l'optimisation bientôt achevée de la marche des entreprises, c'est l'extension d'une systématique promise à s'appliquer à tous les pans de la vie humaine. Chaque énonciation automatisée de la vérité étant destinée à produire de l'« événement », à engager des actions, principalement à des fins marchandes ou utilitaristes, procédant à une sorte de *stimulation artificielle et ininterrompue du réel*. Par exemple, la fonction d'un miroir connecté ne vise pas seulement à réfléchir une présence, mais à collecter des données relatives au visage et au corps afin de suggérer en retour des produits ou services supposés appropriés en fonction de l'analyse évolutive, et plus ou moins fiable, des états physiologiques, voire psychologiques. Le devenir bientôt majoritaire du numérique s'érige comme une instance d'orientation des comportements vouée, à tout instant, à offrir des cadres d'existence individuelle et collective tenus pour les mieux administrés, et ce de façon fluide, quasi insensible, jusqu'à prendre l'allure d'un nouvel ordre des choses.

C'est la raison pour laquelle le technolibéralisme fait des technologies de l'*alètheia* son principal cheval de bataille, y voyant le parfait accomplissement de ses ambitions hégémoniques grâce à l'émergence d'une « main invisible automatisée », d'un monde régi sous le régime de la rétroaction, du *feed-back*, une « *data driven society* », où chaque occurrence du réel se trouve soumise à une série d'opérations en vue de prendre la juste inflexion suivant des critères précisément définis. Soit un projet continuellement tendu vers l'évitement de toute inertie et le gain de toute chose qui, à l'origine, procède d'un phantasme de mathématiciens, d'ingénieurs, de chercheurs – les initiateurs de la cybernétique –, aspirant lutter contre le mal suprême, l'entropie, et qui aujourd'hui se réaliserait à plus d'un demi-siècle de distance, mais ne se cantonnerait plus à seulement corriger des formes de désordre, mais à tirer profit de l'interprétation robotisée de toute situation. Une fantaisie technoscientifique datant de l'après-guerre est aujourd'hui devenue un axiome économique et anthropologique qui prétend édifier une gouvernance indéfiniment dynamique et sans faille des affaires humaines.

En cela, l'intelligence artificielle concourt à organiser la fin du politique, entendu comme l'expression de la volonté générale d'arrêter des décisions, dans la contradiction et la délibération, en vue de répondre au mieux à l'intérêt commun. Comment ne pas saisir qu'elle relève également d'un phénomène psychologique qui prend sa source dans notre angoisse fondamentale, induite par l'incertitude inhérente à la vie, nous obligeant indéfiniment à nous déterminer, supposant le doute et la possibilité à tout instant de commettre l'erreur ? Elle viendrait alors chasser notre vulnérabilité, nous débarrasserait de nos affects, au profit d'une organisation idéale des choses, faisant disparaître la résistance du réel en quelque sorte, grâce à une emprise sur la totalité des phénomènes visant l'horizon d'une forme achevée et perpétuelle de perfection.

Plutôt qu'une « singularité technologique », à savoir l'avènement d'une rupture anthropologique due à l'émergence prochaine d'une « superintelligence omnipotente » et à la fusion entre cerveaux et processeurs, selon la thèse grotesque et sensationnaliste de Ray Kurzweil[12], c'est davantage une « singularité ontologique » qui est appelée à se réaliser, redéfinissant de part en part la figure humaine, son statut, ses pouvoirs, ses droits qui jusque-là étaient supposés garantir à chacun la possibilité de sa liberté et de son épanouissement. C'est la raison pour laquelle la nature de l'intelligence artificielle, ses domaines d'application, les intérêts à l'œuvre, l'ampleur avérée autant que probable de ses effets représentent une des questions civilisationnelles et philosophiques majeures de notre temps, peut-être la question majeure, alors qu'elle ne fait pas suffisamment l'objet d'explorations théoriques à la hauteur des enjeux.

LE COUP DE FORCE RHÉTORIQUE

À cette fin, il convient d'abord de remettre en cause la notion d'« intelligence artificielle », à la racine, dans son appellation même, dans la mesure où les termes utilisés contribuent à forger nos représentations. L'expression fut pour la première fois employée en 1955 par le mathématicien John McCarthy dans la perspective de la tenue du *Summer camp* de Dartmouth, situé à Hanover dans le New Hampshire (États-Unis), qui inaugura le mouvement de la cybernétique. L'ordre du jour entendait définir les termes d'une nouvelle discipline destinée à simuler et à reproduire artificiellement certains des processus du cerveau humain. L'assistance était composée de scientifiques et d'informaticiens, mais aucun d'entre eux n'était issu des neurosciences. Ils ne détenaient qu'une connaissance lacunaire de la structure cérébrale, raccordant des schémas très sommaires, assez grossiers, à leurs hypothèses. En réalité, le principe d'une intelligence computationnelle modélisée sur la nôtre est erroné car l'une et l'autre n'entretiennent presque aucun rapport de similitude.

Et ce pour deux raisons. La première, c'est que ces architectures sont dénuées de corps, qu'elles ne représentent que des machines de calcul dont la fonction se cantonne au seul traitement de flux informationnels abstraits. Et dans le cas où elles se trouvent reliées à des capteurs, elles ne font que réduire certains éléments du réel à des codes binaires, tout en se trouvant exclues d'une infinité de dimensions saisies par notre sensibilité qui échappent au principe d'une modélisation mathématique. Nous avons affaire à une conception tronquée, restreinte et biaisée de ce que suppose le processus de l'intelligence, qui est indissociable de sa tension avec une appréhension multisensorielle et non systématisable du milieu ambiant : « Pour dire les choses simplement, les cerveaux et les corps sont dans un même bain et produisent l'esprit de manière conjointe[13]. »

La seconde raison, c'est qu'il n'existe pas d'intelligence qui vive isolée, enfermée dans ses propres logiques, à l'instar du principe de progression consistant à s'exercer seul « contre soi-même » comme dans une bulle, conformément à la logique dite « par renforcement » à l'œuvre dans le programme AlphaGo Zero[14], qui a joué des millions de parties de go « contre lui-même ». Car l'intelligence est indissociable de rapports ouverts et indéterminés aux êtres et aux choses, d'un contexte épigénétique, soit un milieu composite au sein duquel elle évolue et se singularise. Elle ne se caractérise pas seulement par la faculté d'adaptabilité, comme il est souvent répété, d'après un cliché darwinien simpliste, mais davantage par la capacité à se modifier grâce à l'intégration mûrie de nouvelles connaissances, à se remettre en question à la suite d'événements inattendus ou de propos contradictoires formulés par autrui, jusqu'à arriver, par l'écoute attentive du chant jamais achevé de toutes les différences, à se déprendre de certains des schémas qui, à tort, l'impriment.

Autant de dispositions dont ne sont et ne seront pas affectés les systèmes, dans la mesure où ils relèvent de seules dimensions fonctionnalistes, étant uniquement structurés en vue de répondre à des fins prescrites, à l'opposé de ce qui nous constitue, nous projetant à tout instant vers un foisonnement d'aspirations de tous ordres. Il y a une irréductibilité de la vie comme il y a une irréductibilité de l'intelligence humaine qui, l'une comme l'autre, sont réfractaires à toute définition circonscrite et à toute catégorisation figée. Tout comme il y a une irréductibilité de nos affects qui résistent à toute entreprise de schématisation intégrale. Nous n'avons, en aucune manière, affaire à une réplique de notre intelligence, même partielle, mais à un abus de langage laissant croire qu'elle serait, comme naturellement, habilitée à se substituer à la nôtre en vue d'assurer une meilleure conduite de nos affaires. En vérité, il s'agit plus exactement d'un *mode de rationalité*, fondé sur des schémas restrictifs et visant à satisfaire toute sorte d'intérêts.

POUR UN CONFLIT DE RATIONALITÉS

C'est pourquoi il est impératif de ne pas accorder à ces logiques le monopole de la rationalité et de faire valoir, contre un mode de rationalité normatif promettant la perfection supposée en toutes choses, des modes de rationalité fondés sur l'acceptation de la pluralité des êtres et de l'incertitude fondamentale de la vie. Nous allons devoir vivre un *conflit de rationalités* dans la mesure où chacune d'elles engage des valeurs et détermine des modalités d'existence en tous points opposées. Ce doit être une des luttes politiques majeures de notre temps. Mais comment se fait-il qu'à ce moment décisif de l'histoire de l'humanité, ce tournant à portée civilisationnelle ne suscite pas de mobilisation à la hauteur des enjeux ? Comment en est-on arrivé à cette forme d'enivrement et de renoncement collectifs qui contribuent à laisser libre cours à ceux qui œuvrent de façon acharnée à instaurer un pilotage automatisé des affaires humaines ? Car « le danger, pour l'espèce, n'est pas d'aller où elle va, c'est d'y aller les yeux fermés, les jambes folles, la cervelle ivre[15] ».

Contre cette énonciation robotisée de la vérité, nous devons nous saisir de notre faculté à faire valoir un autre esprit de la vérité, en manifestant, selon les termes de Michel Foucault, notre « courage de la vérité[16] ». Soit le fait de revendiquer qu'à la différence de l'exactitude, la vérité ne se présente sous aucun référent stable, qu'elle appelle un effort d'appréhension jamais achevé, ce sur quoi nous devons régulièrement, dans la diversité des subjectivités, nous mettre provisoirement d'accord, afin de nous efforcer d'agir, individuellement et collectivement, au plus juste, à l'écart de toute imposition unilatérale qui cloue le bec à notre droit de parole. Une théorie critique de l'intelligence artificielle – qui manque cruellement –, requiert de se faire philosophe, non pas de la seule technique, mais d'un composé hétérogène qui n'a cessé de se consolider depuis le début des années 2000. Celui qui voit l'implacable alliance entre les puissances industrielles et économiques, les responsables politiques, une large partie du monde universitaire et scientifique et des groupes d'influence de tous ordres qui, sous couvert de s'inscrire dans le « sens de l'histoire » et de représenter des forces « progressistes », travaillent à la rapide éradication des principes qui nous fondent et à la propagation d'un antihumanisme radical. C'est pourquoi le titre de ce livre procède d'un écho direct à *La Technique ou l'Enjeu du siècle* de Jacques Ellul[17], qui avait su très tôt, dès 1954, à l'écart du verbiage métaphysico-marxiste omniprésent de l'époque, prendre la mesure de l'ensemble technico-industriel, celui de l'après-guerre, qui s'évertuait sans relâche à intensifier les logiques productivistes, à édifier des modes d'organisation toujours plus optimisés, à mobiliser des budgets massifs à l'intention des domaines militaire et de l'énergie atomique, contribuant à imposer des choix structurants à la société sans faire appel au consentement éclairé de ses membres.

Son mérite consiste, notamment, à avoir su identifier un certain type de développement technique, devenant alors majoritaire, qui ne se cantonnait pas à la seule fabrication de marchandises et à favoriser l'éclosion rapide de la « société de consommation », mais qui contribuait, par sa nature, à instaurer des modes d'existence toujours plus soumis à des schémas rationnels favorisant l'essor de structures asymétriques de pouvoir. Il ne relève pas du hasard que cette œuvre lucide et argumentée, délibérément située à contre-courant, n'ait pas rencontré, à l'amorce de la séquence frénétique des « Trente Glorieuses », tout l'écho qu'elle méritait, se voyant même dénigrée par certains milieux mis en cause, car, comme le relevait Günther Anders exactement à la même période : « Rien ne discrédite aujourd'hui plus promptement un homme que d'être soupçonné de critiquer les machines. [...] La critique de la technique est devenue aujourd'hui une affaire de courage civique[18]. » De nos jours, nous pouvons constater, textes à l'appui, que nombre de ses analyses se sont confirmées ; en outre, ses ouvrages rencontrent un large lectorat et se trouvent enfin reconnus à leur juste valeur.

Mais ce qui diffère entre l'époque de Jacques Ellul et la nôtre, c'est que la technique, lorsqu'elle plaçait les êtres sous sa puissance de séduction ou de coercition, demeurait néanmoins comme une force extérieure, ne s'exerçant *in fine* que sur certaines séquences du quotidien. Depuis, trois seuils ont été franchis, dont il avait pressenti les premiers frémissements en quelque sorte. D'abord, la portée totalisante des technologies numériques, vouées à s'immiscer, à terme, dans tous les pans de la vie. Ensuite, leur pouvoir d'infléchissement des comportements, étant dorénavant destinées, pour une partie d'entre elles, à orienter l'action humaine. Enfin, la technique, en tant que champ relativement autonome, a aujourd'hui disparu. Il n'existe plus qu'un monde technoscientifique inféodé aux instances économiques qui dictent les trajectoires à emprunter. Seul demeure le *technoéconomique*. Historiquement, les scientifiques, les ingénieurs, bénéficiaient de formes plus ou moins lâches d'indépendance.

Depuis le début du XXe siècle, l'industrie les a peu à peu intégrés en son sein, soumettant leurs recherches à des objectifs définis par les départements de marketing ou les bureaux de tendances. Il est loin le temps où Alexandre Grothendieck, mathématicien, lauréat de la médaille Fields, avait appris avec indignation que l'Institut des hautes études scientifiques (IHES), au sein duquel il œuvrait et dont il contribuait à la renommée internationale, bénéficiait de fonds provenant de l'Otan via le ministère français de la Défense nationale. Il s'efforça de faire annuler cette source de financement, mais son initiative essuya un refus de la part de sa hiérarchie, à la suite duquel il démissionna de toutes ses fonctions au sein de l'institution. Il avait alors fondé, avec d'autres, en 1970, le groupe Survivre et vivre, qui publiait notamment une revue[19] témoignant d'une conscience admirable relativement à la responsabilité des scientifiques et des ingénieurs, dont ferait bien de s'inspirer cette corporation qui, dans sa grande majorité, a vendu son âme[20].

Yann LeCun, par exemple, spécialiste du *deep learning*, a été enrôlé par la firme Facebook pour diriger l'unité française de recherche et ne cesse, en toute occasion, de vanter les inestimables bienfaits promis par l'intelligence artificielle. Comment est-il possible que cette personne puisse manifester une quelconque distance critique ? Son discours se trouve, tant consciemment qu'inconsciemment, muselé, se voyant prisonnier d'intérêts qui le surplombent et qui enrégimentent sa pratique. Car le monde de la recherche, autrefois constitué d'acteurs mus par des curiosités, des intérêts, des tropismes de tous ordres, et qui favorisait le libre apport de chacun, conditions nécessaires à sa vitalité, est devenu une sorte de champ de ruines de l'inventivité, étant maintenant composé d'individus se pliant sagement à des cahiers des charges à l'avance déterminés. C'est pour cette raison que le concept de *pharmakon*, selon lequel la technique serait à la fois un remède et un poison, est erroné et stérile. C'était peut-être le cas lorsque les artefacts résultaient d'intentions plurielles et contenaient des formes d'ambivalence ; désormais les productions répondent, dans leur quasi-intégralité, à des fonctionnalités précisément circonscrites et à de strictes visées utilitaristes qui n'offrent aucune alternative dans leurs usages.

Cette emprise grandissante opérée sur la société par le complexe technoéconomique contemporain nous oblige, m'oblige, à reprendre, à nouveaux frais, le travail analytique et critique entrepris par Jacques Ellul. Cette entreprise, qui relève de la philosophie politique, exige d'identifier les lignées généalogiques, la pluralité des intérêts en jeu, les effets de tous ordres induits sur nos existences, le substrat idéologique qui entend asseoir une vision hygiéniste des choses, autant que la dimension psychologique, voire quasi névrotique, qui s'exprime dans cette aspiration à ériger une « intelligence artificielle ». Néanmoins, vu la rapide consolidation des trajectoires en cours, la seule élaboration de corpus critiques se révélerait assez inopérante si nous ne travaillons pas, dans le même temps, à tisser des liens fructueux et possiblement réciproques entre *theoria* et *praxis*.

Alors que les évangélistes de l'automatisation du monde ne cessent d'entreprendre et de se voir soutenus et célébrés de toute part, nous nous sommes laissés aller à des formes d'apathie, nous avons renoncé à user de notre pouvoir d'agir. Un mouvement contraire, faisant valoir d'autres principes, ne peut plus s'en tenir à la seule critique, la plus fondée et argumentée soit-elle, mais exige l'expression en acte de nos divergences et de notre opposition. Vu les puissances hégémoniques à l'œuvre, il convient de concevoir des stratégies, appelant, avant toute chose, à témoigner de la réalité du terrain, à faire remonter des contre-expertises qui démentent les flopées de technodiscours fabriqués de toutes pièces et colportés de partout. Seuls les multiples récits accumulés des expériences vécues seront aptes à exposer les faits dans leur crue vérité et à encourager des formes de mobilisation à toutes les échelles de la société. Probablement, nous sommes-nous également dépris du réflexe, qui se révèle si salutaire en certaines circonstances, de manifester notre refus, en l'occurrence à l'égard de certains dispositifs, lorsqu'il est estimé qu'ils bafouent notre intégrité et notre dignité. Car cette posture, qu'elle émane d'une résolution individuelle, ou plus encore lorsqu'elle s'exprime de façon coordonnée, revêt une efficacité immédiate, celle produite par la formulation déroutante d'un rejet sans appel : « Si Pier Paolo avait quelque chose à nous léguer, ce serait une myriade de "non" grinçants, tendres ou messianiques, le goût amer de la lutte contre tout ce qui nous fait nous contenter d'être ce à quoi cherche à nous réduire le "nouveau Pouvoir"[21]. »

Mais parallèlement à la manifestation de nos désaccords, nous devrions tout autant œuvrer à faire émerger des contre-imaginaires, de tout autres imaginaires, qui se satisfont de la tragique et heureuse contingence du devenir, à l'opposé de la volonté de disposer d'une maîtrise intégrale sur le cours des choses. Ils conditionnent la possibilité d'ériger des modes de vie qui se résignent, sans ressentiment, à l'imperfection fondamentale de l'existence et qui célèbrent la diversité des êtres, l'autonomie de la volonté, notre appréhension multisensorielle du réel, et qui cherchent à édifier des manières d'être en commun ne lésant personne. C'est cela la mise en pratique de l'agir humain à laquelle appelait Hannah Arendt, seule capable de nous rendre pleinement auteurs de nos destins, fondée sur le respect de principes jugés intangibles.

Particulièrement, la défense de notre faculté de jugement, tenue par Arendt comme la question politique majeure, dans la mesure où elle détermine la possibilité d'actions individuelles et collectives se refusant à toute normativité infondée et à des jeux de pouvoir illégitimes : « La faculté de jugement, dont on pourrait dire, à juste titre, qu'elle est la plus politique des aptitudes mentales de l'homme. [...] Juger réalise la pensée, la rend manifeste dans le monde des apparences. [...] La manifestation du vent de la pensée n'est pas la connaissance, c'est l'aptitude à dire ce qui est juste et ce qui est injuste, ce qui est beau et ce qui est laid, et cela peut empêcher des catastrophes, du moins pour moi, dans les moments cruciaux[22]. » Et dans ce moment crucial, il est décisif de dire ce qui est juste et ce qui est injuste, ce qui est beau et ce qui est laid, nous pourrions rajouter, ce qui est digne et ce qui est indigne et encore ce qui libère les potentialités humaines ou ce qui les enrégimente dans des cadres bornés et sclérosants. Ce livre cherche à éclairer les termes d'alternatives à portée civilisationnelle en tout point irréconciliables, et entend s'offrir comme un outil permettant, dans la suave sensation du toucher de pages imprimées et à l'abri du brouhaha du monde, de mieux se déterminer, en conscience et en responsabilité.

I

–

LE TOURNANT INJONCTIF DE LA TECHNIQUE

1.
UNE BRÈVE HISTOIRE DE L'INFORMATIQUE
[D'UN SURCROÎT DE MAÎTRISE À L'ASSISTANAT AUTOMATISÉ DE L'ACTION HUMAINE]

L'histoire n'est jamais close. Chaque séquence du passé peut faire l'objet d'une historiographie foisonnante au gré des sensibilités individuelles, de découvertes récentes ou de l'esprit d'une époque. Les recherches explorant les grands événements ou les expériences minuscules, tels la chute de l'Empire romain, la vie d'un village occitan au Moyen Âge, le quotidien d'un facteur durant la Première Guerre mondiale, la lutte des suffragettes au Royaume-Uni, ou le mouvement contre-culturel aux États-Unis par exemple, génèrent une multitude de chroniques qui ne peuvent jamais être refermées. La plupart projettent moins de nous éclairer sur la mentalité générale d'une société que de révéler quelques-unes de ses dimensions plus ou moins méconnues ou qui, pour toute une série de raisons, auraient été occultées. Parfois, elles entendent souligner leur résonnance avec certains phénomènes du présent. Ce dont témoigne la discipline historique, c'est de la nature irréductible de l'expérience humaine qui ne peut se réduire à une schématisation univoque et définitive et qui appelle à être instruite sous des modalités et des perspectives indéfiniment renouvelées et plurielles.

A contrario, il est marquant de constater qu'il n'existe pas une historiographie fourmillante de l'informatique. En revanche, il s'est constitué une sorte de grand récit qui s'y rapporte, sempiternellement repris à l'identique, formant un tableau à l'allure figée, caractérisé par une focalisation sur une succession de faits considérés comme déterminants et revêtant le statut d'un catalogue quasi officiel. Ce qui le singularise, c'est qu'il se trouve, dans sa composante majoritaire, comme isolé, placé à l'écart des contextes économique, social, politique au sein desquels les protagonistes ont pourtant évolué. La raison en est identifiable : ce roman unique est indissociable du principe de *la neutralité de la technique* qui prévaut depuis si longtemps. Car cet axiome, idéologiquement orienté, permet de faire abstraction des intérêts à l'œuvre et des intentions de toutes sortes formalisées dans les dispositifs.

Alors, on en revient toujours, comme mû par un réflexe conditionné, aux mêmes événements, généralement relatés dans leurs seuls environnements scientifiques et se trouvant parfois mis en rapport avec un vague arrière-plan culturel. Parmi les exemples les plus lointains et les plus notoires de l'âge moderne, ceux ayant fait œuvre de la plus grande nouveauté et entraîné à leur suite des incidences de toutes sortes, il est régulièrement fait mention de la machine à calculer conçue par Wilhelm Schickard en 1623 qui, grâce à des réglettes coulissantes et des disques opérateurs, aurait dû effectuer des additions et des soustractions. Ou la Pascaline, élaborée en 1642 par Blaise Pascal, qui fut la première à pouvoir être utilisée et servirait de référence à nombre de modèles ultérieurs. Ou celle de Gottfried Leibniz, datant de 1694, qui comportait un tambour à dents inégales permettant de procéder à la multiplication. Ou pour ce qui renvoie à l'ancêtre direct de l'ordinateur, on ne manque jamais d'évoquer, à juste titre, l'invention par Charles Babbage, en 1820, de la machine à différences, suivie en 1834 de la machine analytique, qui devaient, en théorie, permettre d'entrer des données, de recueillir des résultats, de les imprimer et de les conserver[1]. Ou alors, pour ce qui relève des prémices de la programmation, on s'en tient à la rédaction, en 1843, par Ada Lovelace, à partir des travaux du mathématicien

Luigi Federico Menabrea, d'un mémoire décrivant le principe de l'algorithme, à partir duquel sont exécutées des suites d'instructions, et qui constituerait, près d'un siècle plus tard, la base des sciences du calcul. Ou on invoque encore la logique binaire théorisée par George Boole qui, dans son ouvrage publié en 1854, *Les Lois de la pensée*[2], démontre la possibilité de coder l'intégralité des opérations à l'aide de formules ne relevant que de deux états : le zéro ou le un, établissant ainsi les axiomes qui ont structuré le cadre de la pensée du computationnel tout au long du XXe siècle, jusqu'à aujourd'hui. Voici toute une série de faits, certes décisifs, parmi bien d'autres, qui pourraient être déclinés sur de longues pages du même acabit, formant les annales sans fin reprises d'une certaine histoire de l'informatique.

Ce qui spécifie cette narration prédominante, c'est que, par sa dimension principalement factuelle, les acteurs semblent comme situés « hors-sol », confinés dans leurs laboratoires, cherchant seulement à s'adonner à leurs travaux et à assouvir leur passion. Ce mode de représentation a particulièrement imprimé l'odyssée de l'informatique moderne, par exemple dans la biographie emblématique de Steve Jobs, à l'aura mythique, qui aurait, depuis son « garage » et emporté par son génie débordant, mis au point le seul ordinateur personnel destiné à faire entrer les utilisateurs dans l'âge d'une émancipation globale alors advenue. Les intérêts économiques qui allaient dicter la trajectoire des recherches dans le secteur, la nature du complexe techno-scientifique californien et étasunien de l'époque, les luttes industrielles qui commençaient à opposer entre eux les différents fabricants de PC sont occultés, pour privilégier l'image d'un être quasi autiste, uniquement mû par la farouche volonté de donner corps à ses intuitions visionnaires qui allaient finir par « changer le monde ». Ce statut, littéralement extraordinaire, est attribué autant à Bill Gates et, davantage concernant des figures plus récentes, à Mark Zuckerberg ou Elon Musk. L'épaisseur héroïque dont se trouvent parés les principaux personnages scientifiques, et depuis quelques décennies certains entrepreneurs majeurs de l'industrie du numérique, présuppose que leurs productions revêtent, à leur origine, une « innocence virginale », qu'elles résultent de leur seule ferveur créatrice qui les déchargerait presque de toute responsabilité, d'autant qu'il est acquis que, par leurs fulgurantes inventivité et nouveauté, elles ne pourront au bout du compte que profiter à tous. Ce mode de perception est indissociable de l'idéologie du progrès à l'œuvre tout au long des XIXe et XXe siècles et de la rhétorique de l'« amélioration du monde » grâce aux vertus inépuisables de l'« innovation » qui constitue un des mantras de la Silicon Valley depuis le milieu des années 1980.

Il reviendrait à une historiographie non soumise à une idéologie positiviste et à des a priori restrictifs de démentir cette doxa, soucieuse alors de mettre en rapport les découvertes et les inventions avec leurs conditions générales d'émergence. Les épisodes peuvent être examinés d'après une multitude d'angles d'approche. Par exemple, en privilégiant un facteur déterminant, celui qui a permis à un certain type de développement technique, prenant vite un cours majoritaire, de favoriser, depuis la révolution industrielle, la rationalisation croissante de la société. Ou celui, corollaire, et tout aussi capital, des ressorts économiques ayant orienté les recherches et dicté leurs domaines d'application. Ou celui de l'inféodation progressive des scientifiques et des ingénieurs aux visées de l'industrie. Ou encore, celui des lexiques régulièrement forgés, allant jusqu'à constituer des novlangues, accompagnant les évolutions et imprimant les représentations collectives. Ces quelques choix stratégiques n'étant pas exclusifs les uns des autres, ni ne représentant un ensemble exhaustif; l'investigation généalogique pouvant emprunter une multitude de chemins en vue d'exposer la nature composite, et résultant de multiples jeux de forces, caractérisant tout fait historique.

Au vu des pouvoirs qui sont dorénavant conférés aux technologies numériques, il s'avère aujourd'hui nécessaire de saisir en quoi leurs propriétés et leurs fonctionnalités marquent une rupture avec celles qui les ont précédées, depuis la période de leur apparition jusqu'à récemment, et d'identifier les facteurs, de toutes sortes, qui y concourent. La vocation de l'informatique ayant consisté, durant plus d'un siècle, à principalement permettre la conservation et la manipulation aisées de l'information, ainsi qu'à procurer une visibilité détaillée de divers phénomènes, conduisant à un surcroît de maîtrise détenu par des entités ou des personnes dans l'exercice d'une activité professionnelle ou privée. Depuis peu, un renversement s'est produit, la voyant devenir, de façon insensible mais toujours plus massive, une instance, moins destinée à informer, qu'à *orienter* l'action humaine.

Le moment inaugural formalisant la volonté de mieux gérer certaines situations grâce à des procédés automatisés peut être identifié. Il renvoie à l'appel d'offres lancé en 1888 par le Bureau américain du recensement qui ambitionnait, au vu de l'accroissement rapide de la population, notamment par le fait de l'immigration massive, de perfectionner les méthodes jusque-là employées. L'ingénieur Herman Hollerith avait conçu pour l'occasion une machine statistique à cartes perforées codifiant les caractéristiques des individus : âge, sexe, profession, situation familiale… Elle autorisait un enregistrement immédiat des données et facilitait leur indexation. En outre, l'ensemble des opérations s'effectuait en un temps réduit et nécessitait un nombre moindre de personnes affectées à la réalisation des tâches requises. Son projet fut retenu. Fort de son brevet, il fonda en 1896 la Tabulating Machine Company dont il devint l'ingénieur en chef. Plus tard, l'entreprise serait renommée International Business Machine (IBM), qui élaborerait des appareils destinés « "à collecter des chiffres en grande quantité, à en tirer des conclusions, et surtout à évaluer avec précision les événements présents et à venir", pourrait-on lire dès 1934 dans le journal de la filiale allemande d'IBM[3]. » Ces principes déterminèrent, dans leurs grands traits, la trajectoire de l'informatique au cours des décennies ultérieures.

Toutefois, durant la Seconde Guerre mondiale, un tout autre type de charge est dévolu à certains instruments de calcul. Ils n'entretiennent pas de liens directs avec le mécanisme élaboré par Alan Turing ayant rendu possible le décryptage des messages transmis entre les différentes armées nazies au moyen de la machine Enigma, qui contribua, pour partie, à la victoire des Alliés, mais résultent d'un appareillage d'un nouveau genre, mis en œuvre exactement à la même période, qui demeure moins connu et qui pourtant témoigne d'une évolution décisive. Suite à une commande du secrétariat à la Défense des États-Unis, l'ingénieur informaticien John Eckert et le physicien John William Mauchly conçurent un système, déployé à partir de 1945, qui effectuait des calculs de balistique sur une base probabiliste. Il collectait diverses informations, particulièrement celles fournies par les radars rendant compte de la trajectoire et de la vitesse des avions ennemis, ainsi que les conditions météorologiques. Sa fonction consistait à signaler, en temps réel, le moment opportun pour activer le lancement d'un missile. Il s'est brusquement substitué à des centaines de personnes qui, jusque-là, étaient chargées de travailler sur les tables de tir. Ce qui caractérisait ce dispositif complexe, c'est qu'au contraire de celui de Turing, il ne s'agissait pas de recueillir des informations en vue d'agir en fonction, mais d'être *guidé* par un procédé capable d'indiquer, de façon fiable, l'instant propice pour déclencher une manœuvre précise. Ce principe correspond aux recherches qui seraient menées une dizaine d'années plus tard par Claude Shannon, un des théoriciens de la cybernétique, qui entendait mettre au point une « machine destinée à évaluer les situations militaires et à déterminer, à chaque stage particulier, le meilleur mouvement à effectuer[4] ». Dorénavant, la mission de l'informatique ne consisterait plus seulement à exposer la cartographie de certains états afin de mieux décider des actions à entreprendre, mais tout autant à *notifier la nature et l'opportunité des gestes à accomplir*.

Cependant, au sortir de la guerre, cette logique d'assistanat automatisé, s'appuyant notamment sur la faculté prédictive des systèmes, alors appropriée dans le cadre d'un conflit mondial à l'issue incertaine, ne semblait plus correspondre aux besoins de l'époque. La priorité, face à des sociétés et à des paysages en ruines, consistait à reconstruire au plus vite les nations sur des fondations solides. Au cours des deux décennies qui suivirent, et malgré les velléités de la cybernétique à vouloir ériger le *feed-back* (rétroaction) comme le principe technologique et organisationnel cardinal, ce n'est pas cette tendance qui l'emporta, mais celle, plus modeste et surtout plus pragmatique, de gérer avec efficacité certains secteurs d'activité à l'aide de procédés *ad hoc*. Cette propension renouait avec la vocation initiale de l'informatique tenue comme un instrument de surcroît de maîtrise dans l'administration des choses. C'est suivant cette visée que les machines de calcul furent progressivement utilisées, d'abord au sein d'organismes publics, tels la Sécurité sociale, les services de l'impôt, ou dans de grandes entreprises. Le mouvement d'informatisation croissante qui s'ensuivit favorisa la gestion optimisée des informations relatives à certains usages de la population, à la production industrielle, aux transactions, au personnel, au suivi des relations aux prestataires et aux clients, et concourrait encore à l'instauration progressive de nouvelles techniques de management.

Autant de facteurs qui soutinrent les phénomènes conjoints de la rationalisation progressive de la société et de l'essor de l'économie capitaliste. Ce qui spécifiait ces procédés, c'est qu'ils s'appuyaient sur un accès immédiat aux données, mais fondé sur une forme de distance séparant, d'un côté, les chiffres, les diagrammes, les descriptifs, et de l'autre, les personnes, leur permettant en théorie, après consultation, d'agir à leur gré et suivant des délais variables. L'introduction des premiers ordinateurs personnels s'inscrivit dans cette lignée, offrant aux individus la possibilité d'user de tableurs, de rédiger des textes et de les mettre en page grâce aux programmes de traitement de texte alors naissants, ou encore de s'adonner à des jeux vidéo sommaires. Plus tard, au cours des années 1980, la réduction du son à des codes binaires, suivie, lors de la décennie suivante, de celle de l'image fixe et animée étendit à l'ensemble des champs symboliques ce maniement aisé de l'information au moyen de logiciels dédiés. Ce qui émergeait alors, c'était la capacité offerte aux utilisateurs d'entretenir un rapport singulier et ludique avec leurs machines, bien que se déployant au sein de cadres techniques circonscrits. Ici encore, les personnes disposaient de la licence d'agir *selon leurs souhaits face à leurs écrans*, c'est cela même qui les excitait et qui généra progressivement un enthousiasme quasi généralisé à l'échelle du globe.

Au mitan des années 1990, un événement décisif se produisit, mais de façon bien plus discrète que celui de l'émergence, au même moment, de l'Internet, et qui plus tard, seulement maintenant, dans tous ses prolongements s'avérerait d'une importance tout aussi capitale, à l'instar de ces « grands événements » qui, selon Nietzsche, « arrivent toujours sur des pattes de colombes ». Des dispositifs d'un nouveau genre, nommés « systèmes experts », commencèrent d'être utilisés. Ils étaient destinés à décrire, rapidement et de façon supposément fiable, certains états de fait au sein d'un ensemble de données. Ils étaient déjà apparus une trentaine d'années auparavant, à l'exemple de Dendral, mis sur le marché en 1965, qui devait identifier les constituants chimiques d'un matériau, ou de Mycin, conçu au début des années 1970, pour dresser des diagnostics de certaines maladies du sang et suggérer des prescriptions médicales prétendument appropriées, mais leur emploi, ainsi que celui de tous les autres prototypes, ne put s'étendre par le fait de leur efficacité alors balbutiante[5]. Ce n'est que deux décennies plus tard, grâce aux avancées des techniques heuristiques et d'inférence, que les procédés commencèrent à se généraliser[6]. Ils furent exploités dans le cadre d'usages déterminés, tels l'établissement de bilans d'architectures informatiques ou de certains pans de la maintenance aérienne, avant de devenir des outils couramment utilisés dans la banque, l'assurance, la finance, en vue d'évaluer le comportement d'un client, de projeter sa solvabilité dans le cas d'une demande de prêt, de quantifier le niveau de risque d'un assuré, ou d'anticiper la valeur de certains titres.

Des systèmes informatiques se voyaient chargés d'une compétence qui, jusque-là, ne relevait ni de leurs prérogatives ni de leurs capacités : *évaluer les propriétés de certaines situations.* À cette fonction, s'est ensuite ajoutée une autre, encore plus troublante : *révéler* des phénomènes masqués à notre conscience. Cette disposition prit le nom de *data mining*, ou « exploration de données », soit l'aptitude à distinguer des corrélations au sein de bases de données permettant de repérer des liens significatifs entre divers faits. Un des exemples les plus notoires, datant de la fin des années 1990 et qui revêt le statut d'une scène inaugurale, renvoie au dessein du distributeur américain, Walmart, d'analyser plus précisément les habitudes de ses consommateurs. L'intégration d'un tel système avait alors signalé que les ventes en caisses de couches pour bébés et de packs de bière augmentaient de concert et de façon substantielle les samedis, des premières heures de la matinée jusqu'au milieu de l'après-midi. La conclusion fut tirée que ce moment correspondait aux horaires précédant les matchs de baseball, voyant les clients, principalement des hommes, effectuer des achats en fonction des besoins du week-end et en prévision de la retransmission à venir. Le constat de cette mise en rapport conduisit les enseignes à aménager l'achalandage des produits concernés sur des rayons situés immédiatement à proximité. Si ce ne fut pas le dispositif qui saisit la cause de cette concordance, il permit néanmoins de dévoiler des comportements qui n'avaient jamais été identifiés. Depuis, cette aptitude interprétative ne cesse de se perfectionner et constitue l'axe majeur des recherches menées dans les sciences du calcul et des données. Elle va aujourd'hui jusqu'à estimer en temps réel les itinéraires routiers les plus fluides, identifier les personnes prétendument les plus adaptées au « profil » de chacun dans le cadre de sites de rencontres, repérer des postures jugées « déviantes » au sein d'une foule, ou diagnostiquer certains types de cancer, parmi une multitude d'autres exemples. Cette fonctionnalité témoigne de la *faculté cognitive* dont sont dorénavant dotées les technologies numériques.

Un nouveau modèle prend corps : les systèmes computationnels se voient affectés d'une position de supériorité dans l'expertise des choses. La volonté historique de détenir un surcroît de maîtrise grâce à l'informatique s'accompagnait inévitablement d'une pluralité d'attitudes possibles adoptées par les entités ou les personnes confrontées aux résultats des calculs. Elles pouvaient en user comme de seules bases d'informations ou engager toutes sortes d'actions suivant leurs intérêts et d'après des temporalités variables. L'intelligence artificielle évacue cette ductilité au profit d'équations qui, par la valeur de vérité qui leur est octroyée et leur aura corollaire, s'imposent sans ambiguïté, dans les moindres délais et de façon toujours plus automatisée sur le cours des affaires humaines. Ce qui rend possible l'avènement de cette systématique, c'est l'horizon anthropomorphique dorénavant visé par le monde technoscientifique, conduisant à l'élaboration de dispositifs qui, à l'instar de nous-mêmes, sont caractérisés par leur faculté d'évaluation et de prise de décisions, faisant émerger, par les normes et les intérêts qu'ils portent, un nouvel âge de la rationalité économique et sociale. Cette trajectoire s'inscrit dans la continuité exacte de l'histoire de l'informatique, mais elle franchit un seuil, voyant son ambition initiale prendre aujourd'hui une mesure virtuellement intégrale, conformément à la conception de Norbert Wiener qui entendait, grâce au principe de la modélisation des systèmes sur la figure humaine, imprimer le meilleur cours supposé à l'ordre général du monde : « La machine, de même que l'organisme vivant, peut être considérée comme un dispositif qui semble, localement et temporairement, résister à la tendance générale à l'accroissement de l'entropie. Par sa capacité à prendre des décisions, elle peut produire autour d'elle une zone d'organisation dans un monde dont la tendance générale est de se désorganiser[7]. »

2. LE DEVENIR ANTHROPOMORPHIQUE

Une troublante passion anime l'humain : engendrer des doubles artificiels de lui-même. L'histoire, depuis l'Antiquité, est ponctuée d'épisodes voyant des individus cherchant, sous diverses formes, à concevoir des créatures affectées de notre conformation devant être dotées, selon les cas, de certaines de nos qualités kinesthésiques, sensorimotrices, proprioceptives et plus encore cognitives. D'où vient cette singulière soif à générer une réplique de nous-mêmes ? Résulte-t-elle de l'exaltation de nous lancer dans une aventure-limite, de défier l'impossible, d'éprouver une puissance démiurgique ? Malgré la foisonnante littérature qui soutient ces représentations, nous aurions tort de nous y arrêter. Car, à y voir de près, c'est une tout autre aspiration qui s'exprime, qui jamais ne se contente de calquer littéralement nos caractéristiques, mais qui entend s'en remettre à plus puissant que nous, cependant à partir de notre constitution, considérée comme une armature biologique et intellective parfaite. Dans l'ambition d'une reproduction anthropomorphe, réside toujours le phantasme de faire surgir une entité douée de pouvoirs supérieurs.

Il est dit dans la Genèse que « Dieu a créé l'Homme à son image ». La formule peut être inversée pour avancer, d'une façon areligieuse, que ce sont les humains qui ont conçu la figure divine monothéiste « à leur image », d'après une proposition qui radicalise à l'extrême le principe selon lequel lorsque s'exprime la volonté de donner corps à un être, réel ou imaginaire, tendanciellement analogue, celui-ci se trouve immanquablement gratifié d'une puissance sans commune mesure. Probablement faut-il y déceler une double passion apparemment contradictoire, à la fois faite d'une perception de nous-mêmes comme étant situés au sommet de la hiérarchie des substances du monde, conformément à une vision anthropocentrée, et d'une détestation de notre condition, soumise à des limites, aux aléas de la vie, éminemment vulnérable et *in fine* corruptible. Le désir d'enfanter une créature similaire chercherait, consciemment ou inconsciemment, à dénouer cette tension inextricable, à conjurer le tragique de notre existence. Ce qui est visé dans cet imaginaire, c'est le dessein de voir des existences, pour partie semblables, mais aux facultés démultipliées, procéder à diverses actions avec une efficacité amplifiée et une constance infaillible afin d'assurer une meilleure conduite de nos affaires. Tout souhait de donner vie à des artefacts s'inspirant de nos traits vise au bout du compte l'instauration d'un ordonnancement plus fiable ou parfait des choses.

C'est exactement conformément à ce vœu, tant dit que non dit, qu'au sortir de la Seconde Guerre mondiale des chercheurs provenant de diverses disciplines se sont regroupés. Certains d'entre eux, ou des membres de leurs familles, avaient fui l'Europe au moment de la montée du nazisme au cours des années 1930 et étaient allés se réfugier aux États-Unis. L'ampleur des pertes humaines, ainsi que le traumatisme, à l'échelle de la planète, que le conflit occasionna, mêlés aux considérables avancées scientifiques qu'il entraîna, notamment dans le domaine de l'informatique, leur inspira la volonté d'ériger des dispositifs, non plus destinés à semer la mort, mais supposés permettre de prévenir de nouveaux effondrements. Cette foi est indissociable d'un moment historique qui vit l'émergence d'une technique devenue si puissante qu'elle se trouvait dorénavant affectée d'un pouvoir de destruction virtuellement intégrale que les bombardements atomiques d'Hiroshima et de Nagasaki révélèrent à l'effroi du monde. La technoscience, mue par des velléités démiurgiques, avait créé les conditions d'une possible extinction de l'humanité, que Günther Anders avait dénoncée avec force dans son livre *La Menace nucléaire*[8]. Cependant, une maîtrise de la haute technologie inspirée par de tout autres intentions devrait conduire à l'exact contraire et contribuer à faire émerger un monde pacifié et mieux organisé.

Le nouveau mal était identifié : l'*entropie*. Une notion provenant de la thermodynamique, désignant la tendance de toute substance physique à aller vers sa désintégration et à provoquer des formes de chaos: «Le monde tout entier obéit à la seconde loi de la thermodynamique: l'ordre y diminue, le désordre augmente[9].» En réalité, l'usage du terme procédait d'une métonymie et n'entendait se rapporter qu'aux modes d'organisation sociale, cherchant à leur faire éviter des dérèglements possiblement néfastes. Ensemble, ils fondèrent une nouvelle discipline, qui, à dessein, fut nommée «cybernétique» par Norbert Wiener en 1948: «Jusqu'à une date récente, il n'existait pas de mot pour désigner ce complexe d'idées, et afin de désigner le champ tout entier par un terme unique, je me suis vu dans l'obligation d'en inventer un. D'où le mot "cybernétique" que j'ai fait dériver du mot grec *kubernetes*, ou "pilote", le même mot grec dont nous faisons en fin de compte notre mot "gouverneur"[10].» Dès son origine, ce courant, «ce complexe d'idées», entend instaurer un ordre revêtant une efficace politique qui serait rendue possible grâce à l'élaboration d'appareillages dédiés.

Ils devraient être empreints d'une conformation anthropomorphe, dans le but de leur accorder des propriétés humaines, strictement cognitives, et envisagés comme devant, à terme, être dotés d'aptitudes augmentées. Ce principe théorique prend sa source dans un article publié quelques années auparavant, en 1943, par le chercheur en neurologie Warren McCulloch et le mathématicien et psychologue Walter Pitts, dans lequel ils avançaient que le «cerveau représente une belle machine», et qu'il était concevable de le reproduire pour partie ou intégralement[11]. Ils identifièrent quelques-uns de ses traits majeurs, dont le fait qu'il soit principalement constitué de neurones reliés entre eux par des synapses et dont l'intensité de l'activité varie en fonction des stimulus reçus, d'après un schéma qui constituerait le fondement de la doctrine connexionniste dans les sciences de l'information. Cette thèse fut l'objet d'exposés et de débats qui se tinrent à intervalles réguliers entre 1946 et 1953 à New York dans le cadre des conférences Macy qui réunirent des mathématiciens, logiciens, anthropologues, psychologues et économistes qui s'étaient donné pour objectif d'édifier une « science générale du fonctionnement de l'esprit ». Elles conduisirent un peu plus tard à la tenue du premier *Summer camp* de Dartmouth lors de l'été 1956, qui représenta le moment inaugural du mouvement cybernétique, dont l'ambition initiale escomptait décomposer chacune des fonctions du cerveau humain et saisir leur schéma processuel en vue de les reproduire au sein de mécanismes artificiels: «Théoriquement, si nous pouvions construire une structure mécanique remplissant exactement toutes les fonctions de la physiologie humaine, nous obtiendrions une machine dont les capacités intellectuelles seraient identiques à celles des êtres humains[12]. » Selon cette croyance, plus cette machine se confondrait, dans son architecture, avec son modèle naturel, plus elle pourrait, à terme, devenir garante d'une bonne organisation générale de la société.

Cette disposition ne pouvait être formalisable si les entités évoluaient en vase clos, elles devaient tout au contraire être conçues comme des systèmes ouverts, des «organes sensibles» –à l'instar de toute substance vivante–, capables ainsi d'être «affectées» par le réel, de recueillir certaines de ses manifestations, de les décomposer par le calcul, afin qu'ensuite les résultats des analyses puissent être utilisés à diverses fins, conformément au principe cardinal de l'*input* et de l'*output* : « Cette armature biomécanique serait équipée d'*organes effecteurs* (équivalents aux bras et aux jambes des êtres humains) grâce auxquels ces tâches seront menées à bien. Ensuite ces machines doivent avoir des *organes sensoriels* (par exemple des cellules photoélectriques ou des thermomètres) qui non seulement leur disent quelles sont les circonstances extérieures, mais aussi leur permettent d'enregistrer l'accomplissement ou le non-accomplissement de leurs tâches[13]. » « En d'autres termes, l'ensemble du dispositif correspondra à un être vivant sans sa totalité, avec organes sensoriels "effecteurs" et "proprioceptifs" au lieu, comme pour la machine ultra-rapide, d'un cerveau isolé dont l'expérience et l'efficacité dépendent de notre intervention[14]. »

D'où l'importance du *feed-back*, de la rétroaction, dans le projet cybernétique, voulant réduire tout phénomène à de l'information appelée à être collectée et interprétée par les machines afin que les conclusions permettent d'engager les meilleures actions supposées, soit par elles-mêmes, de façon automatisée, soit par des personnes. Ce rêve d'un contrôle vertueux, et à terme infaillible, de la marche du monde, constitua le cœur du dessein cybernétique, la haute technologie de l'après-guerre devant recouvrir une fonction régulatrice, être dotée de pouvoirs homéostasiques : « On connaît le processus par lequel nous autres, êtres vivants, résistons au courant général de corruption et de dégénérescence, sous le nom d'*homéostasie*[15]. » « L'oxygène, le gaz carbonique et le sel de notre sang, les hormones élaborées par nos glandes endocrines, sont tous réglés par des mécanismes qui tendent à s'opposer à tout changement malencontreux de niveau. Ces mécanismes, connus sous le nom d'homéostasie, sont des mécanismes de rétroaction tels qu'on peut en trouver, amplifiés, chez les automates mécaniques[16]. »

Finalement, ce programme à l'ambition hors-norme dut se résigner à ne relever que de seules formulations théoriques par le fait de l'état alors bien trop lacunaire des techniques à disposition. S'il entraîna des avancées dans le domaine, il se conclut, vers le milieu des années 1960, par un échec cinglant. Plutôt que la réalisation de cerveaux artificiels supérieurs et inaltérables et l'avènement d'un monde intégralement régi par le *feed-back*, ce fut davantage l'informatisation croissante de la société qui se produisit dans le seul objectif de tendre vers une administration toujours plus optimisée des choses. Néanmoins, l'aspiration cybernétique laisserait, par son ampleur, par son audace ou sa folle démesure, une empreinte puissante et indélébile dans l'histoire de l'informatique et, plus largement, dans celle des idées. Elle avait fait germer dans les consciences l'idée selon laquelle les machines de calcul pouvaient contribuer à ériger un bon ordre général des affaires humaines dépassant de loin leurs seules vocations à autoriser le classement, l'indexation et la manipulation aisés de l'information[17]. C'est pourquoi, à épisodes réguliers au cours des décennies qui suivirent son essoufflement, il fut tenté de ranimer son esprit, avant que, à chaque tentative de reprise, leurs instigateurs soient confrontés à de nouvelles séquences de désillusion qui furent rétrospectivement nommées des « hivers de l'IA ». Dorénavant, depuis le début des années 2010, nous assistons au retour massif de cette aspiration, mais elle n'est plus portée par un nombre somme toute restreint de personnes, elle se trouve au contraire soutenue par de nombreux bataillons technoscientifiques menant leurs recherches sur les cinq continents et bénéficiant de puissants fonds financiers.

Aujourd'hui, cette ambition d'ériger des protocoles modélisés sur le cerveau humain représente l'axe majeur qui guide les recherches menées dans les laboratoires des sciences du calcul, faisant, à cette occasion, croître un « neurolexique » directement inspiré de celui, à l'origine, forgé par Norbert Wiener et ses compagnons. IBM, par exemple, prétend avoir mis au point des « puces synaptiques », Intel, numéro un mondial des semi-conducteurs, a élaboré une puce dite « neuromorphique », qui « apprendrait » et évoluerait grâce à quelques centaines de milliers de « neurones » et des centaines de millions de « synapses », et annonce vouloir mettre sur le marché un « processeur neuronal ». Les architectures fonctionneraient d'après des « processus cellulaires » et seraient gérées par des « algorithmes génétiques ». La liste des termes empruntés aux sciences neuronales, mais aussi à celles du vivant, ne cesse de s'étendre[18]. Cette terminologie, qui relève d'un « coup de force rhétorique » vu la structure très schématique des systèmes au regard de leur modèle, s'inscrit dans la tendance contemporaine à accorder une prééminence aux neurosciences cognitives et comportementales, comme si la compréhension des rouages du cerveau et la prise en compte corollaire de ses circuits hautement dynamiques devaient servir de mètre étalon à nombre d'activités humaines. C'est la raison pour laquelle plusieurs disciplines se réjouissent depuis peu d'ajouter le préfixe « neuro » à leur intitulé. On en vient à parler de « neuroéconomie », de « neuromanagement », de « neuropolitique », ou encore de « neuroéducation », parmi bien d'autres cas de figure manifestant tous une fascination pour la « plasticité cérébrale » devant servir de parangon à tout comportement individuel ou collectif mû par de bouillonnants flux énergétiques ininterrompus et tendant vers sa meilleure expression[19].

Tout cet appareillage verbal enjoliveur est utilisé à foison par l'industrie du numérique et les chercheurs soumis à ses intérêts en vue de doter leurs œuvres d'un prestige symbolique. En réalité, il masque l'instauration à grands pas d'un ordre des choses aligné sur le sacro-saint principe de la plus haute réactivité et du plus intense rendement auquel toutes les composantes de la société doivent répondre, les individus, leur mode de vie, leur force de travail, les institutions publiques, les hôpitaux, les écoles, les entreprises, les réseaux de transports, dorénavant appelés à continuellement se placer sous les sceaux de la moindre « perte » et de gains de valeur optimaux. On saisit alors que la métaphore du cerveau finit par déborder du seul cadre de la boîte crânienne ou de celui des processeurs pour se dilater à l'échelle du monde – depuis peu envisagé comme une unité semblable à notre organe cérébral, symbolisant le stade suprême d'une structure réticulaire homéostasique –, dont la marche générale doit comme être régie par un programme parfaitement intégré procédant sans fin au meilleur ajustement entre tous ses neurones ou ses « monades humaines », ou encore chaque fragment du réel. Ce modèle, acmé de la vigueur énergétique du vivant, entrant en adéquation avec un autre modèle, celui de l'économie ultralibérale, fondé sur l'identification en temps réel de toute occurrence virtuellement profitable devant sans délai et sans fin générer des cycles croissants de rotation du capital.

C'est à cette enseigne que l'intelligence artificielle ne représente pas seulement une technologie, mais qu'elle incarne plus exactement une *techno-idéologie*, permettant de faire se confondre processus cérébraux et logiques économiques et sociales ayant pour base commune leur élan vitaliste et leur structure connexionniste hautement dynamique. La conformation à la grossière allure anthropomorphique affectée aux architectures computationnelles relève d'un habile et somme toute brillant tour de passe-passe qui ne doit pas nous tromper, contribuant à généraliser un mode de rationalité spécifique fondé sur la destination utilitariste et lucrative de chaque séquence de la vie et calqué sur une substance organique qui l'inscrirait dans un « ordre naturel des choses ». Non seulement la technique n'est pas neutre – quelle blague ! –, ni ne dépend de nos usages – quelle fiction pleine de perspectives de « réappropriation positive » ! –

mais elle constitue, comme jamais, dans son devenir majoritaire, le support de schémas organisationnels qui, sous couvert de lexiques pompeux, sont appelés à régir la société suivant une efficience sans cesse accrue par la faculté autoapprenante dont se trouvent dotés les systèmes nourris de « principes éducatifs » destinés, n'en doutons pas, et surtout s'ils sont imprégnés de « règles éthiques » définies par le monde social-libéral, à toujours mieux administrer les affaires humaines.

3.
LE *MACHINE LEARNING* : VERS DES TECHNOLOGIES DE LA PERFECTION

Une chaise occupe le plan principal. Elle est en bois et son assise est faite de brins de paille tressés. On la perçoit en surplomb, d'un point de vue placé à hauteur d'homme. Elle repose de biais sur le sol au regard de la trame géométrique formée par des alignements de tommettes carrées, imprimant à l'ensemble une sourde tension. Sa tonalité ocre jaune est complémentaire du pan de mur bleu situé dans son dos et d'un fragment de porte, de couleur identique, posté à sa gauche, accentuant cette sensation dynamique. Aucun corps animé ne compose la scène, elle frappe par son allure statique, presque immuable. Toutefois, des feuilles de tabac sortant de leur emballage et jouxtant une pipe éteinte posée sur un de ses flancs opposent une vague impression d'éphémère. Car, malgré son apparence figée, *La Chaise et la Pipe*, peinte en 1888 par Vincent Van Gogh (National Gallery, Londres), semble autant témoigner de la mutabilité continuelle à laquelle se trouve invariablement soumise toute substance physique. À l'instar des toiles de Cézanne qui, malgré les motifs immobiles majoritairement représentés, des maisons, des ruelles, jusqu'à des montagnes, paraissent cependant animées par un mouvement interne que la peinture au couteau et des touches nerveuses permettent de leur insuffler. C'est peut-être parce que toute matière, qu'elle soit organique, végétale, même minérale, subit des processus plus ou moins sensibles et rapides de transformation, suivant un principe un peu plus tard confirmé, à toutes les échelles du monde, par la physique quantique, que Van Gogh, tout comme chacun d'entre nous, éprouve le besoin d'être confronté de temps à autre à des tableaux et des environnements emprunts de stabilité, malgré la nécessaire effervescence qui agite chaque particule de l'univers.

C'est une forme de quiétude que nous apportent la contemplation des choses ou la familiarité que nous entretenons avec elles. Ce serait, au-delà de leur immédiate utilité, une des vertus dont elles nous feraient profiter, contredisant, par leur allure imperturbable et pérenne, les flux indéfiniment fugitifs de la vie. Au moins, étant à tout instant soumis à l'impermanence du réel, les objets nous garantissent la présence réconfortante d'un ordre apparemment contraire, conformément à un besoin secret qu'avait analysé Hannah Arendt: «C'est cette durabilité qui donne aux objets du monde une relative indépendance par rapport aux hommes qui les ont produits et qui s'en servent, une "objectivité" qui les fait "s'opposer", résister, au moins quelque temps, à la voracité de leurs auteurs et usagers vivants. À ce point de vue, les objets ont pour fonction de stabiliser la vie humaine, et – contre Héraclite affirmant qu'on ne se baigne pas deux fois dans le même fleuve – leur objectivité tient au fait que les hommes, en dépit de leur nature changeante, peuvent recouvrer leur identité dans leurs rapports avec la même chaise, la même table[20]. »

Néanmoins, cette sensation de permanence est appelée à s'atténuer au sein de notre environnement, car nous allons devoir vivre avec de nouveaux types d'artefacts, dorénavant soustraits à la stabilité, emprunts d'une rythmique continuellement évolutive, ou plus précisément doués de marges de progression indéfiniment accrues dans les tâches qui leur sont assignées. Ce principe est aujourd'hui rendu possible par la mise au point de systèmes qui se trouvent parés d'un troublant pouvoir – autoapprenants –, résultant des techniques du *machine learning* (l'« apprentissage machine »). Ce qui spécifie ces dispositifs, c'est qu'ils sont capables de s'« améliorer » grâce aux algorithmes qui les régissent, destinés à leur faire « assimiler » de nouveaux éléments au cours des opérations effectuées et des effets produits, afin de constamment enrichir leur qualité d'expertise. Par exemple, des enceintes connectées, telle Google Home, sont supposées régulièrement affiner leurs propositions d'écoute ou leurs offres de tous ordres suggérées en fonction des dialogues tenus avec leur utilisateur et des requêtes formulées.

Cette aptitude procède de la conformation anthropomorphe affectée aux technologies computationnelles qui, telle la vie d'un être humain, ne restent pas réduites à un état initial constant mais se modifient au gré des « expériences vécues » et de nouvelles connaissances acquises, leur permettant d'en tirer des « enseignements » et de voir leurs compétences sans cesse se perfectionner. Cette disposition fait partie intégrante de ces nouveaux « individus techniques », pour reprendre l'expression de Gilbert Simondon[21], qui se trouve dans ce cas plus appropriée que jamais, devenant, par la nature de leur codage ou leur « code ADN » en quelque sorte, des « êtres temporels », réalisant ainsi un des axiomes majeurs de la cybernétique : « Si ce principe de transformation est soumis à un critère de valeur d'exécution, et si, de plus, la méthode de transformation est réglée de façon à améliorer l'exécution du système selon ce critère, alors on dira qu'il s'agit d'un système autoadaptatif, un système qui *apprend*[22]. »

Mais il s'agissait à l'époque d'une théorie qui était confrontée à des limites formelles, l'infrastructure technique à disposition étant alors très lacunaire. Aujourd'hui, cette ambition prend corps grâce à la mise au point d'architectures composées d'unités, nommées « neurones », qui effectuent des opérations au sein d'une première « couche de calculs » qui, une fois parachevée, se trouve « relayée » par une couche suivante en vue de réaliser d'autres tâches et dont le nombre peut aller jusqu'à quelques dizaines, permettant ainsi de tendre vers des niveaux de complexité de plus en plus élevés, dans la perspective de prioritairement effectuer des traitements comparatifs, d'identifier des similitudes avec des modèles déterminés et de les intégrer. Par exemple, de tels procédés, fonctionnant par « briques de calculs », peuvent être utilisés pour la reconnaissance d'un objet au sein d'une image, voyant, à chaque étape, le « réseau de neurones artificiels » mieux préciser sa discrimination des éléments représentés *via* un processus s'apparentant à une mise en rapport continuelle, « pièce par pièce », entre une référence de base et le motif analysé. Ces schémas constituent le fondement de la technologie du *deep learning*, établie notamment sur un « apprentissage » dit « supervisé », parce que soumis à l'exécution de tâches définies et qui par « entraînement », au fur et à mesure des opérations, de leurs récurrence, de leur vérification et de leur validation vont « approfondir » la connaissance dont se trouve pourvu un système à l'égard d'un ensemble de données et corollairement d'un domaine particulier, et consolider sa capacité à expertiser à haute vitesse la nature de certaines situations autant qu'à procéder « de lui-même » à la réalisation d'actions s'y rapportant.

C'est ce principe qui est à l'origine de l'événement spectaculaire qui, en 2016, a stupéfié la planète, voyant le programme AlphaGo, conçu par DeepMind, filiale d'Alphabet/Google, vaincre le Sud-Coréen Lee Sedol, alors considéré comme l'un des meilleurs joueurs de go au monde. Le dispositif, pour fonctionner, disposait de millions de parties historiques cataloguées, sa structuration lui permettant, au cours d'une opposition, de comparer en temps réel chaque coup opéré par l'adversaire ou projeté par lui-même avec des échantillons passés s'en rapprochant, d'évaluer les suites de résultats alors produits et de déterminer ainsi à très haute vitesse chaque déplacement estimé le plus adéquat à engager. Au-delà de ce cas de figure spécifique, un mouvement est en cours qui suppose que ces architectures, tant par leur agencement technique que par l'augmentation continue des puissances de calcul, sont appelées à être dotées de qualités d'expertise et de compétences décisionnelles sans cesse améliorées. Car le propre des systèmes de divulgation de la vérité, c'est qu'ils sont comme inéluctablement voués à prendre la forme de *technologies de la perfection* et à imposer avec toujours plus de fermeté leur autorité à la communauté des vivants. Dimension que nous ne saisissons pas bien encore – il est probablement trop tôt –, qui verra l'intelligence artificielle, par son efficacité indéfiniment éprouvée et l'éclat de son aura corollaire, marginaliser l'intuition humaine, allant, à terme, jusqu'à la délégitimer, rendant vaine ou inopérante toute prise de décision dépendant de notre propre conscience.

La concession qui est accordée à des magmas de code de vivre des sortes « d'existences autonomes » entraîne un tout nouveau type d'« autoaccroissement de la technique », pour reprendre l'expression de Jacques Ellul[23], de l'intérieur des systèmes en quelque sorte, et qui produit un effet singulier : une forme d'éloignement à l'égard des humains. Nous n'avons pas affaire à des créatures qui nous « échapperaient », susceptibles de se retourner un jour contre leurs « géniteurs », conformément à un imaginaire inconséquent assez en vogue, mais à des entités vouées à nous devenir toujours plus étrangères. À un point tel que des « échanges communicationnels » entre des protocoles nous seraient devenus incompréhensibles[24]. Un nouveau genre de « boîte noire » apparaît, non plus celle induite des bases de données ou des algorithmes qui interdisent *de facto* aux utilisateurs, par leur opacité structurelle, de saisir leur constitution, mais celle qui serait le fait de chaînes de caractères dont l'évolution des combinaisons nous deviendrait toujours plus obscure : « Une fois que le réseau de neurones a appris à reconnaître quelque chose, un développeur ne peut pas voir comment il a réussi. C'est comme le cerveau : vous ne pouvez pas couper la tête et regarder comment ça fonctionne[25]. »

Nous entrons dans l'ère de la « post-programmation » ; la programmation supposait d'aligner des séquences de code en vue de conduire à l'exécution de tâches définies et systématisées. Car nous ne vivons plus seulement le temps des instructions, à prendre de façon littérale, données à des protocoles, mais celui de scripts qui, une fois écrits, développent ensuite leur propre grammaire, en fonction de la « vie » de chacun d'eux, leur faisant presque acquérir une « personnalité » singulière. C'est une nouvelle forme d'autonomie qui se manifeste, plus seulement celle induite par les capacités autodécisionnelles – à l'œuvre de façon emblématique dans une voiture dite « autonome », capable à chaque instant de prendre d'elle-même une foule de décisions de tous ordres –, mais celle, actuellement en devenir, résultant de la licence octroyée à des intelligences artificielles de tracer leur « propre voie » et de se distinguer au fur et à mesure de leur « expérience ». Nous avons besoin d'un concept inédit pour désigner cette troublante conformation, celui d'« agent computationnel autonome » conviendrait alors, étant à la fois généré par ses concepteurs tout en étant voué à progresser selon des modalités affranchies de toute tutelle pérenne. Cette forme d'« affranchissement » est appelée à s'amplifier par le dessein d'affecter à des systèmes la faculté de créer et d'encadrer eux-mêmes d'autres systèmes, suivant une logique qui entérinerait le principe d'une distance à terme irrémédiable séparant les agents computationnels des humains, conduisant à ce que nous usions de leurs compétences indéfiniment perfectionnées, mais dont les ressorts nous échapperaient sans cesse davantage[26].

L'apprentissage dit «non supervisé» et «par renforcement», qui désigne l'aptitude à continuellement parfaire son habileté à partir de règles initiales implémentées, s'inscrit dans cet esprit. Il détermine l'architecture au sein de laquelle évoluait AlphaGo Zero, la version qui a immédiatement succédé à celle qui avait battu Lee Sedol, conçue pour jouer « en solitaire » des millions de parties « contre elle-même » sans se référer à des exemples, seulement à partir de la connaissance des préceptes du jeu, d'après un principe nommé «apprentissage adversariel». Deux réseaux de neurones se «confrontent», chacun essayant de supplanter l'autre, au gré, dans un premier temps, de coups aléatoires, avant qu'ils affinent, partie après partie, leurs visions d'ensemble et leurs stratégies, se trouvant très vite dotés d'une haute maîtrise du jeu « sans être au fait de parties historiques[27] ». Après seulement trois jours d'« entraînement », AlphaGo Zero aurait défait AlphaGo par un score de 100 à 0. Au-delà du cas spécifique du go, des variantes de ces techniques essaiment, voyant des systèmes à même de « s'instruire » et d'accroître à haute vitesse leur puissance d'expertise au long des opérations effectuées, sans qu'il soit nécessaire au préalable de leur faire ingurgiter des collections annotées de données. Ils sont destinés à œuvrer dans divers domaines, particulièrement ceux relevant de l'électronique dite «de décision», qui requiert des qualités interprétatives et continuellement réactives nécessaires à la mise au point de véhicules sans pilote par exemple.

Il faut prendre à la lettre le nom d'AlphaGo Zero, qui peut être entendu comme une sorte de terre vierge ouverte à toutes les virtualités qui, à partir de l'établissement d'un ensemble formel, autoriserait l'adoption par les «agents computationnels autonomes» d'une infinité de « comportements » possibles les rendant toujours plus efficaces dans les tâches qui leur sont assignées, allant aujourd'hui jusqu'à souhaiter les doter d'une «curiosité artificielle», renouant une fois encore avec une aspiration alors très fantasmatique de la cybernétique: «Je crois que cette idée brillante d'Ashby, d'un mécanisme agissant au hasard et sans but et qui recherche sa propre fin à travers un processus d'apprentissage, est non seulement l'une des plus grandes contributions à la philosophie actuelle, mais va conduire à des développements techniques très utiles dans le domaine de l'automatisation. Nous pouvons donner un but à des machines ; en outre, dans la plus forte majorité des cas, une machine inventée pour éviter certaines situations catastrophiques recherchera d'autres buts qu'elle puisse remplir[28]. »

La faculté d'autoapprentissage ne renvoie pas seulement à de nouvelles aptitudes dont se trouvent dotés ces «individus techniques», indéfiniment capables de se perfectionner, mais autant à un mouvement, d'ordre technico-anthropologique, voué à ne jamais s'interrompre et à exercer un ascendant croissant sur la conscience humaine. Si AlphaGo a triomphé d'un joueur hautement qualifié, il faut envisager ce cas de figure dans une perspective plus globale et considérer que des systèmes, opérant à toutes les échelles de la société, ne chercheront pas exactement «à nous battre», mais nous supplanteront plutôt par leur puissance d'expertise et leur extrême vitesse de réactivité généralisant des modes de rationalité dont il sera d'autant plus difficile, voire impossible, de nous extraire, dans la mesure où ils sont appelés à nous devenir toujours plus familiers et à se fondre dans notre milieu ambiant, jusqu'à se confondre avec lui. Car, au lieu de s'imposer frontalement à nous, au lieu de susciter crainte et effroi par le fait de leur impressionnante autorité, ils prennent des atours qui, tout au contraire, nous les rendent proches et dévoués, s'intégrant avec la plus grande discrétion au réel, allant jusqu'à donner forme à un nouveau réel qui, à la différence de celui que nous avons connu depuis l'aube de l'humanité, n'est plus partout parsemé d'une infinité d'obstacles à surmonter, mais devient peu à peu malléable, nous oppose moins de résistance, répond avec souplesse et grâce à nos besoins, à nos souhaits, à nos difficultés, à nos inquiétudes, nous ouvrant, à chaque instant, toutes les portes vers les lieux jugés les plus adéquats et les plus assurés.

4.
DES INTERFACES ERGONOMIQUES AUX DISPOSITIFS RELATIONNELS

La scène est bien connue. Elle fut l'objet d'une captation vidéo. À son entame est exposée l'image d'une feuille blanche rectangulaire sur laquelle sont imprimées des lettres capitales noires dont la typographie s'apparente à celle qui ornait autrefois les télégrammes. Elles mentionnent le titre d'un projet, ses auteurs, ainsi qu'une date: «A RESEARCH CENTER FOR AUGMENTING HUMAN INTELLECT BY DOUGLAS C. ENGELBART AND GILLIAM R. ENGLISH, DECEMBER 9, 1968.» Ce premier tableau est suivi d'un autre indiquant l'institution d'où il émane, sa localisation et ses parrains: «PRODUCED AT STANFORD RESEARCH INSTITUTE, MEMLO PARK, CALIFORNIA, UNDER THE JOINT SPONSORSHIP OF: THE ADVANCED RESEARCH PROJECTS AGENCY, THE NATIONAL AERONOTICS AND SPACE AGENCY, AND THE ROME AIR DEVELOPMENT CENTER (AIR FORCE).» Le panneau suivant signale encore que le film visionné résulte pour partie de ce qui s'affichait alors sur l'écran d'un ordinateur dont le contenu se trouvait vidéoprojeté en grand format dans une salle de congrès, le Convention Center Arena de San Francisco, et que les sons diffusés correspondent à ceux amplifiés émis par la machine. Quelques instants plus tard, apparaît le visage en gros plan d'un homme, Douglas Engelbart, portant une chemise blanche et une cravate, équipé d'un micro-oreillette, dont on a appris précédemment qu'il se trouvait installé sur la droite d'une scène, vue des gradins, juste en dessous de la projection.

Il annonce, d'une voix assurée et au débit soutenu, vouloir présenter les résultats d'une recherche portant sur l'instauration de nouvelles relations homme-machine, mais prévient d'emblée ne pas vouloir s'attarder à fournir moult informations explicatives, préférant privilégier le format d'une démonstration concrète. On le voit user d'un curseur de façon alors inédite, lui permettant de s'insérer entre des caractères, de copier des mots, de les faire se déplacer, ou de les classer en colonnes. Un terme revient systématiquement au cours de chaque action engagée : celui de « contrôle ». Il ne doit pas être entendu dans un sens contraignant, mais tout au contraire comme une plus grande marge d'action qui se trouve offerte dans le rapport au dispositif. À l'écouter, ce serait là l'objectif majeur de son entreprise, à tel point qu'il en vient à affirmer : « Cette présentation pourrait autant être intitulée : "*You control.*" » L'instrument qui détermine ce pouvoir, c'est une console divisée sur sa surface en trois sections distinctes. Sur le plan gauche, sont intégrés des boutons de commande, au centre, siège un clavier alphanumérique, à droite enfin, niche un petit volume cubique, fait de matière plastique, posé sur deux roulettes perpendiculaires l'une au regard de l'autre, au sujet duquel Engelbart dit avec un sourire et d'un ton badin : « Nous nous sommes habitués, entre nous, à l'appeler "souris". »

Ce qui caractérise l'ensemble du mécanisme, c'est qu'il autorise le maniement spontané des informations visualisées sans requérir au préalable la connaissance d'un quelconque langage de programmation. En outre, un nouveau rapport s'établit entre le corps et l'appareil, fondé sur une liberté gestuelle et un confort d'utilisation, résultant notamment de la mobilité de la console reliée par un fil au processeur et qui peut être posée sur les genoux, à l'instar de ce dont joue de temps à autre Engelbart avec ravissement. Cette présentation a été nommée, à juste titre, « la mère de toutes les démos », car elle constitue un des pivots de l'histoire de l'informatique moderne, étant également pour partie à l'origine de l'axiome de l'émancipation des individus grâce aux PC, supposés leur permettre de gérer, au gré de chacun, leurs documents et offrir de nouveaux cadres favorables à la créativité.

Cette quête des plus grandes aisance et maîtrise dans l'utilisation des ordinateurs a continué d'inspirer nombre de recherches ultérieures, dont procède notamment l'Apple I, apparu en 1976, et s'est ensuite cristallisée de façon exemplaire dans les premiers Macintosh mis sur le marché à partir de 1984. Steve Jobs ayant très tôt pressenti, dès le début des années 1970, que le succès de l'informatique personnelle dépendrait d'une dimension décisive : la qualité ergonomique, orientée vers l'« expérience utilisateur » (*user experience*). Elle requérait la mise au point d'interfaces dites « intuitives », d'après un principe qui a vite fait florès et s'est imposé comme un axiome techno-industriel majeur au long des décennies suivantes. Toutefois, cette relation toujours plus fluide avec les dispositifs restait encore frappée d'une part manquante l'empêchant de prendre sa pleine mesure : une forme d'enchantement éprouvée dans l'usage qui devrait dépendre d'une tout autre attention portée au design. En 1997, Steve Jobs signe son retour chez Apple en s'associant avec le designer Jonathan Ive, ensemble ils conçurent l'iMac, ordinateur enrobé d'une peau translucide faite de couleurs acidulées ouvrant sur un continuel aperçu de ses éléments internes chargés, au sein de leur habitacle aseptisé, de répondre sans faille et sans attente à toutes les commandes de l'utilisateur. Ici, la grâce formelle du mécanisme et sa puissance se confondent avec le statut dorénavant affecté à l'usager, libre de déployer ses gestes sans rencontrer la moindre résistance, au sein d'un rapport dont le préfixe « i » entérinait la prise de pouvoir définitive de l'individu sur la machine. Et cela, au moment même de l'avènement de l'Internet qui a soudainement autorisé l'accès à quantité de corpus de tous ordres, ainsi que l'échange quasi instantané de messages à des coûts marginaux et au mépris des distances physiques. Chacun devenait maître de son nouveau royaume, régnait sur son ordinateur comme sur toutes les informations du monde, pouvant en user à sa guise et évoluant dans un environnement se pliant désormais à toutes ses envies.

Exactement dix ans plus tard, un seuil serait franchi dans l'histoire des « interactions homme-machine », au moment de l'apparition de l'iPhone qui procédait d'une brusque miniaturisation et généralisa l'interface tactile, instaurant un rapport fondé sur une plus grande proximité, autorisant une manipulation aisée, pouvant s'insérer dans le creux de la main, convoquant le toucher, jusqu'à la caresse, indéfiniment répétés. Ici, ce n'est plus le contrôle recherché par Engelbart qui se trouve exalté, mais un « contact charnel » s'établissant entre deux corps et prenant la forme de liens d'intimité. En outre, le smartphone offrait des fonctionnalités inédites *via* les applications, voyant un renversement insensible, mais décisif, s'opérer. L'autorité jusque-là exercée sur les appareils glisse vers leur disposition à être « à l'écoute » de leur utilisateur et à lui offrir, grâce à la connectivité, la puissance et la vitesse de traitement des processeurs, la géolocalisation, ainsi que la connaissance évolutive de ses comportements, non seulement toutes sortes d'informations personnalisées, mais davantage, des recommandations supposées appropriées à l'expérience de chacun. La qualité ergonomique et fonctionnelle du dispositif atteint un tel degré de sophistication qui, au lieu d'octroyer un surcroît de maîtrise, l'érige dorénavant comme une entité capable d'infléchir subrepticement la décision et d'user d'un *pouvoir incitatif*.

On peut dater de la fin des années 2000 l'émergence d'une nouvelle aptitude conférée à des technologies qui, grâce à leur don interprétatif, se voyaient chargées d'assurer une fonction de conseil et d'assistance au long du quotidien, à l'œuvre de façon exemplaire, parmi bien d'autres cas de figure, dans l'application Waze, introduite en 2008, qui cartographie en temps réel l'état du trafic et suggère les itinéraires les plus optimisés et les plus fluides. Le rapport aux protocoles numériques, prioritairement celui entretenu par les individus, ne consistant plus seulement à actionner leurs claviers à diverses fins, mais se métamorphosant imperceptiblement en un lien institué avec des systèmes qui les éclairent de leurs lumières, se trouvant dotés de la compétence de les exhorter, mais de manière assez insensible, à agir de telle ou telle manière. Cette disposition, qui gagne régulièrement en efficacité, est indissociable de l'usage de l'intelligence artificielle et de ses continuelles avancées, devenue maintenant capable d'analyser des situations de tous ordres et d'aussitôt formuler des énoncés jugés les plus adéquats. Il est troublant de relever qu'une technologie, destinée à révéler la vérité, émerge et se généralise au moment même où émerge et se généralise tout autant l'interface vocale, particulièrement à l'œuvre dans les enceintes connectées se voyant aptes, par la manifestation de la voix, à littéralement nous *dire* la vérité relativement à une multitude de phénomènes. Il est difficile de saisir si cette concordance procède d'un projet initialement délibéré ou s'il s'agit d'un concours de circonstances faisant se confondre la fonction (énoncer la vérité) avec ses propriétés (l'interprétation du langage naturel et la capacité à en user).

Mais davantage qu'une interface, entendue comme une instance permettant à un utilisateur et à un système de communiquer entre eux en vue de réaliser de part et d'autre toutes sortes d'opérations par le fait de leur interaction, c'est un nouveau cadre d'échange qui s'établit, non plus à la seule fin de répondre à des buts fonctionnels, mais qui prend l'allure singulière d'une *structure relationnelle*. Elle résulte de la conformation anthropomorphe affectée aux systèmes, étant maintenant qualifiés, à l'instar de notre spécificité première dans le registre des êtres vivants, à proférer du verbe, à parler, à nous parler, autant qu'à comprendre nos paroles. Cette faculté exploitée en vue de répondre à nos besoins, à nos souhaits, à notre confort, leur octroie le statut d'« êtres » attentionnés, tels une mère aimante ou un ange gardien, et fait se substituer au principe de la communication, supposant nécessairement des objectifs utilitaristes, celui de la *communion*. Elle prend une tournure exclusive et se trouve emprunte d'une forme d'intimité, ne serait-ce que par la connaissance de tant de requêtes et de phrases formulées et la compréhension induite indéfiniment approfondie, leur permettant de prononcer, pour notre plus grand bien et en toute occasion, les propos les plus adéquats et les mieux intentionnés. Une voix qui s'adresse à nous, qui nous fait le privilège de ne s'adresser qu'à nous, pourvue en de nombreux domaines d'un niveau de connaissance et d'expertise incomparable et nous prodiguant continuellement de bons conseils, se verra ornée d'une autorité et d'une aura dont il sera de plus en plus difficile, vu les perfectionnements incessants, à la fois de ne pas percevoir ces dialogues comme revêtant un caractère « naturel » et de ne pas prendre pour « argent comptant » ou parfaitement idoine toute parole énoncée.

C'est dans cette perspective que foisonnent les *chatbots*, les « agents conversationnels », dressés pour nous informer, pour répondre à nos questions et demandes, et plus largement, à terme, pour nous guider par leur savoir évolutif, grâce au *machine learning*, relativement à des circonstances toujours plus diverses de nos existences. Ces créatures sont appelées à être présentes, de manière diffuse, au sein de multiples surfaces de notre environnement. Dans notre salle de bains par exemple, nous donnant leur avis en fonction de l'analyse quotidienne de notre urine effectuée grâce à des capteurs intégrés à la cuvette des toilettes, du relevé de notre poids *via* une balance connectée, de notre haleine à l'aide de senseurs olfactifs, ou de la saisie des traits de notre visage au moyen de focales vidéo intégrées. En gagnant notre cuisine, on les retrouvera, participant alors à la conception de recettes gourmandes, diététiques ou inattendues, mais indéfectiblement personnalisées. Ils ne manqueront pas de séjourner au sein de la future voiture « autonome », qui s'offrira autant comme une instance habilitée à nous conduire d'un point à un autre, qu'à nous occuper durant les trajets, principalement *via* les échanges vocaux, formulant à notre endroit une infinité de suggestions durant ces parenthèses faites de notre attention relâchée, étant alors pleinement disponibles à toutes les richesses du monde.

Nous entrons dans une ère qui voit la parole émanant de systèmes nous environner. À terme, tout est voué à parler, tous les objets et toutes les surfaces, ou alors les assistants numériques personnels occuperont tout le terrain et s'érigeront comme les interfaces quasi exclusives, non seulement entre les systèmes et nous mais plus largement avec le réel, capables de nous signaler à tout instant la constitution de chaque situation autant que l'action la plus pertinente à engager. Au début des années 1950, Alan Turing avait avancé qu'une machine pourrait être dite « intelligente » lorsque ne pourrait plus être discriminé, dans le cadre d'une conversation indifféremment menée avec une personne ou une machine, la nature de l'interlocuteur. Si le timbre d'une voix artificielle tend aujourd'hui à se rapprocher du nôtre, allant jusqu'à ne plus pouvoir, dans certains cas, être différenciés, à l'exemple du moteur de synthèse vocale Tacotron 2 développé par Google[29], l'élocution automatique est encore inapte à tenir des échanges à propos d'une multitude de sujets, à l'instar de tout être humain. Néanmoins, le « spectre conversationnel », non seulement ne cesse de s'élargir, mais le niveau d'expertise évolue selon une courbe promise à continuellement tendre vers le haut, alors que le nôtre demeure, dans l'ensemble, tendanciellement identique. Cette logique fait poindre un écart de compétence appelé à s'accroître indéfiniment entre les « machines parlantes » et nous, résultante directe de l'équation anthropomorphe érigeant la figure humaine en modèle théoriquement parfait devant prendre forme dans une entité artificielle dotée, initialement ou à terme, d'une puissance autrement supérieure.

Un nouveau milieu surgit – non pas tant réactif, qui verrait les choses continuellement réagir à nos présences, conformément à ce qui était annoncé, pour large partie à tort, au mitan des années 2000, par le fait de l'émergence présumée d'une informatique dite « ambiante » (*ubiquous computing*[30]) –, mais qui *interprète nos gestes pour nous dire des choses.* Le corps n'est plus situé face à la machine – à l'instar de Douglas Engelbart tenant fièrement sa console sur ses genoux et se sentant libre de jouer, *devant son écran,* avec toutes les possibilités offertes par le clavier et la souris –, mais est dorénavant appelé à évoluer au sein d'un environnement qui, de partout et sous diverses formes, le saisit, analyse ses états et rétroagit à diverses fins. Le corps devient – nous devenons – le cœur de l'attention des systèmes.

Ladite « économie de l'attention », fondée sur le traçage de nos navigations Internet entraînant une connaissance sans cesse approfondie de nos intérêts en vue de faire l'objet d'une monétisation, mue en une économie de l'attention des machines portée à notre endroit en vue de conduire à une « bonne gestion » de la vie. Les systèmes de reconnaissance faciale s'inscrivent dans cette dimension, étant depuis peu utilisés pour activer l'ouverture de smartphones ou réaliser des transactions sur des terminaux de paiement par exemple. Les processeurs se voient dotés de qualités multisensorielles, associées à des aptitudes cognitives et interprétatives régulièrement enrichies, les érigeant telles des entités vouées à parfaitement nous comprendre et se trouvant affectées d'un pouvoir qui ne cessera, dans tous les sens du terme, de nous *impressionner*, auquel nous consentirons à nous soumettre sans culpabilité, dans la mesure où il nous assure de notre meilleur intérêt supposé.

On voudrait aller jusqu'à faire disparaître la sensation de présence de la technique et lui faire prendre, au moment même où elle devient omniprésente et interfère comme jamais sur nos existences, une forme évanescente[31]. Dans *L'Art de la guerre*, Sun Tzu avance que « ce qui est familier n'attire pas l'attention ». Plus rien ne s'oppose à ce que les technologies de l'*alètheia* ne soient plus vues comme des entités artéfactuelles issues de notre volonté et de notre savoir, mais comme des agents vivant des existences propres s'intégrant avec naturel et grâce au sein de nos milieux domestique, urbain, professionnel. Toutes les conditions sont réunies pour que nous nous trouvions dans la plus grande disponibilité à leur égard, par le fait de leur puissance sans cesse amplifiée, la confiance que nous leur accordons et le rapport toujours plus fluidifié entretenu à elles, afin que, dorénavant, nous recevions de leur part nos *instructions*, nous signalant indéfiniment, et délivrés alors de tout doute, le bon geste à exécuter.

II

–

LE POUVOIR D'ÉNONCER LA VÉRITÉ

1. L'ÉMERGENCE D'UN NOUVEAU RÉGIME DE VÉRITÉ

Vers le milieu des années 2010, un événement sidérant advint. On ne l'avait pas vu venir. Il nous a pris de court en quelque sorte, s'est vite étendu et la puissance de son impact sur la société à l'échelle de la planète nous a stupéfiés. D'un coup, il devenait possible pour quiconque, sans gêne, avec aplomb, ou comme la manifestation sans limites de la « liberté d'expression », d'avancer des faits sans qu'il soit certain qu'ils correspondent à la réalité, sans qu'il soit nécessaire de procéder à leur vérification, et ils pouvaient être ornés d'autant plus d'éclat qu'ils semblaient invraisemblables, revêtant le statut de révélateurs de l'inconséquence de la perception commune ou « dominante » des choses, étant étalés, malgré les apparences, comme des faits avérés mais que peu savent voir. Cette « clairvoyance » devenait l'apanage des plus avisés en regard de l'aveuglante inflation informationnelle de notre temps et de toutes les représentations brouillées et normées induites. La notion de « post-vérité » s'imposait dans notre époque troublée, elle devenait un symptôme patent de nos malaises, un marqueur inquiétant de notre perte de repères. Le phénomène prit une telle ampleur que le dictionnaire d'Oxford l'élut, en 2016, expression de l'année.

Deux événements décisifs qui eurent lieu au cours de cette année-là confirmèrent sa portée historique : d'abord, le vote du Brexit qui décida de la sortie du Royaume-Uni de l'Union européenne, suivi quelques mois plus tard par l'élection surprise de Donald Trump à la présidence des États-Unis. On se rendit compte que l'un et l'autre furent, pour partie, favorisés par la propagation foisonnante d'écrits et d'images qui, pour la plupart, cherchaient intentionnellement à déformer les choses, s'imposant comme des messages qui venaient jeter le trouble sur la véracité de ce qui était communément véhiculé, particulièrement par les organes de presse. D'un coup, les sociétés se voyaient déstabilisées par un relativisme échappant à la raison et privées de référents communs, nécessaires aux débats, à l'expression de la pluralité des points de vue et conditionnant la bonne marche de la démocratie, notamment lors de consultations d'importance.

On a vite voulu y voir la faute des réseaux sociaux, qui n'auraient pas effectué un nécessaire travail de tri, auraient fermé les yeux sur la création de comptes maquillés achetant des espaces de visibilité à des fins de propagande, autant que celle de troupes dûment constituées œuvrant à la dissémination de «*fake news*» destinées à manipuler l'opinion. Autant de facteurs qui y ont certes contribué, mais qu'on veut tenir, à tort, comme la cause alors qu'ils ne sont que les effets, car le fait majeur ne renvoie pas à la diffusion virale de fausses informations sur Internet, mais à la nouvelle position occupée par l'individu contemporain. Chacun s'imaginant dorénavant comme étant placé au centre du monde et pouvant rabattre les événements à sa seule vision des choses, tellement grisé par la sensation de son unicité que tout énoncé divergeant se trouve rejeté. La vérité se définissant à partir de soi, au gré de ses propres croyances et tropismes; propension emblématique dans les théories du complot, témoignant de la désintégration croissante de nos socles communs et de l'extrême atomisation de la société. Il est marquant de relever que cette affaire de «post-vérité», certes d'importance, soit considérée comme une rupture qui vient perturber notre rapport historique à la vérité, alors qu'il ne s'agit que de l'exactitude de faits et non pas de vérité *stricto sensu*, et ce alors qu'une autre rupture, autrement plus décisive, autant corrélée à la question de la vérité et qui est appelée à déterminer la forme de nos existences, est totalement ignorée. Elle revêt pourtant une tout autre ampleur et relève d'un phénomène à la portée civilisationnelle déterminante : celui de l'*émergence d'un nouveau régime de vérité.*

Les systèmes d'intelligence artificielle sont appelés à évaluer une multitude de situations de tous ordres, les besoins des personnes, leurs désirs, leurs états de santé, les modes d'organisation en commun, ainsi qu'une infinité de phénomènes du réel. Ce qui caractérise les résultats de ces analyses, c'est qu'ils ne se contentent pas de produire de seules équations supposées exactes mais recouvrent une valeur de vérité dans la mesure où c'est dans le sens des conclusions arrêtées qu'il faut à la suite engager des actions correspondantes. Voilà ce qui distingue l'exactitude de la vérité : la première prétend restituer un état objectif, alors que la seconde appelle, par le seul principe de son énonciation, à s'y conformer par des gestes concrets. Car toute vérité énoncée recouvre *in fine* une dimension performative.

Un nouveau régime de vérité émerge, qui se trouve doté de cinq caractéristiques. Il est voué, à terme, à se rapporter à la quasi-intégralité des affaires humaines et à s'exercer en toute circonstance. Il provient, dans chaque domaine d'application, d'une source unique, évacuant *de facto* le principe d'une appréciation plurielle des choses. Il s'inscrit majoritairement dans une logique de temps réel, révélant des états de fait au moment même où ils se déroulent, poussant conséquemment à agir dans le moindre délai et délégitimant le temps, spécifique, de l'examen humain. Il est affecté d'un statut d'autorité, induit par son efficacité sans cesse amplifiée, tétanisant à la base toute velléité de contradiction. Il relève enfin d'un seul esprit utilitariste, répondant principalement à des objectifs d'optimisation autant qu'à des intérêts privés.

Ce sont les principaux statuts historiques occidentaux de la vérité qui se sont successivement imposés au fil du temps, qui ont parfois coexisté entre eux, et dont la plupart demeurent encore présents dans notre *épistémè*, qui sont promis à être marginalisés ou éradiqués par l'émergence d'un tout autre ordre. Ces différents régimes, plus ou moins encore en vigueur, peuvent être identifiés. D'abord, celui de la vérité révélée des monothéismes, qui voit le respect des Lois déterminer un cadre de vie individuel et collectif conforme à la morale divine. Elle émane d'une figure absolue qui prescrit une conduite aux humains libres, en théorie, de lui accorder foi et de s'y soumettre. Celui de la vérité platonicienne qui, elle, n'est pas donnée dans le cadre d'une scène inaugurale et dans un texte fondateur, mais qui appelle à ne plus se fier aux ombres de la caverne, à se défaire des apparences trompeuses du réel, exigeant un effort maintenu visant à progressivement s'élever au-dessus du sensible et à saisir, au-delà de toutes les perpétuelles variations, les essences pures et éternelles manifestant alors l'évidence éclatante du vrai : « Et lorsqu'il sera parvenu à la lumière, pourra-t-il, les yeux tout éblouis par son éclat, distinguer une seule des choses que maintenant nous appelons vraies[1] ? »

Plus tard, Aristote estimera que la quête platonicienne s'égare dans un suprasensible n'entretenant pas de rapport avec la réalité, affirmant que le vrai relève d'un critère logique, celui de la non-contradiction, sans lequel nous dirions tout et son contraire : « Attacher une valeur égale aux opinions et aux imaginations de ceux qui sont en désaccord entre eux, c'est une sottise. Il est clair, en effet, que ou les uns ou les autres doivent nécessairement se tromper[2]. » Chaque domaine du savoir, l'astronomie, la botanique, l'étude de l'anatomie humaine, doit développer des méthodes propres fondées sur l'expérience et l'exigence de la vérification, déterminant la vérité comme l'« adéquation au réel ». Au Moyen-Âge, à rebours de l'autorité imposée, tant par le féodalisme que par la hiérarchie sclérosée de l'Église, le théologien catholique Thomas d'Aquin fera du travail rigoureux de l'esprit la condition de l'accès au vrai. Ce que Descartes proclamera encore au XVIIe siècle, à partir de la certitude du *cogito*, à savoir le plein usage de notre capacité de discernement, permettant de rechercher les vérités en faisant preuve de méthode, en procédant à des déductions et en forgeant de « longues chaînes de raison ».

Au temps des Lumières, fut peu à peu délaissée la nécessité d'isoler la vérité en tant que concept absolu ou celle d'user d'un procédé exclusif en vue de l'appréhender, pour dorénavant la tenir comme un principe pluriel logeant de diverses manières dans les champs du monde et de la vie, requérant alors l'étude minutieuse des phénomènes se rapportant à la nature, à la physique, à la médecine, à la biologie, mais aussi à la politique, à l'économie, au droit ou à la morale. En Occident, une civilisation émerge qui voudra se détourner des spéculations abstraites jugées infructueuses, jusque-là réservées à une seule caste de philosophes et de docteurs des religions, pour privilégier, à l'attention du plus grand nombre, le travail du savoir, les progrès de l'enseignement, la libre diffusion de livres et de journaux, l'élaboration d'ouvrages encyclopédiques à vocation pédagogique, la constitution d'institutions dédiées à la connaissance et à la culture. Autant de cadres susceptibles de conduire à une meilleure intelligence du réel, grâce au processus individuel et commun d'*enlightenment*, formant la base d'un nouvel âge de l'humanité célébrant les lumières de l'esprit et la formation de consciences éclairées.

Cependant, après tous les efforts déployés pour tracer les sillons menant la société sur le chemin d'un « progrès » sans fin, vint, au moment de l'acmé de la révolution industrielle et du triomphe de l'« esprit bourgeois », vers la fin du XIXe siècle, l'heure du soupçon médité par Nietzsche, qui identifia le principe de vérité comme étant à la source de toutes les croyances inculquées, entraînant le respect obligé d'une plate morale niant et sclérosant les possibilités virtuellement offertes par la vie. Ce constat de la force normative de la vérité fut repris par Michel Foucault, qui s'efforça de repérer nombre de représentations déterminant, plus ou moins visiblement, la forme générale des sociétés et dont la mise au jour devrait permettre d'encourager de salutaires velléités d'affranchissement : « Ce à quoi j'ai voulu me tenir depuis bien des années – c'est une entreprise pour dégager quelques-uns des éléments qui pourraient servir à une histoire de la vérité. Une histoire qui ne serait pas celle de ce qu'il peut y avoir de vrai dans les connaissances ; mais une analyse des "jeux de vérité", des jeux du vrai et du faux à travers lesquels l'être se constitue historiquement comme expérience c'est-à-dire comme pouvant et devant être pensé[3]. » Ses travaux contribuèrent, pour partie, à l'émergence de ce qui fut nommé « postmodernisme », qui manifestait un refus frontal de toute notion de vérité, dénoncée comme instituant des règles possiblement coercitives, étant dotée d'une telle puissance d'autorité qu'elle devait faire l'objet d'une « déconstruction » apte à libérer de tous les carcans imposés, ayant conduit Jacques Derrida à affirmer : « La vérité, c'est en son nom maudit que nous nous sommes perdus[4]. » Proposition que Jean Baudrillard radicalisera, allant jusqu'à prôner le bannissement du principe même de vérité : « La vérité est ce dont il faut se débarrasser au plus vite et la refiler à quelqu'un d'autre. Comme la maladie, c'est la seule façon d'en guérir. Celui qui garde en main la vérité a perdu[5]. »

Néanmoins, ce qui était en cause était moins l'effort de discernement individuel et collectif que requiert toute décision sensée et tendant vers le juste – dont Jean-François Lyotard avait souligné le caractère « local », supposant de continuellement nous déterminer en conscience, d'après quelques principes intangibles mais en fonction de circonstances toujours variables et spécifiques[6] –, que la possibilité d'asseoir des jeux de pouvoir par la force de conventions établies favorisant des formes d'enrégimentement des conduites. C'est exactement cette dimension systématiquement circonstancielle qui est à l'œuvre avec l'*alètheia* algorithmique, mais qui ne voit plus la vérité faire l'objet d'un savoir réflexif, d'une quête jamais achevée, témoignant de l'ouverture indéfinie du réel, mais être énoncée par des systèmes dotés d'une puissance d'expertise supposée supérieure et ayant vocation à s'exercer en toute occasion. Ce qui distingue ce régime en regard de ses précédents historiques, c'est que tous, sans exception, même dans le cadre juridique édifié par les monothéismes ou celui de régimes autoritaires, à l'instar de celui fictionnel à l'œuvre dans *1984* de George Orwell par exemple, pouvaient s'offrir à des gestes de réappropriation, à des procédés de négociation, ou alors, en cas de rejet radical, engager des manœuvres plus ou moins manifestes d'opposition. Quel que fût leur ascendant symbolique ou formel, ils autorisaient, presque malgré eux, des marges d'action autant que la préservation de certaines parts de soi pouvant demeurer à l'abri de leur autorité.

À l'opposé de ces formes de licence plus ou moins concédées, l'*alètheia* algorithmique est supposée être dotée d'un tel niveau de qualification que l'enjeu ne consiste plus à faire œuvre d'éventuelles stratégies de subjectivation ou d'évitements à son endroit, mais à trouver les moyens de *s'y conformer au mieux*. À l'instar d'un procédé de surveillance policière destiné à prévenir de l'imminence d'un danger sur une zone identifiée entraînant aussitôt la dépêche de brigades dédiées sur les lieux.

Jamais dans l'histoire, un régime de vérité ne se sera ainsi imposé, non par sa force de séduction ou par son emprise contraignante, mais par le sentiment partagé d'une évidence, par la production d'équations dont il est entendu qu'elles sont les plus appropriées, conformément au principe qui veut que les systèmes cognitifs soient des « *Evidence-Based Systems* », soit des systèmes fondés sur le principe de la révélation de faits qu'ils exposent alors à notre conscience et dont il relève d'une évidence de nous y accorder. Car l'*alètheia* algorithmique procède d'une *puissance de révélation*, promise à exercer son génie le long d'un continuum sans coutures allant du moindre détail de nos existences jusqu'à des situations collectives, comme nulle autre instance symbolique tutélaire ne l'avait fait jusque-là.

Nietzsche avait dénoncé la volonté d'ériger une vérité prétendument absolue et objective des choses, c'était là son combat majeur ; probablement qu'à la vue des pouvoirs que nous conférons à l'intelligence artificielle, il serait pris d'une même crise de démence que celle vécue à Turin en 1889. Peut-être est-ce la fin hégélienne de l'Histoire qui se réalise, rendue manifeste au prisme de notre rapport en devenir à la vérité se détournant des multiples formes sur lesquelles les humains s'étaient toujours portés qui toutes, quelle que fût leur nature et les promesses qu'elles pouvaient annoncer, n'arrivaient jamais à venir à bout de notre égarement ontologique fondamental. Désormais, nous assistons réjouis à l'agonie de notre « conscience malheureuse », pour voir advenir l'ère du « Savoir absolu » décrit par Hegel comme le moment où la « vérité est en soi parfaitement égale à la certitude », où je peux dire : « Je sais que j'ai vécu et, à force d'expériences et de déchirements, j'ai fini par contenir l'univers[7]. »

Et alors nous devenons, tant individuellement que collectivement, les Bouvard et Pécuchet du XXIe siècle qui, pour éviter de « tomber dans l'abîme effrayant du scepticisme[8] », aspirons à continuellement appréhender une vérité indubitable, à l'instar des deux protagonistes qui, lorsqu'ils décident d'aborder un champ du savoir, se mettent en quête de l'ouvrage qui la leur apporterait afin que, tout comme ce que nous attendons de l'intelligence artificielle, il puissent à la suite agir sans défaut sur les choses. C'est pourquoi ils mènent systématiquement après chacune de leurs lectures des expériences destinées à les vérifier dans le concret de la vie et qui, pour la plupart, échouent ou parfois réussissent mais par le seul fait du hasard. Flaubert pourfendait avec dérision ce positivisme scientifique qui entendait venir à bout de tout phénomène, l'ayant conduit à énoncer la formule, devenue depuis célèbre, selon laquelle : « la bêtise consiste à vouloir conclure[9] ». Car il ne croyait pas en l'existence de vérités définitives, mais au foisonnement jamais résolu des représentations affirmant que Dieu peut saisir la cause première de toute chose mais pas les humains ; Bouvard et Pécuchet, dans leur quête d'absolu et leur souhait de se doter d'une érudition encyclopédique à des fins utilitaristes, projetant un espoir démesuré et vain relativement à tous les corpus de connaissances consultés. On n'ose imaginer quelle formule empreinte de son ironie mordante Flaubert userait à propos des systèmes alèthéiques supposés nous donner la bonne réponse à chaque occurrence de nos vies.

C'est la raison pour laquelle le lieu commun continuellement rebattu selon lequel nous aurions élaboré un nouveau Golem, tel le rabbin Loew, dit le « Maharal de Prague », qui engendra une créature douée de pouvoirs quasiment identiques aux nôtres et susceptible un jour d'« échapper à notre contrôle », jusqu'à devenir une puissance destructrice, est erroné. Car le Golem, selon la légende, était soumis au pouvoir de son géniteur qui lui dictait ses ordres et pouvait, à tout moment, en lui insérant une feuille de papier dans la bouche, suspendre le souffle de vie qui l'animait. Le jour de l'inauguration du centre de recherche en informatique de Rehovot en Israël, le philosophe Gershom Scholem prononça un discours qui procédait de cette analogie : « En ce jour, nous avons le privilège de célébrer la naissance de la dernière incarnation de cette entreprise de magie, le Golem de Rehovot. Oui, en vérité, le Golem de Rehovot pourrait bien être la réplique du Golem de Prague[10]. » En réalité, le Golem n'est pas celui que l'on croit, c'est l'intelligence artificielle qui se trouve affectée de nombre de nos attributs, et nous qui prenons le statut de Golem, parce que soumis à une puissance qui, depuis son savoir toujours plus omniscient, nous enjoint les actions à entreprendre. Car, encore selon Scholem : « Dieu a créé l'homme d'un bloc d'argile et il a insufflé en lui une étincelle de sa vie divine, de sa puissance et de son intelligence. Sans cette intelligence et sans la puissance créatrice spontanée de l'esprit humain, qui en résulte, Adam ne serait pas autre chose qu'un Golem[11]. »

À ce titre, il ne relève pas du hasard qu'un ex-cadre d'Uber, Anthony Levandowski, ait annoncé en 2017 la création d'une Église nommée Way of The Future qui entend « vouer un culte à l'intelligence artificielle et favoriser la réalisation, l'acceptation et l'adoration d'une divinité basée sur l'intelligence artificielle, plus apte que les hommes à faire des choix rationnels pour les guider. [...] J'adorerais que cette divinité nous considère comme ses aînés bien-aimés, qu'elle nous respecte et prenne soin de nous. Si on arrive à une entité un milliard de fois plus intelligente que le plus intelligent des humains, comment voulez-vous l'appeler ? Nous n'aurons d'autre choix que de nous soumettre à cette nouvelle divinité[12]. » Nous aurions tort de considérer ces propos avec dédain et de nous contenter de nous en moquer, car ils témoignent d'une forme de perspicacité relativement au statut auratique que nous octroyons aux technologies de l'*alètheia* et à leur autorité, sous le sceau de laquelle nous sommes toujours plus appelés à nous placer, répondant à des schémas relevant assez de la psychiatrie, dont cet Anthony Levandowski ne ferait office que de révélateur, dans la mesure où comme jamais auparavant au cours de l'histoire « les choses jouent le rôle des hommes, les hommes jouent le rôle des choses ; c'est la racine du mal » (Simone Weil[13]).

2.
LE STADE INCITATIF DE LA VÉRITÉ : AU PLUS PRÈS DES CORPS ET DES ESPRITS

On a presque tout dit à propos du smartphone. On a souligné la possibilité qu'il offrait de se connecter, à tout instant et en tout lieu, à Internet, la circulation exponentielle de messages et d'images qu'il engendrait, le narcissisme qu'il favorisait, notamment par l'usage, souvent compulsif, du selfie, on s'est alarmé des effets d'addiction que tous ses charmes entraînaient, on a encore vanté ses vertus ubiquitaires et le pouvoir de nomadisme dont il nous gratifiait. Tous, nous avions compris dès son apparition, et plus encore au fur et à mesure de nos usages, qu'il représentait un phénomène majeur, recouvrant une portée sociale, économique, autant que civilisationnelle, décisive. Mais comme pour tant d'événements relativement soudains, vécus dans l'instantanéité et les flux précipités des circonstances, il arrive que certains discours, pour des raisons plus ou moins saisissables, s'imposent davantage que d'autres, se voyant aussitôt repris de partout. Ils tiennent alors lieu de représentations dominantes, tandis que la plupart du temps, le point le plus déterminant n'est pas bien identifié, il exige un délai afin d'être appréhendé dans toute sa mesure, car étant à première vue moins impressionnant, mais agissant cependant de façon plus prégnante.

Ce qui longtemps n'a pas été perçu, c'est que les personnes, comme par miracle, ne se trouvaient plus livrées à elles-mêmes, à leur seule intuition dans le cadre de leur expérience quotidienne, mais qu'elles se voyaient subrepticement prises en charge par ces mêmes appareils. Des dispositifs inédits le permettaient : les applications intégrées aux systèmes d'exploitation n'offrant pas seulement une navigation aisée et « intuitive » grâce à leurs interfaces ergonomiques et parfaitement adaptées à la taille, somme toute réduite, de l'écran, mais prodiguant toutes sortes de conseils supposés ajustés à chacun. Logique dont on peut dater l'origine à l'avènement de l'iPhone en 2007, qui inaugura l'ère de l'accompagnement des individus par des procédés chargés d'alléger le cours de leurs vies en fournissant en toute occasion la bonne information. Ce dont témoignait alors, de façon exemplaire, le slogan publicitaire d'Apple clamant qu'il « existe une application pour tout », ce qui n'était pas encore le cas, mais qui signalait leur vocation, à terme, à être partie prenante du moindre de nos gestes.

Néanmoins, malgré le saut qui s'était opéré entre l'accès à une information offerte à tous et une autre précisément destinée à chacun, il manquait encore une dimension pour parfaire cette architecture : une sorte d'interlocuteur unique avec lequel serait noué un compagnonnage familier et fidèle, nous rendant à même de nous en remettre pleinement à ses paroles, comme allant de soi, uniquement adressées à soi et revêtant un caractère prévenant. C'est pourquoi, très vite un autre modèle fut mis en place, il surgissait presque de nulle part : l'*assistant numérique personnel*. Le premier à être intégré dans un smartphone fut Siri, à l'origine développé à partir de 2003 par le Stanford Research Institute, suite à une commande de la Darpa (Defense Advanced Research Projects Agency), et plus tard par une start-up éponyme, dont Apple fit l'acquisition en 2010. Si son efficacité fut durant plusieurs années balbutiante, le dispositif n'a cessé de s'améliorer à la faveur du *machine learning* et de différentes avancées en intelligence artificielle. Son emploi ne devait pas se restreindre à un seul secteur, à l'instar de ce que proposent généralement les applications, mais revêtir un statut « généraliste », se présentant comme un guide d'un tout nouveau genre, indéfiniment apte à nous éclairer de ses lumières. Ce prototype inspira Samsung qui, en 2012, mit sur le marché sa propre version, S Voice, progressivement remplacée par Bixby, avant que Microsoft, en 2014, ne lance la sienne, Cortana, ainsi que le firent d'autres acteurs à la même période et au cours des années qui suivirent. Ce qui en réalité était visé, sans que les résultats aient, à ce jour, pleinement répondu aux attentes escomptées, ni encore moins que les choses fussent ainsi explicitées, c'est le Graal du rapport entre marques et consommateurs : *une relation client hyperpersonnalisée et ininterrompue.*

Les récents perfectionnements de la technologie des *chatbots* donnent une nouvelle mesure à ce « compagnonnage », améliorant régulièrement la qualité des « dialogues » tenus entre les dispositifs et les personnes. Ils contribuent à progressivement marginaliser l'usage des applications qui fonctionnent « en silos », pour privilégier des interactions plus fluides et devant à terme se rapporter à des sujets de plus en plus variés. Nous entrons dans l'ère « post-app », voyant des messageries instantanées telles Messenger ou WeChat, parmi bien d'autres, se présenter comme des « complices » aptes à répondre à toutes sortes de requêtes et à recommander les offres estimées les plus pertinentes. Si l'usage n'est pas encore mature, l'objectif consiste à s'ériger comme la « porte d'entrée du Web » en vue d'assurer le rôle de plate-forme globale auprès de toutes les sociétés désireuses de tisser des liens directs et sans cesse relancés avec les consommateurs.

Les interfaces dites « conversationnelles » émergent. Mais ce serait faire preuve de naïveté que de prendre l'expression au pied de la lettre et de penser que nous aurions affaire à des « conversations » qui, usuellement, mettent en rapport des êtres échangeant entre eux à diverses fins. Il s'agit d'un abus de langage dans la mesure où l'analyse en temps réel des paroles formulées par les personnes ainsi que leur mémorisation ne s'opèrent qu'en vue de répondre à des objectifs strictement commerciaux ou utilitaristes, ne cherchant, sous couvert d'entretiens aux tonalités familières, qu'à remplacer le sens par le *signal* en quelque sorte. Cette ossature représente le socle de ce qui est nommé « commerce conversationnel », assuré par des bots « persévérant sans cesse dans leur être » pour parfaitement conseiller un film, un restaurant ou des produits en fonction des profils de chacun et des circonstances, allant jusqu'à pouvoir se charger eux-mêmes de procéder aux transactions[14].

Néanmoins, vu la vitesse des évolutions, ledit « commerce conversationnel » ne représentera qu'une séquence provisoire, car l'enjeu consiste déjà à supprimer le principe même du « commerce », qui suppose une distance entre deux entités. En outre, une forme de pesanteur est à l'œuvre par le fait de devoir saisir le smartphone ou de se positionner devant un ordinateur afin d'utiliser des interfaces mobilisant, à ce jour, majoritairement l'écrit. Car ce qui caractérise le monde numérico-industriel, c'est que dès qu'il entrevoit une entrave, il a le génie de la contourner en trouvant la parade idoine. Ce sont les modalités devant être les plus réactives et requérant le moindre effort de la part de l'utilisateur qui sont recherchées ; à cette fin, elles doivent maintenant s'inscrire dans un cadre dénué de tout obstacle, afin qu'entre la formulation d'un énoncé et le fait d'y répondre, il s'insère le moins d'interférences possible et que l'immédiateté fasse office d'une interaction quasi naturelle et dotée d'un caractère d'évidence.

C'est pourquoi ces rapports entretenus aux processeurs, empreints de formes d'intimité, sont d'abord appelés à être vécus par les individus, dans leurs sphères privées qui offrent un cadre propice à l'établissement de liens prévenants et basés sur une écoute attentive. Les choses au sein de nos domiciles auront pour vocation de s'assurer de notre plus grand bien-être. Dans notre chambre, nous pouvons d'ores et déjà bénéficier des vertus rassérénantes promises par le bandeau connecté Dreem, mis au point par la start-up française Rythm, devant être porté comme un serre-tête au moment du coucher, supposé allier « les méthodes les plus efficaces, du biofeedback à la neuromodulation, pour améliorer le sommeil au quotidien[15]. » Le dispositif surveille durant la nuit les mouvements de l'utilisateur, son rythme cardiaque ainsi que l'activité du cerveau via un système d'électro-encéphalogramme. Il émet des sons qui se propagent par conduction osseuse afin de favoriser l'endormissement qui, une fois atteint, se modulent en des « bruits roses » destinés à amplifier l'action du thalamus qui ajuste le bon niveau des ondes delta favorisant le sommeil profond. Il déclenche enfin un réveil dit « intelligent », au moment jugé optimal au regard de l'activité cérébrale au moyen d'une alarme faite, selon les circonstances, de chants synthétiques d'oiseaux ou de cigales par exemple. Ses concepteurs affirment sans gêne qu'il remplit le rôle d'un « coach du sommeil ». Au matin, on peut alors découvrir sur une application dédiée son « sleep score » agrémenté de commentaires suggérant des services ou des produits en rapport. En gagnant la salle de bains, notre baignoire diffusera des huiles essentielles en fonction de notre humeur, via des cartouches capables, avant leur épuisement, de commander elles-mêmes leurs propres recharges. Une fois en peignoir et parfaitement relaxé, maintenant situés dans notre dressing, des dispositifs d'aide à l'habillage, tel Echo Look, développé par Amazon, proposent de nous prodiguer des conseils relatifs à la tenue du jour à adopter ou à des vêtements que nous devrions sans attendre acquérir, nous prêtant à des jeux de simulation effectués au moyen de systèmes de réalité augmentée[16].

Pour se charger de notre bien-être, ces « *smart agents* » nous pénètrent de tous leurs capteurs, de toute leur science, entendant saisir jusqu'aux tréfonds de notre psychè à la faveur des avancées de l'informatique dite « émotionnelle » (« *affective computing* ») qui déjà fait l'objet de nombreuses applications. À l'instar des robots dits « sociaux » qu'on souhaite gratifier du génie de déchiffrer notre âme et devant être empreints d'« empathie » à notre endroit afin de nous dispenser leurs meilleurs attentions et soins. Le « souci de soi », formalisé par la Grèce antique comme une pratique visant à tendre vers une vie droite et saine grâce à des exercices moraux et physiques réguliers, se trouve comme pris en charge par les technologies de l'*alètheia*, nous dessinant en toute circonstance le cadre propice à notre plein épanouissement. Davantage, l'*exagoreusis*, correspondant à l'« examen ininterrompu de soi » assuré jour après jour par un moine recueillant les pensées des individus et conduisant à faire œuvre d'un « aveu permanent[17] » permettant de mieux se connaître grâce à l'expression verbale, se trouve relancé par les systèmes décodant les états des personnes, s'érigeant comme les nouveaux directeurs de conscience de notre temps, habilités à parfaitement nous saisir et à nous prescrire la bonne conduite. Le technolibéralisme cherche à se parer du statut de prêtre compréhensif et compatissant, nous notifiant les préceptes nécessaires à la « vie bonne », l'*eudaimonia*, théorisée par Aristote comme une existence heureuse et accomplie ; ses tenants en iraient, avec foi et enthousiasme, à se présenter désormais comme les « fournisseurs officiels d'*eudaimonia* ».

Une vie comme insensiblement et littéralement mise sous tutelle émerge par la grâce de l'intelligence artificielle nous indiquant de son index, tel le Pantocrator, le Christ en majesté, la bonne voie à emprunter. Il est marquant de relever qu'à l'âge anthropomorphique de la technique, il ne s'agit pas seulement de reproduire schématiquement certains des mécanismes du cerveau, mais autant de saisir ses stimuli, afin de mettre en place un procès neuro-énergétique à chaque fois généré par un *input* procédant de la mise en place d'une situation favorable et de la formulation d'énoncés suscitant l'excitation, conduisant, à l'instar de ce qui est à l'œuvre dans les systèmes, à ce qu'il soit aussitôt suivi d'un *ouput* exprimé par un geste se soumettant aux visées définies par le processus. Dorénavant, nous attendons des processeurs qu'ils nous gouvernent avec maestria, qu'ils nous délivrent du fardeau que nous endurons depuis l'aube des temps qui pourtant constituait jusqu'à peu le sel de la vie et de notre relation au monde : celui de devoir à tout instant nous prononcer, nous engager, bref, de mettre en jeu notre responsabilité.

3.
LE STADE IMPÉRATIF DE LA VÉRITÉ : DES DISPOSITIFS À ÉRADIQUER LE DOUTE

Chacune de nos actions se déploie au sein d'un horizon fait d'une nuée d'arborescences au nombre virtuellement infini. Si nous décidons d'agir de telle manière ou de telle autre, que ce soit dans le cadre de situations anodines ou de conjonctures décisives, il existe toujours d'autres alternatives, dans la mesure où nous ne sommes pas dotés du savoir absolu de Dieu qui nous permettrait en toute circonstance d'arrêter la meilleure décision. L'ouverture indéfinie du réel suppose l'incertitude et la persistance toujours maintenue du doute. C'est le lot tragique, et jusque-là tenu pour insurmontable, de l'existence. S'il existe un domaine qui tient ce champ des possibles, et l'anxiété induite, comme un vecteur d'insécurité et de risque permanent, c'est celui des activités professionnelles, quelles qu'elles soient. La présence trop prégnante de l'indécision, d'un questionnement jamais relâché, les ferait alors relever de la métaphysique, alors qu'elles ressortent d'une des sphères les plus concrètes de la vie, tellement concrètes qu'elles ne répondent qu'à de seules dimensions utilitaires et ne veulent ni de doivent s'embarrasser de spéculations interminables et d'hésitations infructueuses qui vite les empêcheraient de mener à bien leurs affaires et saperaient à la base leur viabilité.

C'est la raison pour laquelle, plus que partout ailleurs, le monde professionnel est régi par des lois, des règles, des normes, des certifications, qu'il s'inscrit dans des cadres lui permettant de se fondre dans un cours qui ne connaîtrait pas de continuels et périlleux flottements. Pour répondre à sa fonction –à la différence de nos vies propres qui se trouvent plus sujettes aux tâtonnements de notre subjectivité–, doivent être fixés des objectifs déterminés et les moyens destinés à les atteindre. À cette fin, on définit les différents niveaux de responsabilité et la distribution interne des tâches afin que la confusion ne vienne pas perturber la bonne marche des choses. Tout rassemblement de compétences requiert un système d'organisation qui, la plupart du temps, se voudrait être empreint de la plus grande rigueur, mais dont les caractéristiques varient au gré des secteurs d'activité, de l'histoire singulière de chaque entité, de la personnalité des individus, particulièrement de leurs dirigeants, décidant généralement, au sommet de la pyramide, de la structuration d'ensemble. Mais on a beau tenter de rechercher le meilleur ordonnancement, de s'efforcer de disposer des savoir-faire les plus qualifiés, de détenir une vision stratégique aiguë, le doute secrètement demeure, l'erreur, minime ou aux conséquences dramatiques, peut à tout instant advenir. Alors, le monde du travail, surtout lorsqu'il dispose de moyens financiers, n'a jamais cessé de mettre en œuvre des procédés et des techniques visant à sécuriser ses décisions, à faire en sorte qu'elles soient les mieux garanties.

C'est pourquoi les grandes entreprises, particulièrement depuis l'après-guerre, à l'amorce de la séquence qui allait conduire au développement rapide de la « société de consommation » et à l'intensification corollaire de la pression concurrentielle, commencèrent à régulièrement faire appel à des experts afin qu'ils les aident à mieux orienter leurs choix. Assez vite, au tournant des années 1970, se généralisa l'usage de nouer des collaborations avec des instituts de conseil mettant à disposition des équipes spécialisées et supposées particulièrement au fait des dernières évolutions afin d'évaluer leur marche générale autant que leurs axes stratégiques, et éventuellement contribuer à mieux les définir. Elles allaient jusqu'à proposer de nouvelles méthodes organisationnelles, résultant notamment des développements de l'informatique, permettant une gestion davantage optimisée de certains secteurs. Dorénavant, des budgets étaient alloués à l'emploi temporaire et plus ou moins régulier de contingents extérieurs destinés à enrichir leur niveau de compétence et procurant une sorte d'appel d'air salutaire. À partir des années 1990, parallèlement à ces pratiques, furent proposés des *outils d'aide à la décision* élaborés grâce à l'avancée de travaux mathématiques portant notamment sur les arborescences décisionnelles, prenant en compte un large contexte, une pluralité de facteurs ainsi que le répertoire des alternatives apparaissant à chaque étape. Ils s'offraient comme des instruments appelés à éclairer les choix, mais ils étaient *in fine* soumis à l'appréciation des personnes auxquelles il revenait de suivre ou non, partiellement ou intégralement, les préconisations formulées.

L'efficacité de ces techniques n'a cessé de s'accroître, par le fait de l'augmentation régulière des puissances de calculs, la sophistication croissante des algorithmes et le traitement de volumes de données sans cesse plus volumineux portant, de surcroît, sur des pans d'activité de plus en plus divers. Une décennie plus tard, ces systèmes devenaient le cœur d'un nouveau *business model*, adopté de façon radicale par IBM par exemple, qui en 2005 avait cédé au chinois Lenovo son unité de fabrication d'ordinateurs, pour se focaliser sur la seule activité de conseil aux entreprises et l'implantation de systèmes d'organisation et d'aide à la décision. Cette mutation stratégique témoignait en creux d'un changement de fonction de l'informatique. Au tournant de la deuxième décennie du XXIe siècle, ces dispositifs qui, jusque-là, représentaient des instruments de visibilité et de contrôle de la marche générale des entreprises, devinrent capables d'interpréter en temps réel une multitude de situations et de consécutivement signaler certaines actions à entreprendre, appelées à être aussitôt réalisées, soit par des personnes, soit, plus majoritairement, par les systèmes eux-mêmes. Ils prenaient le statut de logiciels dits « cognitifs », dont le plus emblématique fut Watson, conçu par le même IBM et mis sur le marché en 2011.

Nombre de métiers en usent, ceux de la banque par exemple, principalement dans l'objectif de mesurer les risques client dans le cas de demandes de prêts et de projeter les probabilités de solvabilité. Ceux de l'assurance y font également appel afin d'ajuster les tarifs des contrats en fonction des profils des adhérents, voire du suivi de leurs comportements *via* le port de capteurs sur les corps ou intégrés au sein d'une automobile par exemple. L'examen de dossiers réalisé par des personnes, établi sur une multitude de critères, tant déterminés qu'informels, et soumis à l'épaisseur de leur subjectivité, s'estompe au profit d'une mesure algorithmique qui, sans ambages, impose ses vues. De leur côté, plusieurs sociétés de recrutement ont recours à des « agents conversationnels » afin qu'ils fournissent eux-mêmes à l'attention des candidats des informations relatives aux postes et qu'ils jugent de la qualité prétendue des propos tenus durant les échanges[18]. Ils se présentent également comme les interlocuteurs lors d'entretiens vidéo, analysant, outre la teneur des conversations, les mouvements de tête des postulants, ceux de leurs yeux, les expressions faciales, jusqu'à relever les éventuels sourires, afin de « déceler le niveau d'intérêt ou d'enthousiasme » d'un aspirant et de « mieux cerner sa personnalité[19] ». L'intention déclarée vise à proposer des « évaluations augmentées » et à améliorer « l'expérience candidat », conformément à la novlangue numérico-managériale contemporaine. Dorénavant, l'enjeu consiste moins à examiner les CV qu'à faire procéder à des systèmes des « tests de personnalité », « de motivation et de mesure du degré d'intelligence émotionnelle ». Doivent être jaugées les *soft skills* (caractéristiques personnelles), généralement dans une perspective prédictive, afin d'appréhender les capacités de chacun à évoluer au sein d'un milieu spécifique, à « interagir » avec les autres compétences et d'estimer les futures marges de progression des personnes.

Il est souvent fait mention à propos de ces techniques de la présence de biais, dans la mesure où les critères déterminant les appréciations sont initialement établis par des humains susceptibles, consciemment ou inconsciemment, de se laisser guider par leurs préjugés et de privilégier ou de handicaper certaines appartenances ethniques, sociales ou de genre. Ce souci génère depuis peu une volumineuse littérature vu qu'il se rapporte à la question sensible de possibles discriminations. Mais ce qui n'est jamais relevé, c'est qu'au-delà d'éventuels biais s'opère une extension sourde de quantité de normes faisant prévaloir le primat de l'extrême jeunesse, de la capacité à faire preuve des plus grandes réactivité et adaptabilité, de disposer d'un corps sain, de faire montre d'un tempérament conciliant, soit autant d'impératifs visant *in fine* l'horizon d'un environnement continuellement dynamique, constitué de corps dociles et dénué de toute aspérité. Si pour l'instant ces méthodes sont censées ne représenter que des instruments complémentaires destinés à assister les personnes, la trajectoire en cours semble vouée à imposer des procédés rigides s'appuyant sur un registre uniformisé d'exigences au détriment de la prise en compte de qualités fondées sur de tout autres valeurs.

Aujourd'hui, plus les décisions sont sensibles et coûteuses, plus on aspire à recourir à des systèmes qualifiés à instruire l'action humaine. La justice, domaine qui se trouve particulièrement encadré par de rigoureuses procédures de vérification, qui entend faire alterner les arguments de l'accusation et ceux de la défense, qui exige l'impératif de la preuve et entend tenir compte de l'histoire de chaque être ainsi que d'éventuelles circonstances atténuantes, fait depuis peu appel à des dispositifs automatisés chargés d'éclairer les acteurs, usant de méthodes dites « actuarielles » reposant sur des « éléments objectifs et statistiques ». Par exemple, aux États-Unis, des juges utilisent des protocoles destinés à estimer les risques de récidive d'un accusé ou à se prononcer à propos de l'opportunité de libérer une personne en attente de son jugement en fonction des probabilités supposées à commettre entre-temps un crime ou de sa disposition à vouloir échapper à la loi. Sur plusieurs continents sont d'ores et déjà testés des logiciels conçus pour suppléer, voire remplacer les juges dans les affaires dites ordinaires. Par ailleurs, des programmes dotés de facultés prétendument prédictives accompagnent l'établissement de certains arrêts, procédant d'une inversion de la fonction de la justice, jusque-là principalement chargée de juger *a posteriori* les délits commis, pour participer à l'édification d'un ordre politique, autant que policier, travaillant à neutraliser toute éventualité de risques à venir.

Si la logique de la « robotisation de la justice » est tant vantée, c'est qu'elle recouvrirait les suprêmes vertus cumulées de prévenir à la base toute menace, de générer des réductions de coûts et de tendre vers la plus grande efficacité supposée. La pratique judiciaire devant alors, à l'instar de toutes les autres activités du secteur public, inéluctablement se plier à la doxa de la « transformation digitale » qui ne cesse de s'étendre par la force du puissant travail de lobbying exercé par le monde numérico-industriel auprès des responsables politiques. Mais au-delà de tous les discours, l'effet majeur de cette vaste entreprise utilitariste, c'est une foultitude de normes qui sournoisement imprègnent les parquets et les prétoires. C'est comme si nous arrivions au stade achevé de la classification des typologies comportementales « déviantes », dont la série *Mindhunter*[20] témoignerait des premiers efforts méthodiques entrepris vers la fin des années 1970, et qu'il ne resterait plus qu'à l'implanter au sein de systèmes chargés de la rapporter à des équations statistiques et probabilistes, se trouvant alors dotés de la faculté de se prononcer, avec la plus grande fiabilité et le moindre doute supposés, sur chaque cas de figure. Jeremy Bentham, en son temps, entendait tirer une efficacité maximale du principe de l'utilité, envisageant de « trouver les procédés d'une arithmétique morale par laquelle on puisse arriver à des résultats uniformes[21] ».

Où se situe alors le droit des justiciables et de la défense à faire valoir leur parole dans le cadre de débats contradictoires, le principe de la singularité irréductible de chaque cas de figure et éventuellement celui de se voir accorder l'alternative, jusque-là tenue pour cardinale, du bénéfice du doute ? Une fois encore, ces dispositifs sont présentés comme ne relevant que de seules fonctions complémentaires, mais c'est la trajectoire en cours qu'il faut saisir, celle voyant des systèmes qui, par leur puissance à produire des conclusions prétendument rigoureuses, contribuent à relativiser, et peut-être à terme à évincer la perception humaine et inévitablement plurielle des choses. Saisit-on la régression qui est à l'œuvre sous couvert d'« améliorations organisationnelles » et de « mises à niveau technologiques » ? En France, le récent projet de loi visant à ne plus faire juger certaines affaires en cour d'assises – composées de jurés populaires –, mais par des juges, participe de cette technicisation de la justice qui entend marginaliser toute appréciation subjective, et la part d'incertitude induite dans la prise de décision, pour s'approcher de l'idéal d'un discernement parfaitement exact des faits grâce au savoir de seuls experts appelés à être toujours plus secondés par des protocoles auxquels il est concédé le droit d'énoncer une vérité « objective » et « indubitable ».

Des systèmes sont appelés à encadrer des secteurs de plus en plus divers de la société, nous plaçant sous leur tutelle, jusque dans le domaine de l'éducation, qui fait depuis peu appel à l'intelligence artificielle afin de « faciliter l'accès à un enseignement personnalisé pour tous ». Telle une plate-forme qui offre des outils établissant à la volée des « diagnostics cognitifs », les réponses fournies par les étudiants sont alors analysées en temps réel et les professeurs peuvent s'en inspirer pour « customiser leurs cours[22] ». Dorénavant, chacun mérite, sans être confronté à la moindre résistance, de se voir offrir ce qu'il est « en droit d'attendre », sans que des propos ne soient plus formulés en vue de le faire évoluer mais à la seule fin de le « faire persévérer dans ses caractéristiques », à l'opposé du principe historique de l'école, jusque-là envisagée comme une entité destinée à s'ouvrir à l'altérité sous de multiples formes. De surcroît, les programmes sont conçus par des sociétés privées, d'après des critères généralement opaques et qu'on laisse pénétrer avec enthousiasme dans l'école publique au nom de l'inexorable « transformation digitale ».

Ce qui caractérise les technologies de divulgation de la vérité, c'est qu'elles évacuent l'ambiguïté propre à toute situation, aux relations humaines et au langage. Car il y a une richesse de l'ambiguïté, qui nous permet de composer avec les autres et le réel sans nous arrêter à une seule option exclusive de toutes les autres. Elle représente un réservoir inépuisable de possibles et d'inventivité. C'est exactement ce qui entend être éradiqué par ce que Schopenhauer a identifié comme un conformisme social habile dans « l'art de produire l'apparence de la vérité ». Usuellement, la société trouve sa vitalité dans le foisonnement irréductible des subjectivités, la pluralité nécessairement contradictoire des intérêts, l'impératif de la négociation continuelle, témoignant du droit égal de chacun à faire valoir sa singularité, conditionnant la pérennité de tout ensemble commun digne et viable. Une relation mortifère s'instaure lorsqu'une logique devenant majoritaire « cherche à expulser ce qui ne cadre pas avec son identité[23] » (Elias Canetti).

C'est toute la philosophie politique du rapport à la norme, à la vérité, aux instances décisionnelles qui est à reconsidérer. Historiquement, jusqu'à aujourd'hui, les normes, les conventions, les préjugés logent dans une multitude de lieux, dans le langage, les institutions, les régimes juridiques. Néanmoins, ils ne sont pas clairement localisables, ils se fondent dans une sorte de brouillard cotonneux qui rend difficile, voire impossible, de les saisir. Ils représentent des points d'appui à des modes d'organisation sociale, favorisent la pérennité de structures de pouvoir de toute sorte, influent sur les comportements, vont jusqu'à déterminer insensiblement les postures corporelles. Vu l'autorité plus ou moins insidieuse qu'ils exercent sur nos vies, il relève d'un devoir de chercher à les distinguer. Ce travail a représenté une des missions principales que s'est assignées la modernité philosophique, des Lumières à Nietzsche, jusqu'à Foucault, qui en a fait l'objet central de ses travaux. Si cet effort nécessaire de discrimination relève d'une entreprise qui ne pourra jamais être interrompue, il est probable qu'elle se complique, car une nouvelle étape dans l'histoire de la normativité est actuellement franchie, voyant des mécanismes inédits œuvrer qui se trouvent dotés de trois caractéristiques. D'abord, ils prennent forme dans des dispositifs qui opèrent de façon automatisée, sans requérir notre assentiment préalable, et dans les moindres délais. Ensuite, ils sont appelés à interférer sur un nombre sans cesse croissant d'actions individuelles et collectives, recouvrant une portée virtuellement intégrale. Enfin, il leur est octroyé une valeur prétendument objective, semblant dénués de toute intention, seulement conçus pour nous faire profiter de leur incomparable efficacité.

Cet agencement consolide l'emprise d'une myriade de normes, à un point tel que leur seul repérage en vue de les contrer ne suffit plus, cette posture s'avère dorénavant insuffisante. Il paraît tout aussi vain de développer une théorie critique de la normativité induite par les algorithmes qui se contenterait seulement d'opérer le constat suivant lequel des critères opaques les déterminent et agissent sur nos conduites. Ces observations sans cesse rebattues sont non seulement devenues un poncif de l'analyse de leur influence insidieuse sur nos existences, mais elles revêtent surtout le défaut coupable de ne jamais remettre en question le principe même de leur pouvoir décisionnel, se limitant à réclamer qu'ils fassent l'objet d'une publicité. À l'écart de ces postures passives et désormais convenues, ce qui importe, c'est de déclarer le principe même d'une extrême normativité formalisée dans des systèmes auxquels est concédée la licence de définir la vérité et d'engager des actions en conséquence, comme étant inconciliable avec les valeurs qui nous constituent. Il ne s'agit pas de chercher à savoir quels critères sont à l'œuvre, ou de s'alarmer continuellement de biais qui affecteraient les résultats, mais de décréter, à la base, que dès lors que des protocoles nous ôtent notre pouvoir de jugement et de décision, se substituant à notre conscience et à notre liberté d'action, ils doivent être tenus pour irrecevables. En d'autres termes, il relève de notre responsabilité, au regard de notre héritage humaniste, d'user de notre droit à faire barrage, partout où nous nous trouvons, à des mécanismes qui travaillent à imposer, à toutes les échelles de nos existences, un ordre unilatéral et infondé des choses. On peut appeler cela une éthique en acte de nos convictions ou une salutaire mise en pratique d'une politique de légitime défense.

4.
LE STADE PRESCRIPTIF DE LA VÉRITÉ : HIPPOCRATE MIS SOUS LE JOUG DU PRIVÉ

C'est un fait entendu. S'il existe un domaine qui à lui seul légitime l'existence de l'intelligence artificielle, dont on ne doute pas qu'il va bénéficier de toute sa puissance, dont nous allons tous finir par profiter, c'est bien celui de la médecine. Il relève d'un large consensus qu'elle devrait permettre à la recherche médicale de franchir des seuils d'une portée sans commune mesure historique. C'est un don qui nous est offert et ce serait faire preuve de mauvaise foi que de ne pas l'admettre. Cette perspective constitue l'argument irréfutable qui plaide au bout du compte pour ses développements. Et dans le cas où certains usages en vigueur, ou en passe de l'être, dans d'autres secteurs suscitent des inquiétudes ou des désapprobations, au moins les bienfaits annoncés sur ce terrain signalent que les choses sont complexes et qu'il convient de faire preuve de mesure dans l'appréciation des choses. Ce prétendu apport de l'intelligence artificielle à la médecine constitue le point de ralliement de ses thuriféraires réjouis, à l'occasion de tout débat, de pouvoir dégainer cette arme implacable.

C'est ce dont use de façon répétée et caricaturale Yann LeCun, qui, alors qu'il travaille à sans cesse perfectionner la relation client chez Facebook, affirme à intervalles réguliers que « l'intelligence artificielle va sauver des vies », mais reconnaît qu'elle « représente aussi un danger[24] ». Alors, puisqu'elle est appelée *in fine* à « sauver des vies », à l'instar du pari de Pascal, l'étendue sans limites de ses promesses vaut la peine de nous y risquer. Tout en étant, au sein de cette équation, ramené à l'exigence de la « vigilance » qui reporte aux calendes grecques la possibilité de nous déterminer d'ores et déjà et en conscience sur ces enjeux. Il faut savoir identifier les raisonnements destinés à tétaniser toute position divergente. Eh bien, puisqu'il est continuellement asséné que la médecine va tirer une infinité d'avantages des vertus augurées par l'intelligence artificielle, il convient alors d'aller voir de près comment les choses s'opèrent, au-delà des discours préfabriqués qui cherchent à paralyser toute entreprise critique.

L'introduction progressive, à partir des années 1990, d'instruments numériques destinés aux examens médicaux, dans la radiographie, la cardiologie ou l'ophtalmologie, parmi bien d'autres branches, cumulée à l'enregistrement des actes sur des serveurs a transformé la médecine en une pratique générant des volumes de données. Ces nouveaux usages ont notamment autorisé un suivi mémorisé des patients, ainsi qu'une connaissance approfondie de nombre d'états individuels et collectifs détenue par divers organismes, tels la Sécurité sociale, les ministères de la Santé ou l'Organisation mondiale de la santé (OMS). IBM, parmi d'autres sociétés, a vite voulu tirer parti de l'émergence d'une médecine devenue « informationnelle », mettant au point un programme dédié, Watson, qui répond à trois fonctionnalités majeures. La première consiste à récolter et à analyser toutes sortes de données. Elles émanent des dossiers des personnes, se rapportent à l'évolution de leur situation, à l'efficacité des traitements sur chaque cas particulier et à leurs éventuels effets secondaires. En outre, le système s'enquiert des différents foyers d'infection dans le monde, il est également capable de « lire » et de synthétiser des articles scientifiques disponibles en ligne, affinant ainsi continuellement son niveau d'expertise. Il représente un outil d'accès à une multitude d'informations permettant aux médecins d'aller rechercher aisément celles correspondant à leurs besoins et de mieux déterminer certaines de leurs décisions.

La deuxième fonctionnalité qui, dans un second temps, s'est développée est bien plus troublante au regard de l'histoire de la discipline. Watson, tout comme d'autres programmes similaires, se voit doté de la faculté d'*établir des diagnostics*, pouvant déceler des tumeurs de la peau, par exemple, avec des degrés de précision supposés supérieurs aux humains. Une compétence émerge, qui correspond exactement à la fonction alèthéique de l'intelligence artificielle, à savoir révéler des états de fait généralement dissimulés à nos esprits. Un franchissement de seuil s'opère, qui voit des systèmes identifier d'éventuelles pathologies et appelés à exercer leur savoir-faire dans différentes spécialités[25]. Ce qui notamment les caractérise, c'est qu'ils ne sont pas issus, à l'origine, des recherches menées par le monde médical, mais de celles entreprises par des acteurs industriels. Ce sont eux qui initient et développent les protocoles, tâchant ensuite de les faire acquérir par les centres d'examens et de soin. Ici, une forme de disjonction est à l'œuvre entre le monde technico-économique et celui de la médecine, qui ne travaillent pas de concert, au sein de partenariats, mais qui voit le premier chercher à imposer ses « innovations » au second.

À vrai dire, il n'est guère nécessaire de procéder à des assauts continuels en vue de conquérir le corps médical qui, à l'instar des autres corporations, est majoritairement soumis à la doxa de l'amélioration de tous ses secteurs grâce à leur « transformation digitale », devant dorénavant s'opérer toutes affaires cessantes. Car, la médecine, au lieu de défendre le champ propre de ses prérogatives, de témoigner d'une nécessaire distance critique, de faire valoir l'exigence d'une patiente évaluation avant d'adopter des techniques qui l'engagent, fonce tête baissée en quelque sorte, supposant que se joue là une évolution jugée inévitable qui appelle de s'y raccorder avec entrain pour le bien supposé de la pratique et des patients. Il va de soi que le sempiternel cliché de la complémentarité, devant en l'occurrence être à l'œuvre dans le cadre du diagnostic, est appelé à en rester à de vaines formules dans la mesure où ce qui est voué à prévaloir, c'est la vérité indubitable énoncée par les systèmes. L'hypothèse, certes coûteuse, d'un contre-diagnostic automatisé représenterait *a minima* un contrepoids susceptible de la relativiser.

L'aura, promise à être toujours plus éclatante, octroyée à l'*alètheia* algorithmique, trouve sa conséquence directe dans une troisième fonctionnalité: celle d'établir des *prescriptions*, soit en fonction des diagnostics établis par les humains, soit par les systèmes eux-mêmes. Jusqu'à peu, la rédaction d'une ordonnance relevait de la stricte compétence des médecins, dont la connaissance des molécules faisait partie de la formation et qui pouvaient, en cas de doute ou dans certaines circonstances, se référer à des ouvrages, tel le dictionnaire Vidal, édité en France depuis 1914, et aujourd'hui accessible en ligne, qui répertorie les caractéristiques des médicaments produits par les laboratoires pharmaceutiques. Ces glossaires, offrant des sommes d'informations, permettent, le cas échéant, au médecin de mieux se déterminer, son pouvoir de décision lui revenant *in fine*. Ce qu'induit cette disposition automatisée, c'est, une fois encore, la part de libre appréciation qui s'estompe au profit d'une vérité littéralement prescriptive qui s'impose à la conscience humaine. Des dispositifs, élaborés par des compagnies privées, occupent le point nodal situé entre le corps médical et le monde pharmaceutique. De nouveaux acteurs s'immiscent au sein de cette relation historique, qui n'entendent pas revêtir le statut de seuls *intermédiaires*, mais celui d'interlocuteurs dont est supposée bientôt dépendre la plus exacte conformité entre un diagnostic et les traitements aptes à y répondre.

Les sociétés pharmaceutiques ont depuis longtemps mis en œuvre des méthodes destinées à peser sur les choix des médecins en vue de les inciter à élire leurs produits. S'il existe des chartes déontologiques, on sait qu'ils sont souvent invités, à grands frais, dans des congrès professionnels ou bénéficient de largesses sous diverses formes. Néanmoins, l'intégrité demeure une vertu cardinale de la profession. À terme, elle deviendrait vaine, car elle se déplacerait sur les concepteurs de systèmes qui, en cas de suspicion à leur égard, pourraient toujours arguer de leur bonne foi, « protégés » par l'« objectivité mathématique » des équations. Une « lutte industrielle de la prescription » est annoncée, chaque entreprise prétendant s'arroger le rôle de plate-forme incontournable liant les différentes parties prenantes entre elles. Mais au-delà de cette volonté d'occuper une position tierce, une stratégie parallèle se met en place, cherchant à se situer tout au long de la chaîne de la santé, entraînant la dissolution de la place centrale depuis toujours tenue par le corps médical et ne s'embarrassant plus de toutes les exigences historiques patiemment définies au cours du temps par la discipline.

Car une des visées majeures de l'industrie du numérique consiste à faire main basse sur le domaine de la santé, envisagé, avec ceux de la voiture autonome, de la maison connectée et de l'éducation, comme les plus décisifs et pour lesquels elle entend se doter de tous les moyens nécessaires afin d'asseoir, à terme, une domination sans partage. Cette ambition appelle l'adoption de plusieurs axes stratégiques devant s'emboîter les uns aux autres. Le premier, situé à la base en quelque sorte, exige de collecter les plus grands volumes de données émises par les corps.

C'est la raison pour laquelle les smartphones intègrent maintenant des mécanismes mesurant le nombre de pas effectués au quotidien par exemple, tout comme les bracelets, les lits, les miroirs, les balances, tous connectés, parmi bien d'autres dispositifs, dorénavant destinés, outre à répondre à leurs fonctions premières, à capter nos flux physiologiques. Jusqu'à récemment, la récolte et l'analyse de toutes ces informations autorisaient la formulation d'offres personnalisées ressortissant du marché du bien-être, certes susceptible de générer des profits colossaux, mais dont il est estimé qu'il relève d'une « articulation naturelle » d'y adjoindre un autre à la portée tout aussi colossale : celui de la prévention et du soin thérapeutiques.

Le deuxième axe stratégique requiert de s'attacher les compétences des médecins et des biologistes afin qu'ils soient partie prenante dans l'élaboration des expertises automatisées qui se trouveront de surcroît parées du prestige de leur savoir certifié. Le technolibéralisme, tout comme il l'a fait avec les ingénieurs et les programmeurs, entend maintenant s'inféoder les compétences médicales en vue de les intégrer dans les départements de recherche mis en place depuis le début des années 2010 consacrés à la santé, tels Google Health et Calico (Alphabet/Google), HealthKit, CareKit, ResearchKit (Apple), ou nombre de start-up œuvrant dans les « biotechs ». Ils ont notamment développé des applications de diagnostic sur smartphone, *via* la prise de la température, l'analyse des fréquences vocales et de la toux, celle du visage et à terme de la sudation, fournissant également des kits d'analyse de sang. Car l'enjeu consiste à bientôt faire sauter la phase de la consultation, de la rendre obsolète, pour instaurer une pratique du suivi continu, une sorte de veille perpétuelle prodiguée à chacun affranchie du paiement traditionnel à l'acte et fondée sur le principe de l'abonnement, garantissant une attention assidue en toute circonstance.

Ainsi, le champ d'intervention s'opère sans rupture de faisceau : les acteurs industriels collectent les états des personnes via les appareils connectés et les applications dédiées, proposent des produits et des services de bien-être, peuvent préconiser des examens complémentaires appelés à être réalisés, soit auprès de leurs propres officines, soit auprès de celles ayant acheté les mots-clés en rapport, et entendent boucler la boucle en proposant eux-mêmes, en compagnie d'éventuels partenaires dépendant du domaine de la santé, des traitements thérapeutiques. Le médecin, l'hôpital, ainsi que d'autres qualifications, sont appelés à être détrônés, voire marginalisés, par l'émergence de nouveaux « entrants » prétendant s'ériger comme les interlocuteurs les plus aptes à s'assurer de notre parfait suivi, à nous alerter, en quasi-temps réel, relativement à l'imminence de risques ou de pathologies et à se charger de notre meilleure prise en charge, quels que soient les cas de figure. Par exemple, la start-up Forward ambitionne de mettre au point le « cabinet médical du futur ». Il est conçu comme un espace destiné à récolter les informations les plus exhaustives à propos de chaque « client » qui lors d'une première inscription se voit soumis à une batterie d'examens : relevé du poids, de la taille, de la température, du rythme cardiaque, de la pression artérielle, prise de sang, séance de scanner, prélèvement d'un échantillon de salive en vue de procéder à un test ADN chargé d'estimer les risques de cancers d'origine génétique. Les conversations entre patient et médecin sont scrutées par une intelligence artificielle supposée capable de relever des points méritant d'être rajoutés à l'établissement des profils. L'entreprise fournit des instruments connectés, bracelets, balances, moniteurs de sommeil, capteurs électrocardiogrammes. Les données recueillies sont étudiées à distance par des robots dédiés pouvant, le cas échéant, en cas d'évolution anormale, programmer dans les meilleurs délais une visite en vue de procéder à des analyses et des tests préalablement identifiés. La société offre, contre un abonnement, un nombre en théorie illimité de consultations, d'éventuelles vaccinations, l'accès à des nutritionnistes, ainsi que la fourniture de médicaments génériques. Son fondateur espère installer ces cabinets dans plusieurs villes des États-Unis et à l'étranger, affirmant « vouloir tout rebâtir de zéro[26] ».

Google a récemment inauguré une unité spécialisée dans les biotechnologies, Verily, qui en 2017 a recruté 10 000 volontaires se voyant équipés de multiples capteurs et devant être régulièrement soumis à divers prélèvements, afin de suivre sur une durée de quatre années l'évolution de leur état de santé et de déterminer les biomarqueurs aptes à signaler les signes avant-coureurs de pathologies. Cette initiative témoigne de façon emblématique de la volonté de s'emparer du champ de la médecine et d'abattre les structures qui jusque-là la régissaient, grâce au suivi permanent de chacun autorisant une gestion hyperindividualisée et tendanciellement prédictive de nos vies. La filiale a par exemple élaboré des lentilles de contact capables de mesurer le taux de sucre dans le sang de diabétiques, ayant conduit à l'établissement d'un partenariat avec le groupe pharmaceutique suisse Novartis, lui permettant ainsi d'être présente au long des différents processus, celui du diagnostic, de la prescription et enfin de la fourniture de solutions thérapeutiques.

Bien davantage que la seule intensification de l'immixtion du régime privé dans le champ de la médecine, c'est une vaste entreprise de confiscation qui est visée par l'industrie des données. Néanmoins, elle ne revêtira pas cette apparence, du moins dans un premier temps, vu que c'est une administration des soins placée sous les sceaux des plus hautes réactivité et efficacité qui est promise à être dispensée, à l'écart des salles d'attente, des hôpitaux saturés, et préservée des éventuelles inattentions ou faillibilité des médecins et des erreurs corollaires. Il faut saisir la régression qui s'opère dans le cadre de la relation liant le corps médical et le patient, dans la mesure où c'est un nouveau type, non dit, de verticalité qui s'instaure, imposant une vérité objective des expertises et des préconisations, ayant valeur d'énoncés prescriptifs supérieurement qualifiés. Ils évacuent *de facto* l'hypothèse de la pluralité des compétences aptes à formuler des jugements, sur la base de leur savoir et de leur expérience, ou celle de contre-évaluations qui s'avèrent nécessaires dans certains cas de figure, autant que la concertation impliquant toutes les parties impliquées lors de la définition des traitements. Voit-on encore que cette logique d'hyperindividualisation, soutenue par l'usage de l'intelligence artificielle, est appelée à affaiblir, tant dans les faits que dans les esprits, l'exigence humaniste de la solidarité, au profit d'engagements établis entre personnes et organismes noués de gré à gré ? La société du contrat est vouée à se généraliser jusque dans le secteur médical, au détriment de l'établissement d'un régime commun, conduisant à ce que les couches de population les plus aisées puissent prioritairement profiter des services offerts. De surcroît, les sommes d'informations récoltées alimentent une connaissance sans cesse approfondie des personnes susceptible d'être exploitée à diverses fins, principalement marchandes.

Ces nouvelles pratiques se développent sans que ni le monde médical ni la société réagissent et se mobilisent à la hauteur des enjeux. La doxa de l'amélioration des diagnostics et des traitements s'impose, occultant les procédés qui se mettent en œuvre. Ces soudaines mutations devraient nous enjoindre à les identifier précisément et à agir si nous tenons à ce que la pratique reste, autant que possible, fondée sur le principe historique, et éthique, du soin n'appelant pas indéfiniment la contrepartie d'un profit. Nous manquons d'une théorie critique du devenir de la médecine. Il conviendrait, avant toute chose, de nous emparer de notre droit d'*opérer des tris*, et de considérer que le diagnostic automatisé, s'il peut présenter des avantages en certaines circonstances, ne devrait être utilisé qu'avec parcimonie, faute de quoi on ouvre la boîte de Pandore à ce que l'industrie se positionne tout au long de la chaîne de la santé. Nous accorder ce droit ou, plus exactement, nous obliger à ce devoir, suppose d'affirmer haut et fort que la prescription automatisée, au vu de toutes les conséquences qu'elle entraîne, représente un franchissement de seuil qui doit être jugé inacceptable.

Puisque l'acuité de ces questions est indifférente au législateur, pire, attendu que nombre de ces évolutions se trouvent appuyées par des dispositifs juridiques, résultant généralement d'un intense travail de lobbying et ne recherchant *in fine* que la croissance économique, alors c'est à tous les acteurs concernés, ceux défendant le principe d'une médecine devant être mise à l'abri de logiques de marché, autant qu'à la société civile tout entière, de faire valoir de salutaires positions divergentes. Il est temps de discriminer avec conscience les phénomènes, et de statuer en commun, qu'à partir du moment où, une fois encore, des techniques et des procédés nous dessaisissent de notre pouvoir de décision, ils doivent alors être tenus comme irrecevables. Le corps médical, s'il tient à rester fidèle à ses valeurs, va devoir apprendre à mener des luttes, tout comme les ouvriers surent le faire au cours de la révolution industrielle et des années 1970 par exemple. Non pas en usant du droit de grève en l'occurrence, mais en étant assez néoluddite en quelque sorte, en usant, dans certaines circonstances, du droit imprescriptible de refuser certaines méthodes dans l'objectif résolu de défendre la pérennité de principes considérés comme intangibles. Si rien n'est entrepris, nous assisterons à l'avènement d'une médecine dont la prétendue qualité dépendra de la puissance alèthéique des systèmes et de la capacité du monde privé à se doter de tous les moyens logistiques et persuasifs nécessaires en vue de s'ériger comme l'interlocuteur majeur, éradiquant ainsi, le temps de moins d'une génération, le socle humaniste sur laquelle elle s'est constituée depuis l'Antiquité. Probablement voyons-nous ici l'image grossissante de ce qui est à l'œuvre dans d'autres domaines, et puisqu'il s'agit d'un sujet hautement sensible, supposé particulièrement attirer notre attention, au moins peut-on espérer que notre naïveté béate généralisée s'atténuera. Dans le cas contraire, elle relèvera alors moins d'une ignorance que d'une coupable irresponsabilité au regard des convictions qui nous fondent.

5.
LE STADE COERCITIF DE LA VÉRITÉ : UNE PUISSANCE DE SIDÉRATION

Nos représentations de la technique peuvent être cataloguées au sein de typologies de natures très distinctes. Elles vont d'appréciations les plus enthousiastes aux plus horrifiées. Des bords opposés d'un large spectre, se font front deux visions antagonistes. La première est empreinte de noirceur, elle renvoie à l'image d'une machinerie omnipotente, dont les rouages échappent à la perception commune et soumet les êtres à son emprise implacable. Elle prendrait forme de façon emblématique dans les usines qui ont peuplé les villes du nord de l'Europe au moment de la révolution industrielle. Par exemple, le Londres enfumé et crasseux découvert avec effroi par Friedrich Engels en 1842 et dont il s'attachera à décrire, dans son ouvrage *La Situation des classes laborieuses en Angleterre*[27], tous les ravages que de nouveaux procédés standardisés de production causaient sur les corps et la psyché des ouvriers. Chacun d'entre eux devenant, selon Marx, un « simple appendice vivant d'un mécanisme sans vie[28] ». Plus tard, en 1927, Fritz Lang dans son film *Metropolis*, au ton dystopique et à la consonance prémonitoire, voudrait montrer que l'édification de mégastructures architecturales associée à une mécanisation généralisée des modes d'existence entraînait inévitablement des rapports asymétriques de pouvoir enserrant les êtres dans des mailles oppressantes dont ils ne pouvaient s'extraire.

La seconde, elle, est lumineuse, placée sous le sceau de l'enchantement. Elle atteint son acmé avec une certaine imagerie de la société de consommation véhiculée au tournant des années 1960. Car il était acquis qu'elle concourrait au confort des individus grâce à la production de nouveaux artefacts conçus pour alléger leur quotidien, présentant généralement des formes bombées, aux surfaces cotonneuses et parés de vertus réconfortantes. Cette opulence trouvait sa parfaite expression dans la DS de Citroën, munie d'une suspension hydraulique et qui, dès la mise du contact, vous élevait avec délicatesse au-dessus du bitume ou vers les cieux. Elle était pourvue de sièges en cuir, d'accessoires faits de bois massif ou d'acier étincelant, pouvait être équipée d'un autoradio. Elle témoignait de l'existence d'un monde idéal roulant sur quatre roues et dont la présence suscitait l'attroupement fasciné des spectateurs du Salon parisien de l'automobile que Roland Barthes avait relaté en 1957 dans ses *Mythologies*[29]. Elle trouverait son pendant domestique dans la maison de *Mon Oncle* de Jacques Tati (1958), constituée tel un ensemble cohérent où chacune des parties serait conçue de façon minutieusement appropriée, dans les moindres détails, jusqu'à la caricature, pour assurer la plus grande aisance de toutes les séquences de vie passées en son sein. La cuisine est aménagée d'une multitude de commodités, le salon s'offre tel un havre de délassement, le jardin bénéficie d'un système d'arrosage automatique. La demeure, certes coûteuse, représentant le stade suprême du standing. La « maîtresse de maison » ne se privant pas de manifester son ravissement à toutes ses invitées époustouflées par ce luxe et toutes ces fonctionnalités incomparables qui cependant égarent quelque peu l'oncle de l'enfant unique de la famille, parce qu'appartenant visiblement au « monde d'avant ».

Ces deux modes de perception correspondent, pour partie, à certaines réalités vécues, mais elles relèvent plus largement de deux conceptions opposées du monde. L'une qui renvoie au malheur rousseauiste d'avoir dû un jour nous extraire des limites fixées par notre condition et de nous être mis à plier la nature et les choses à notre impitoyable emprise. L'autre daterait de l'esprit positiviste des Lumières, qui plus tard trouverait sa pleine expression dans les aspirations des saint-simoniens, voyant dans les « progrès » techniques la condition impérative à l'amélioration de la vie des personnes ainsi qu'à une meilleure marche de la société. Ces visions, dès leur origine, sont situées aux antipodes l'une de l'autre. Néanmoins, depuis peu émerge un terme qui opère une forme de synthèse inattendue entre ces représentations jusque-là irréconciliables, étant à l'œuvre dans deux secteurs d'activités distincts. Ils n'entretiennent pas de rapport direct entre eux, mais voient, l'un comme l'autre, des procédés se mettre en place qui imposent à la fois un ordre implacable et semblent délivrer les êtres de tout effort inutile. Ces deux domaines sont ceux du management en entreprise et les pratiques militaires qui, depuis quelques décennies jusqu'à aujourd'hui, ont régulièrement et quasi simultanément mis en place de nouvelles méthodes empreintes de logiques analogues.

Ce qui caractérise l'avènement de la grande industrie à partir du milieu du XIXe siècle, c'est qu'elle s'est attelée à bâtir d'imposantes manufactures dans l'unique objectif d'accroître les volumes de production, sans se soucier, généralement, d'offrir dans le même temps des conditions de travail équitables et dignes. C'est de ce différentiel entre aspiration exclusive au profit et mépris manifesté à l'égard de la classe ouvrière qu'est née la théorie critique du capitalisme. Néanmoins, au tournant du siècle suivant, les choses prirent une tournure plus insidieuse, les usines revêtant moins l'allure de machineries impitoyables et recouvrant de suie les travailleurs, que d'entités relativement aseptisées, aménagées de façon rationalisée, garnies de dispositifs imposant leur loi formelle et leurs cadences. Cet ordonnancement était particulièrement à l'œuvre dans l'usine fordiste, directement inspirée du taylorisme qui avait préconisé la parcellisation et la mécanisation des tâches, que Chaplin s'était attaché à dépeindre, avec une ironie et une froideur mêlées, dans *Les Temps modernes* (1936). Ce sont ces processus de déshumanisation auxquels Simone Weil entendait être confrontée en s'engageant en 1934 comme « manœuvre sur la machine », afin d'entrer en « contact direct avec la réalité » dont elle avait témoigné dans *La Condition ouvrière*[30]. C'est à leur tenace persistance que se sont farouchement opposées les grandes luttes ouvrières qui ont été menées au cours des années 1970, résolues à ne plus voir les êtres soumis à des procédés aliénants, dont le sociologue Robert Linhart avait tenu à être l'objet en allant lui aussi œuvrer sur les chaînes de montage et qu'il avait relatés de façon clinique dans *L'Établi*[31]. Cependant, à l'amorce des années 1980, des machines-outils automatisées furent introduites qui se substituèrent peu à peu aux ouvriers, devant prétendument entraîner des transferts vers des postes à moindre pénibilité, au sein d'une séquence historique qui vit le rapide essor d'une économie de services.

Ces évolutions résultaient de la généralisation, à la même période, de logiques dites « néolibérales » qui entendaient, notamment, maximiser les processus de production grâce à l'instauration de nouvelles méthodes de management. Elles voulaient tirer les leçons des coûteux conflits passés et intégrer d'autres axiomes – empreints d'un certain esprit de l'époque, caractérisé par l'individualisation des conduites –, supposés davantage impliquer les personnes et fondés sur les primats de la prise d'initiative, de la mise en place de cellules décisionnelles réduites, de l'exigence d'une continuelle réactivité. Toute une série de schémas qui furent précisément décrits dans *Le Nouvel Esprit du capitalisme*[32] et qui trouvaient leur origine dans le management dit « à l'américaine » dont certains de ses théoriciens affirmaient que « l'entreprise doit désormais être distribuée, décentralisée, collaborative et adaptive[33] ». En réalité, à l'opposé de leur apparence « cool » et « horizontale », les modes de gouvernance du travail qui s'instituaient exerçaient une pression autrement contraignante, devant sans relâche mobiliser chaque salarié, remettant à tout instant en question sa valeur, procédant d'une constante mise en concurrence des compétences, induisant un sentiment d'instabilité permanente et de précarité corollaire, ayant entraîné nombre de souffrances physiques et psychologiques, jusqu'à parfois conduire à des suicides.

Au même moment, dans les pratiques militaires se mettaient en place des procédés calqués sur des principes pour large partie similaires. Car, bien avant, presque depuis leur origine en quelque sorte, l'organisation des armées était établie d'après des structures hiérarchiques faisant s'emboîter avec rigueur et de bas en haut les différentes affectations au sein d'une armature pyramidale. Elle imposait une complète obéissance à tous les maillons de la chaîne de commandement, constituée, à la base, de la masse des soldats et au sommet, des généraux et du chef d'état-major. Cette conformation était particulièrement en vigueur lors de la Première Guerre mondiale, dont la nature imposait des conditions de vie et de combat si rudes qu'elle nécessitait une soumission absolue aux ordres, au risque d'assister à des soulèvements ou à des désertions qui devaient être sévèrement punis, pouvant aller jusqu'à la peine capitale. C'est ce dont a témoigné le film de Stanley Kubrick, *Les Sentiers de la gloire* (1957), qui dénonçait sans fard les rouages inflexibles de cette machinerie qui ne devait souffrir d'aucun accroc malgré l'ampleur des souffrances vécues au cœur des tranchées.

Plus d'un demi-siècle plus tard, à l'aube des années 1980, cet ordonnancement rigide a progressivement laissé place à des formes plus souples, s'appuyant sur la transmission instantanée des informations entre l'ensemble des unités, l'exigence de l'immédiate réactivité des acteurs, la mise en place de cellules d'action dotées de marges d'autonomie. Ce glissement dans la conduite des opérations vers une organisation en « *bottom-up* » ou « ascendante », comme il est dit dans le jargon managérial, fut intensifié à l'entame de la décennie suivante par l'usage de systèmes de communication intégrant des appareils mobiles, téléphones portables et ordinateurs interconnectés, autant que par l'intégration de puces électroniques sur un nombre croissant de dispositifs, véhicules, chars de combat, hélicoptères, en plus des avions déjà suivis par les radars, autant que sur les soldats eux-mêmes, autorisant leur localisation notamment grâce au GPS, dont l'utilisation était à l'origine exclusivement destinée au domaine militaire.

Ce nouvel environnement ouvrit l'ère de ce qui fut alors nommé « numérisation du champ de bataille », qui fut théorisé par la Darpa (Defense Advanced Research Projects Agency), le think tank proche du Pentagone, la Rand corporation (« Research ANd Development »), ainsi que par divers centres de recherche de par le monde. C'est lors de la première guerre du Golfe en 1991 que furent expérimentées à grande échelle ces méthodes fondées sur le double axiome de la continuelle mise en réseau des informations et de la prise de décision coordonnée et sans délai qui conduisit à la victoire éclair de la « coalition internationale » face au régime de Saddam Hussein. Cette architecture conceptuelle et opérationnelle, ainsi que ce conflit, représentèrent une rupture historique dans l'« art de la guerre ». À l'instar des techniques alors mises en œuvre dans les entreprises, la gestion des armées requérait la mobilisation de chacun, partout où il se trouvait, devant rapidement interpréter toutes sortes de données, réagir en temps réel aux circonstances, faire preuve d'« agilité », engager à tout moment sa responsabilité au risque de passer pour un simple exécutant, espèce désormais révolue laissant place à la nouvelle figure cardinale de l'époque : l'« agent autonome proactif ».

Ces pratiques, parallèlement déployées au sein des entreprises et des armées, prétendument « collaboratives » et faisant appel à la « créativité » de chacun, ont couru du début des années 1990 à la fin des années 2000. Car, à l'amorce de la seconde décennie du XXIe siècle s'est produit un renversement, à l'apparence discrète, voyant le mouvement de numérisation progressive, ayant jusqu'alors favorisé des formes apparentes d'« horizontalisation », conduire à nouveau à la soumission à des ordres unilatéraux, mais cette fois-ci non plus énoncés par des contremaîtres intraitables ou des chefs inflexibles parés de médailles, mais par des systèmes d'intelligence artificielle. Du côté du monde du travail, ces usages résultent de la rapide généralisation de la « *data driven manufacture* » (l'« entreprise pilotée par les données »), érigée sur le principe de la pose de capteurs sur la quasi-totalité des maillons de la chaîne industrielle, allant des unités de conception à celles de la production et de la logistique, générant des masses de données traitées par des machines capables d'interpréter en temps réel quantité de situations et de dicter aussitôt à certaines catégories du personnel les actions à entreprendre.

Il n'est plus question de la fable de la « prise d'initiative » et de l'« inventivité » des personnes, mais de leur seule disposition à rétroagir, sans manifester le moindre parasitage, à des signaux, à l'instar de procédés en vigueur dans les entrepôts des « hyper drive », au sein desquels les manutentionnaires se voient adresser leurs instructions, *via* des casques audio, émanant de systèmes leur indiquant indéfiniment quel produit aller récupérer dans tel rayon avant de le déposer dans tel contenant[34]. Ici, les êtres reçoivent des informations devant immédiatement conduire à des actions correspondantes, ou correspondant parfaitement au mantra managério-libéral actuel exigeant une « continuelle plasticité » de la part de chacun, devant sans relâche épouser la rythmique de situations variant continuellement au gré des flux du marché : « La technologie digitale permettra de confier aux bonnes personnes les bonnes tâches dans une force de travail liquide, adaptable, prête au changement et réactive » (extrait de « Technology Vision 2016 Trends », rapport établi par Accenture[35]).

Exactement à la même période, dans le domaine militaire, se généralisa l'utilisation de nouvelles générations de drones dotés de capacités de très longues durées de vol, équipés de systèmes de vision haute définition et capables de détecter des cibles, prioritairement par l'interception des signaux émis par les téléphones portables de personnes situées au sol et par des dispositifs de reconnaissance de formes et de visages. Les engins sont télécommandés à distance par des « pilotes » d'un nouveau genre qui, en fonction des informations rapportées en temps réel, doivent décider en quelques secondes d'éventuelles frappes. Ce principe fut particulièrement à l'œuvre lors de la politique dite d'« assassinats ciblés » initiée par George W. Bush et intensifiée par Barack Obama au début des années 2010 dans le cadre de la lutte contre des groupes djihadistes en Afghanistan, au Yémen et en Somalie, usant à l'occasion des modèles Reaper et Predator qui causèrent nombre de « dommages collatéraux », selon la terminologie dorénavant employée par les porte-parole des armées hautement technologisées[36].

Ce qui singularise ces procédés, c'est qu'au nom de la préservation prétendue de ses propres soldats et d'un surcroît d'efficacité, ils ne font plus appel à une appréhension sensible des faits résultant d'un contact charnel avec le terrain, contribuant à instituer le credo de l'élimination comme l'impératif quasi exclusif, délimitant toute action à la seule équation binaire : non-déclenchement / déclenchement d'un tir à visée meurtrière. Toutes les alternatives usuelles, manœuvres d'infiltration, de neutralisation sous diverses formes, ou encore les tentatives de dialogue, se trouvent exclues au profit de l'usage ou non d'un joystick actionné depuis des salles de contrôle généralement situées à l'autre bout de la Terre. Des individus qu'on souhaitait gratifier, à peine quelques années auparavant, de marges d'initiative se trouvent réduits à devoir répondre, dans une précipitation ou une forme d'hystérie temporelle et sans être en mesure de manifester une quelconque distance critique, à des conclusions arrêtées à la vitesse de la lumière par des processeurs.

Ce qui caractérise toutes ces logiques, agissant de diverses manières dans les champs de l'entreprise et du militaire, c'est la subordination symbolique et formelle des êtres à des équations. Cependant, un régime de nature inédite est en passe d'émerger. Il ne relève d'aucune catégorie connue, ne répond ni à un surcroît d'initiative supposé ni à son contraire théorique, l'énonciation d'un ordre, mais d'une tout autre sphère : celle de la *sidération*. Amazon a breveté un bracelet destiné à définir très précisément, non pas où se trouvent les corps dans un espace, à l'instar de ce qui est à l'œuvre dans ses entrepôts ou plus largement dans les différentes aires de la *data driven manufacture*, mais les mains d'un employé dans l'exercice de ses tâches[37]. Le dispositif émet des vibrations si elles se situent dans une micro zone jugée impropre ou si elles se rapprochent d'un article ne correspondant pas à celui visé dans le cadre d'une collecte, afin de les engager à prendre une autre direction. Il ne s'agit plus de faire apprécier par des systèmes les actions devant aussitôt être exécutées par des personnes, mais d'évaluer, à la base, la pertinence d'un geste et de le réorienter s'il n'est pas estimé conforme. Nous avons affaire à une fonctionnalité en devenir, et radicale, des technologies de l'*alètheia*, chargées de mesurer en temps réel certaines de nos actions, de vérifier leur régularité, et en cas d'éventuelle inadéquation de les ramener aussitôt à l'ordre. Si ce bracelet n'est pas encore exploité, ce dont il témoigne en revanche, bien au-delà de ce seul cas de figure, c'est de la fascination éprouvée par la société à l'égard de l'intelligence artificielle, dont nous jugerions qu'elle serait tellement porteuse de vérité que nous serions dorénavant disposés à lui accorder la licence, en des circonstances de diverses natures, de nous reprendre, presque de nous remettre sur le bon chemin.

Les drones manœuvrés à distance relèvent de dispositifs où l'humain demeure pour large partie « *in the loop* », dans la boucle décisionnelle, néanmoins depuis peu émerge l'hypothèse d'élaborer des appareils mettant l'humain « *out of the loop* », ne se trouvant plus impliqué dans le processus ultime de déclenchement d'un tir, appelé à être pris en charge par des armes létales autonomes (*lethal autonomous weapons systems*), autrement nommées « robots tueurs ». Des systèmes dotés de la faculté d'identifier des personnes et d'évaluer en temps réel leur éventuelle appartenance au « camp ennemi » sont promis, à terme, à commettre de leur « propre initiative » des exécutions. S'ils ne sont pas actuellement en service, ils font l'objet d'actives recherches, notamment menées par la Darpa et de nombreux laboratoires, publics ou privés, de par le monde[38].

Le principe même de leur future réalisation atteste de l'état de sidération dans lequel nous nous trouvons face à la puissance sans égale des systèmes *alèthéiques*, auxquels il deviendra un jour presque « naturel » d'octroyer le pouvoir de statuer sur l'acte le plus sensible qui soit : donner la mort. Vu l'exigence de « guerre propre » en vigueur depuis la première guerre du Golfe, qui n'a cessé de s'intensifier du fait de la pression de l'opinion publique, l'intention ici visée entend certes répondre à l'impératif du « zéro mort », en tout cas à l'endroit de ses propres troupes, mais surtout à celui, plus récent, du « zéro erreur ». Nous devons saisir la portée symptomatique de tous ces dispositifs conçus pour nous reprendre ou pour nous évacuer « de la boucle », témoignant comme à l'extrême de notre ambition de voir se former un monde dénué du moindre accroc et qui verrait à tout instant la seule « nécessité » advenir. Non, jamais les machines ne se révolteront contre nous, non, jamais les robots ne chercheront à nous éliminer tels les chiens de métal effrayants pourchassant et massacrant les humains les uns après les autres jusqu'au dernier, conformément au scénario d'un épisode apocalyptique de la série *Black Mirror*[39]. En revanche, les créatures artificielles vont nous éradiquer, symboliquement et dans les faits, nous dépossédant de notre faculté à composer librement avec le réel et engendrant des logiques autoritaires d'un genre inédit.

Nous aurions tort de penser que cette puissance ne s'exercerait *in fine* que dans ces deux domaines, dont nous resterions préservés dans les autres pans de nos vies, car probablement se situent-ils littéralement à l'avant-garde d'un ordre voué à inspirer, ou à « aspirer à sa traîne », tous les autres. Car on peut supposer que les dimensions incitative, impérative et prescriptive sont appelées, au vu de l'extrême utilitarisme qu'elles instaurent, à monter de niveau, à se rapprocher du stade sidérant et coercitif afin de réaliser le but ultime, celui d'assister à l'accomplissement d'un monde parfait, d'esprit hygiéniste, ne devant plus s'embarrasser de la moindre erreur, où tout serait parfaitement régi, comme dans la vision leibnizienne du meilleur des univers bientôt advenu grâce aux calculs opérés par des machines nous délivrant en toute circonstance la vérité, une vérité *systématique* qui, selon Hannah Arendt, finit inévitablement par recouvrir une fonction tyrannique, car « les affirmations [...], une fois perçues comme vraies et déclarées telles, ont en commun d'être au-delà de l'accord, de la discussion, de l'opinion, ou du consentement. [...] Quand on la considère du point de vue de la politique, la vérité a un caractère despotique[40] ».

III

-

LA MAIN INVISIBLE AUTOMATISÉE

1.
UN LÉVIATHAN ALGORITHMIQUE

Un moment miraculeux advient : le rêve d'une cité parfaite ne relève plus d'un phantasme de philosophe ou de quelque illuminé visionnaire, mais est en passe de prendre forme. Celle-ci s'apparente, sur bien des points, à celle imaginée à la Renaissance par Thomas More, qui n'entendait la situer en aucun lieu identifié car, vu l'étendue de sa perfection, elle devait au moment de sa conception ne faire référence à aucune terre connue qui aurait pu corrompre son idéalité. Elle devait prendre place dans une île imaginaire, avant de peut-être se voir un jour édifiée. Tout y serait scrupuleusement ordonné, procédant d'une harmonie concourant au bien-être de tous. Cette concorde universelle ne résulterait pas de la volonté d'un tyran visionnaire ou de la résolution d'un peuple inspiré, mais serait rendue possible grâce à l'instauration d'une nouvelle méthode de gouvernement s'appuyant sur un outil garantissant l'excellence dans l'administration des affaires : *les mathématiques*. Les moindres pans de cette contrée sont précisément définis, jusqu'à la largeur des rues. Les 54 villes qui la composent sont bâties sur un plan identique, comprennent les mêmes édifices et sont localisées à moins d'une journée de voyage les unes des autres, leur octroyant ainsi des formes d'autonomie autant que la possibilité de commercer aisément entre elles. Le livre de More, *L'Utopie*, paru en 1516, décrit une organisation politique, économique et sociale minutieusement réglée et planifiée. Ce monde trouverait une forme accomplie, car il serait de part en part conforme à la Raison, dont la plus haute expression consiste à réduire les éléments du réel à des nombres afin d'en détenir une parfaite intelligence, pouvant alors conduire à la meilleure gestion des choses.

Cette ambition de gouverner un pays, non pas de façon idéale, mais en prenant appui plus pragmatiquement sur des bases rationnelles, a animé les grandes nations européennes à l'amorce du XVIIe siècle. Elle entretenait un rapport non dit avec la foi de More dans les vertus d'une appréhension numérique des phénomènes. Il revenait à l'État de définir des méthodes appropriées afin d'y parvenir. L'une d'entre elles, jugée prioritaire, exigeait de mettre en place des instruments aptes à offrir une connaissance détaillée de la situation du territoire, se rapportant à l'état de l'agriculture, de l'élevage, de l'artisanat, des fleuves, de la flotte marchande, aux usages des habitants, à leur contribution à l'impôt, aux relevés des propriétés du royaume et de celles de ses membres. Elle appelait alors d'aller collecter sur le terrain diverses informations relatives aux ressources humaines et matérielles. De nouveaux agents s'en chargeraient : *les censeurs*. En 1663, Jean-Baptiste Colbert, intendant des Finances de Louis XIV, compose à l'attention des fonctionnaires de son ministère une *Instruction pour les maîtres des requêtes, commissaires départis dans les provinces*, destinée à mieux identifier les richesses des régions. Dorénavant, les gouvernants entendent détenir une visibilité précise de la constitution du pays afin d'engager des choix devant mieux tenir compte de ses multiples réalités et de ses besoins. Elle conditionnerait dorénavant la mise en place d'une bonne gouvernance politique car « avant d'agir, l'*État devait enquêter, se faire sociologue*[1] ».

Dès lors, ce principe devint un invariant de l'administration publique, soutenu par des techniques qui ne cessèrent de se sophistiquer au cours du temps jusqu'à être regroupées, à partir du XIXe siècle, au sein d'une même pratique prenant le statut d'une « science » : *la statistique.* Elle commençait de faire l'objet de méthodes qui s'enseignaient et que l'on tâchait de perfectionner. Le volume régulièrement croissant des informations recueillies nécessitait des outils de représentation capables de témoigner de toute leur diversité et épaisseur. Cet appareillage prit la forme de courbes, d'histogrammes, de diagrammes, de circulaires, de graphiques, de cartes teintées procédant ainsi d'une sorte de vision spéculaire de la société : « Au XIXe siècle, la statistique est une conscience de soi collective[2]. » Elle permit de dresser une cartographie en mouvement de la vie des nations ; ses usages accompagnèrent leur essor, à un point tel que l'on assista, au tournant du XXe siècle en Europe et aux États-Unis, à une « explosion statistique[3] ».

Au sortir de la Seconde Guerre mondiale, elle allait concourir au développement des démocraties sociales-libérales et de la société de consommation grâce à l'édification d'organismes dédiés, tel l'INSEE (Institut national de statistique et des études économiques) créé en France en 1946, simultanément à ceux établis au Royaume-Uni et aux États-Unis, et par la suite dans d'autres pays. À partir de cette période, deux facteurs décisifs modifièrent pour partie sa nature et plus encore ses usages. D'abord, la statistique moderne ne serait plus seulement destinée à épauler les politiques publiques, mais autant les acteurs économiques souhaitant être informés des mœurs des « citoyens-consommateurs ». Ces institutions revêtent en quelque sorte la fonction de « bureaux de tendance » témoignant de l'esprit d'une époque, auprès desquels il est possible de puiser une foule de renseignements qui serviront à mieux définir les stratégies industrielles ainsi qu'à concevoir de nouveaux produits plus en accord avec les attentes des personnes.

Ensuite, le mouvement de numérisation entamé à partir des années 1960 a entraîné un témoignage étendu des activités de la société autant qu'elle a rendu possible le stockage, l'indexation et la manipulation plus aisés des informations. C'est dans ce contexte que fut rédigée en France, en 1978, la loi « Informatique et libertés » qui voulait prendre acte de cette récente possibilité détenue par les administrations de disposer de renseignements relatifs à certains pans de la vie des citoyens. La plupart des secteurs ont progressivement généré des données numériques dont nombre d'entre elles pouvaient faire l'objet d'une collecte par les organismes statistiques ; celle-ci fut ensuite favorisée par la généralisation de l'interconnexion à partir des années 1990. Aujourd'hui, nous disposons, en théorie, de chiffres, de diagrammes, de graphiques à propos d'une myriade de domaines, et ce à l'échelle de la planète. Cette topographie détaillée et globale est patente dans les ressources de l'ONU, par exemple, qui exposent toutes sortes d'informations rapportées à la quasi-intégralité des pays. Néanmoins, au moment même où toutes les conditions sont réunies pour que les statistiques vivent leur âge d'or en quelque sorte, nous vivons dorénavant, à l'aube de la troisième décennie du XXIe siècle, *la fin de la séquence de la prépondérance statistique*.

Car une toute nouvelle configuration est appelée à lui être substituée par le fait du double phénomène de la généralisation de l'usage de protocoles numériques, tant par les individus que par les entités collectives, et de l'intégration de capteurs sur des surfaces toujours plus variées de notre environnement. Elle organise le passage de la connaissance de la composante d'états et de comportements, correspondant à la fonction majeure de la statistique, à la mise au point de machines traitant des masses de données et habilitées, en fonction des analyses effectuées, à engager elles-mêmes des opérations d'après des critères préalablement définis. Ce glissement de la statistique vers la gestion automatisée de situations assurée par des systèmes dédiés d'intelligence artificielle trouve une forme particulièrement emblématique dans les *smart grids*. Le principe consiste à cartographier en temps réel les consommations d'électricité grâce à des compteurs connectés, tel le modèle français Linky conçu par Enedis, en vue de générer de la production à flux tendus en fonction des besoins, soit par des centrales, soit par les bâtiments, équipés de panneaux solaires ou d'autres dispositifs mis en réseau, pouvant ainsi la redistribuer selon la demande du moment. Jusqu'à peu, les volumes d'énergie mis à disposition dépendaient des statistiques saisonnières qui, parfois, à l'occasion de soudaines irrégularités entraînaient des ruptures inopinées, telles les grandes pannes qui chaque année frappent quelques territoires de par le monde. Cette logique, consistant à faire mesurer à des dispositifs certaines situations et à leur faire procéder à des opérations en fonction, s'étend actuellement à de nombreux secteurs.

Dans les grands aéroports de la planète par exemple, aujourd'hui agencés telles de gigantesques machines intégrées, voyant des systèmes orchestrer leur marche générale qui estiment en temps réel l'arrivée des avions et les départs en fonction des conditions météorologiques et de l'état du trafic, gèrent les livraisons des bagages et leur éventuelle redirection vers d'autres destinations, signalent le nombre de repas nécessaires aux unités de préparation ajusté aux besoins du jour, suivent les flux de passagers aux différents points de contrôle autorisant la constitution des équipes en fonction des niveaux de densité, traitent les signaux émis par les appareils à l'intention des unités de maintenance procédant à des analyses prédictives des interventions à programmer pour chaque tranche horaire… Ces mégastructures architecturales et logistiques battent désormais au rythme de processeurs s'assurant à tout instant de leur bon équilibre. Ce principe est encore à l'œuvre dans la « smart city », conçue comme un ensemble composite au sein duquel chacun des rouages – déplacement des corps, réseaux de transports, systèmes de fourniture énergétique, commerces, services, dispositifs de surveillance et de sécurité… – génère des données continuellement soumises à des analyses devant être aussitôt prolongées par la réalisation d'actions régulatrices de façon automatisée et plus rarement *via* des manipulations opérées par des humains.

Cette dynamique voudrait être pleinement à l'œuvre dans le projet développé par Sidewalk Labs, filiale consacrée à l'« innovation urbaine » de la maison mère de Google, Alphabet, qui compte « revitaliser » un quartier de Toronto promis à être de partout tapissé de capteurs, caméras, radars et autres appareils de mesure. Les données collectées auprès des personnes et de quasiment toutes les unités matérielles de la zone alimenteraient, en théorie, des systèmes chargés d'interpréter continuellement l'état de toutes les composantes de la ville en vue d'éventuellement agir sur elles et d'organiser leur meilleure orchestration, à l'image d'un logiciel de simulation 3D voyant chaque opération effectuée en un point aussitôt produire des effets visibles sur d'autres plus ou moins adjacents[4]. Une conception d'inspiration biologique et vitaliste de la ville est vouée à s'imposer qui verrait les *data scientists* et les codeurs *concevoir les programmes* et marginaliser, probablement bientôt évincer, les urbanistes et les architectes, autant que rendre caduques les élus municipaux. Au-delà de tous ces cas de figure, émerge à grande vitesse une systématique appelée, à terme, à s'appliquer à la société tout entière.

Nous vivons la réalisation en cours d'une mise en équivalence entre notre monde et une machinerie parfaitement réglée qui régenterait au mieux et à tout instant l'ensemble de ses rouages. Le Léviathan de Hobbes pensé, au milieu du XVIIe siècle, comme une horloge politique et sociale au sein de laquelle chacune des composantes serait liée à toutes les autres et œuvrerait de concert à son meilleur fonctionnement, qui revêtait un statut théorique, prend actuellement forme. Dès les premières lignes du *Léviathan*, l'hypothèse d'un bon gouvernement procède d'une modélisation avec une machine : « Ce grand LÉVIATHAN, appelé RÉPUBLIQUE OU ÉTAT, n'est rien d'autre qu'un homme artificiel, quoique d'une stature et d'une force supérieures à celles de l'homme naturel, pour la protection et la défense duquel il a été destiné, et en lequel la *souveraineté* est une âme *artificielle*, en tant qu'elle donne vie et mouvement au corps entier, où les *magistrats* et les autres *officiers* affectés au jugement et à l'exécution sont des *jointures* artificielles[5]. » L'idéal, fantasmé depuis l'Antiquité, d'un monde où l'action humaine pourrait agir sans défaut grâce à la manipulation de signes abstraits – vu que « tout est arrangé d'après le nombre » selon la formule de Pythagore, suivant un axiome plus tard repris par Platon et qui irriguera à la suite une large partie de la pensée occidentale durant plus de deux millénaires –, trouverait aujourd'hui, comme par miracle, son accomplissement.

Les mathématiques, historiquement considérées comme la condition impérative à une bonne intelligibilité du monde et à sa maîtrise corollaire, revêtiraient aujourd'hui une efficacité absolue, ne restant plus cantonnées à des corpus faits de lignes abstraites ou exploitées à fin d'applications restreintes, mais se verraient dotées du moyen de rendre compte de chaque particule du réel grâce à des techniques les réduisant à des codes et à des systèmes capables de les interpréter et de modifier leur cours au gré des nécessités. L'enjeu consistant à terme à embrasser l'intégralité des phénomènes, en leur faisant émettre des signaux afin d'en avoir une parfaite et complète « intelligence » ; cette « vaste intelligence » convoitée par le mathématicien Laplace formée de la connaissance de la globalité des états du monde à un instant donné lui permettant alors de déduire la totalité des mouvements du passé et ceux de l'avenir: « Nous devons envisager l'état présent de l'univers comme l'effet de son état antérieur et comme la cause de ce qui va suivre, d'où s'ensuit qu'une intelligence qui, pour un instant donné, connaîtrait toutes les forces dont la nature est animée et la situation respective des êtres qui la composent, si d'ailleurs elle était assez vaste pour soumettre ces données à l'Analyse, embrasserait dans la même formule les mouvements des plus grands corps de l'univers et ceux du plus léger atome: rien ne serait incertain pour elle, et l'avenir, comme le passé, serait présent à ses yeux[6]. » C'est conformément à cette ambition de se pourvoir d'un savoir absolu que Laplace avait élaboré une théorie des probabilités destinée à tirer des inférences à propos de nombreux phénomènes entachés d'incertitude grâce au calcul de tous leurs effets possibles.

Ce serait alors seulement maintenant que le terme ordinateur prendrait toute sa mesure, celui visant à *ordiner*, à ordonner, à mettre de l'ordre, le bon ordre, dorénavant non plus au sein de domaines circonscrits, mais à l'échelle du monde. En 1955, IBM avait sollicité le philologue Jacques Perret afin qu'il suggère un vocable adéquat pouvant nommer les appareils que la firme élaborait. À la suite de ses réflexions, il avait rendu ses conclusions: « Que diriez-vous d'*ordinateur*? C'est un mot correctement formé, qui se trouve même dans le Littré comme adjectif désignant Dieu qui met de l'ordre dans le monde. Un mot de ce genre a l'avantage de donner aisément un verbe ordiner, un nom d'action ordination. » Toutefois, nous n'aurions pas affaire à une machine unique et omnipotente, mais davantage à la multiplication croissante de *machineries régulatrices et ordonnatrices* qui jamais ne seront fondues en une seule car leur efficacité est indissociable de la logique libérale, du principe de la concurrence, attisant certes l'ambition de dominer le marché, mais se trouvant inévitablement confrontée à l'ambition similaire animant une myriade d'autres acteurs. Ce serait exactement là le terrain de la nouvelle lutte économique, exigeant des entreprises de s'ériger comme des puissances capables, grâce à la mise en place de systèmes de collecte et d'interprétation des données, d'organiser le meilleur ordre supposé des choses et de commercialiser des produits ou des services répondant aux nécessités réelles ou prétendues de chaque occurrence spatiotemporelle à l'échelle du globe.

Le Léviathan posait le postulat d'une souveraineté absolue prenant corps dans un prince ou dans une assemblée dont l'autorité reconnue donne son assise à une communauté politique et garantit la paix civile. Ce qui est à l'œuvre avec l'intelligence artificielle, dans une de ses fonctionnalités majeures, c'est l'institutionnalisation d'un mode d'organisation des affaires communes. Mais à l'inverse de la conception hobbesienne qui misait sur l'intronisation d'un pouvoir auquel il est volontairement concédé le monopole de la violence afin d'assurer la viabilité des activités humaines ainsi mises à l'abri de l'injustice, ce sont des logiques technico-économiques qui, à la base, déterminent un principe de gouvernance ayant valeur de constitution politique. Il relève, dans ses fondements, de seules visées lucratives et utilitaristes, achevant en quelque sorte l'ambition originelle de l'informatique ayant cherché à rationaliser certains secteurs de la société, conduisant un siècle plus tard à ce qu'elle recouvre une portée quasi universelle faisant advenir un « âge de la rationalité extrême ». Ce qui donne sa puissance, presque son omnipotence à cette dynamique, c'est qu'elle opère de façon automatisée. On comprend mieux pourquoi le technolibéralisme s'est échiné, dans ses manœuvres, d'apparence *soft*, de propagande, à généraliser le terme « écosystème », laissant supposer que des schémas biologiques, et neuronaux, impriment toute action dépendant de protocoles numériques se trouvant comme affectée d'un substrat naturel. Il se joue là un autre genre de dessaisissement, voyant les humains pris, au nom d'un surcroît d'efficacité, dans les mailles d'un Léviathan de notre temps – algorithmique – formalisé dans des mécanismes auxquels, pour le bien prétendu de tous, il est concédé le droit d'agir « d'eux-mêmes » sans faire appel à notre assentiment et sans que nous soyons en mesure, dans un nombre de cas de figure voués à être croissants, de leur opposer de quelconques vents divergents ou contraires.

Davantage, pour que cet ordre ne cesse de s'intensifier, pour qu'il prenne sa pleine mesure, il convient de gérer un problème de taille : l'humain. Car sa nature entre en contradiction avec celle de l'intelligence artificielle, une forme d'incompatibilité structurelle les oppose, n'évoluant ni à la même cadence, ni ne visant en chaque circonstance les mêmes objectifs. Il est alors susceptible de faire grincer la machine, il exerce une forme de pesanteur qui contrarie son rythme vital et qui appelle soit de n'avoir plus affaire à lui que lorsque nécessaire soit, option plus radicale, mais plus fructueuse, de l'exclure de ses propres affaires. Cependant, il ne faut pas s'inquiéter, car au bout du compte il y trouverait mieux sa place, comme au sein d'un jardin anglais s'apparentant à celui imaginé par Rousseau dans *La Nouvelle Héloïse*[7] décrit comme un ensemble où tout serait artificiellement cultivé afin de revêtir une apparence naturelle, de manière à ce que, bien qu'il soit intervenu pour l'organiser, il finisse par s'y fondre et se laisser bercer par les ondes harmonieuses animant ce biotope. Il n'aurait plus alors à subir les malédictions originelles de l'effort et de la composition continuelle avec le réel et les autres, pouvant jouir en toute quiétude des richesses inépuisables offertes par cette utopie d'un monde parfait enfin réalisée, non plus grâce à un Léviathan aux allures effrayantes d'un Pantocrator impérieux, mais à des flux incorporels parachevant la folle ambition de Laplace et s'assurant en toute occasion de la meilleure marche de la société.

2.
L'HUMAIN MIS AU BAN

En 2013, se produisit un séisme dont les secousses se firent sentir aux quatre coins du monde. Une étude, publiée par le cabinet de consulting McKinsey, évalua l'impact des technologies dites « disruptives », particulièrement de l'intelligence artificielle, sur l'emploi. Ses conclusions étaient alarmantes. Nombre de métiers étaient voués à disparaître et à être remplacés par des robots ou des machines cognitives. Le phénomène touchait autant les professions ayant généralement requis peu de formation, tels les caissiers, les chauffeurs de taxi, les coursiers, les gardiens…, que celles faisant appel à des compétences fondées sur plusieurs années d'études, jusque-là supposées plus préservées des aléas induits par les mutations technologiques, tels les mathématiciens œuvrant dans le calcul économique, les comptables, les conseillers bancaires, les graphistes, les généalogistes, les traders… Nous entrerions dans l'ère de la «substitution logicielle», selon les termes de Bill Gates, le fondateur de Microsoft.

Cette étude fut aussitôt relayée par la presse du monde entier et son contenu généra des flots de commentaires alarmistes. D'un coup, une vérité semblait se révéler : l'évolution sans cesse accélérée des technologies numériques, dorénavant capables d'assurer des fonctions de diverses natures, mettait en péril les conditions de notre subsistance. D'autres enquêtes prospectives furent à la suite entreprises, notamment celle commandée en 2016 par le gouvernement américain ayant estimé que la part croissante de l'intelligence artificielle dans l'économie du pays risquait d'entraîner la mise au chômage de la moitié de la population à l'horizon 2050. Ces perspectives provoquèrent la stupeur : un des piliers des sociétés modernes, le travail, se voyait, à terme et dans tous les secteurs, menacé d'extinction. C'était comme la fin d'un monde qui s'annonçait. Et cela, par la seule faute de productions humaines.

Ces rapports ont fortement imprimé notre représentation de l'intelligence artificielle, à tel point que dès qu'elle est évoquée au sein de la sempiternelle équation binaire évaluant, d'un côté les avantages et de l'autre, les risques, concernant ces derniers, c'est systématiquement la prochaine et massive destruction d'emplois qui est avancée. Il semblerait qu'elle nous effraierait tellement que nous ne saurions rien voir d'autre, limitant ainsi notre perception des choses. Depuis, d'autres études ont relativisé les travaux de l'agence McKinsey, cherchant à les situer dans une mise en perspective historique, rappelant que toute substitution était immanquablement destinée à trouver une contrepartie, comme dans un balancier, par la création conjointe de nouveaux métiers, convoquant à l'occasion l'expression, devenue un cliché de notre temps, de « destruction créatrice » à l'origine forgée par Joseph Schumpeter.

Néanmoins, l'effroi planétaire suscité par ces prévisions témoigne d'une surprenante forme de naïveté dans la mesure où, à y voir de près, elles s'inscrivent dans la continuité exacte de l'histoire du capitalisme industriel et ses aspirations continuellement à l'œuvre depuis la fin du XVIIIe siècle. Car ce qui le caractérise, du moins celui qui s'est imposé à partir de la révolution industrielle, c'est que ses principaux artisans n'ont cessé de tenir l'humain comme une variable, le mettant systématiquement en rapport avec les taux de profit et cherchant sans relâche à réduire les charges induites par la main-d'œuvre. Les moyens déployés pour y parvenir ont consisté à mécaniser les modes de production afin d'accroître les volumes tout en s'efforçant dans le même temps d'opérer la plus grande pression à la baisse des salaires. C'est cette logique qui avait été analysée par Marx au moment de sa généralisation, entraînant de façon systématique une exploitation des forces de travail au profit d'une accumulation, jugée illégitime, du capital.

Au tournant du XXe siècle, commencèrent d'être appliquées des méthodes visant à maximiser la productivité, établies sur des principes tayloristes. Une nouvelle science émergeait qui entendait concevoir la distribution la plus rationalisée des dispositifs et des corps au sein des manufactures afin d'éviter la moindre perte et de tendre vers le plus grand gain, elle prit le nom de *management*. Ses théoriciens et ses tenants proliférèrent, d'abord aux États-Unis à partir des années 1920 et par la suite dans différents pays du Nord, contribuant à modifier les conditions générales de la production. Néanmoins, quels que fussent les procédés mis en place, les coûts liés au travail persistaient, et ce d'autant que des revendications pour de meilleures rémunérations, alors puissamment portées par les syndicats, s'exprimaient régulièrement, engendrant des conflits onéreux.

Vers la fin des années 1970, de nouvelles solutions allaient être mises en place appelées, pour partie, à résoudre cette équation grâce à l'introduction progressive de machines-outils robotisées capables d'assurer différentes actions répétitives, organisant le remplacement de nombreux postes à haute pénibilité et conduisant à de considérables hausses de productivité. Elles furent d'abord principalement mises en œuvre dans l'industrie automobile, particulièrement au Japon qui inaugura ce mouvement historique. Si elles ne cessèrent au cours de la décennie suivante de gagner en efficacité et d'assurer des charges toujours plus diversifiées, elles ne répondaient cependant qu'à un registre somme toute restreint de tâches, alors que seulement de grandes entreprises disposaient des moyens nécessaires à leur acquisition. À la même période, débutèrent les grandes manœuvres de délocalisation de la production vers des unités sous-traitantes, la plupart situées en Chine et dans des pays du Sud-Est asiatique, ayant entraîné un accroissement substantiel des marges. Toutefois, quels que soient les modes d'organisation mis en place, un facteur, outre qu'il génère des coûts, oppose une force d'inertie, commet des erreurs, conteste des décisions : l'humain. Il représente, depuis les débuts du capitalisme industriel, l'agent avec lequel il faut continuellement composer et qui finit inévitablement par ralentir la grande machine économique.

Aujourd'hui, le remède à toutes ces difficultés se trouve à portée de main : il consiste à accorder à des mécanismes automatisés le statut, tant symbolique que formel, de *mètre étalon*. L'objectif n'est plus seulement que les gestes répondent à la commande imposée par le travail dit « à la chaîne » en vigueur dans l'usine d'inspiration fordiste, ni non plus à supprimer à tout prix l'humain – il peut encore servir –, mais à déterminer la valeur de tout acte productif en regard de celle, jugée optimale, des systèmes. Cet axiome est en passe de s'ériger comme le critère majeur d'où va découler tout agencement organisationnel et logistique. Il repose sur le postulat selon lequel partout où l'efficacité des machines est jugée supérieure et qu'elles sont disponibles, alors elles s'imposent. Cette stratégie prend forme sous quatre modalités distinctes.

La première, lorsque la comparaison ne plaide pas pour une disparition des personnes et que certaines techniques convoitées ne se trouvent pas sur le marché, use du principe de la « coprésence ». Par exemple, Amazon, au sein de ses entrepôts, affecte à des robots un nombre toujours plus varié de fonctions parallèlement à l'exécution d'autres manœuvres par les employés, mais dans le seul cas où elles ne peuvent encore être soumises à des processus automatisés. Un nouveau mouvement de substitution massive est annoncé au sein des manufactures, alors pour rassurer les esprits, les sociétés qui produisent ces dispositifs arguent de la complémentarité : « Le propre de l'humain est d'être un *Homo faber*, il a toujours fabriqué des outils et des machines pour alléger et améliorer son travail. Le robot perpétue cette lignée, il libère l'homme des tâches pénibles, il le rend moins esclave. L'homme va enfin pouvoir s'acquitter de tâches dignes de lui[8]. » Allez donc demander à un ouvrier qui doit se plier aux cadences imposées par des processeurs traitant en temps réel les commandes des clients si cette architecture organisationnelle lui permet d'« améliorer son travail » et de « s'acquitter de tâches dignes de lui » !

Le mythe de l'affranchissement de « l'asservissement du travail » grâce à la robotisation prévaut, les discours pullulent, particulièrement à propos des sociétés de service : « Ces délégations à la machine permettent aux collaborateurs de se concentrer davantage sur des activités plus créatives[9]. » Une fiction émerge, de façon à organiser « l'acceptation sociale » de ces techniques, la « cobotique », soit la « robotique collaborative ». On passerait « du robot qui travaille en parallèle de l'Homme, au robot qui travaille avec l'Homme. D'une certaine manière, il n'y a pas plus "humain" qu'un cobot. [...] La prochaine génération sera celle des "cognitive natives" qui trouvera normal d'être accompagnée au quotidien par les robots et de travailler "main dans la main" avec eux[10]. » En réalité, à l'opposé de cette phraséologie trompeuse, ce n'est pas un « accompagnement s'opérant main dans la main » entraînant une prétendue « montée en gamme des compétences » qui est promis à se réaliser, mais un *alignement des performances des personnes sur celles des systèmes*.

Car l'efficacité des machines représente désormais le parangon dont il faut se rapprocher, voyant les individus, que ce soient dans les usines ou les bureaux, être continuellement mis en rapport avec un référent au rendement jugé supérieur et inévitablement appelé à les évincer dès que des techniques *ad hoc* le permettront. Plus que jamais les propos de Gilbert Simondon formulés en 1958 dans *Du mode d'existence des objets techniques* sont erronés. Selon lui : « L'homme a pour fonction d'être le coordinateur et l'inventeur permanent des machines qui sont autour de lui. Il est *parmi* les machines qui opèrent avec lui. [...] À mesure que la machine se fait "individu technique", elle devient autonome vis-à-vis de l'homme, lequel cesse d'être son simple auxiliaire pour accomplir d'autres activités moins pénibles[11]. » Simondon n'a voulu voir dans la technique que le produit du génie humain, il est arrivé à l'essentialiser, sans saisir les contextes au sein desquels elle est produite et évolue, particulièrement l'emprise croissante opérée depuis deux siècles par le monde industriel afin qu'elle se plie à ses exigences et réponde à ses intérêts, conduisant à imposer des *modes d'existence* procédant la plupart du temps de rapports asymétriques de pouvoir. À l'opposé de cette posture candide, Jacques Ellul, exactement à la même période, avait su relever, notamment dans *La Technique ou l'Enjeu du siècle*[12], à quel point les développements techniques, dans leur grande majorité, ne visaient qu'à satisfaire des objectifs de profits et représentaient des vecteurs d'assujettissement, suivant une logique qui depuis n'a cessé de s'intensifier, aboutissant à ce qu'aujourd'hui l'humain ne se situe en aucune manière « parmi les machines », mais doive, soit se soumettre, dans nombre de cas de figure, à leur cadence – et désormais à leur diktat –, soit, sans ménagement, être mis au ban aussitôt que des dispositifs sont aptes à assurer certaines de ses fonctions.

C'est exactement à ce schéma que répond le deuxième niveau de cet ordonnancement logistico-managérial. Il consiste à faire en sorte que les centres de production s'apparentent à des « lieux de vie », mais avec la particularité que n'y résiderait aucun corps organique. À l'instar d'une société chinoise de livraison faisant circuler des robots sur des rails au sein d'un large damier qui, après être allés chercher des colis auprès de containers, à l'aveugle en quelque sorte, procèdent aussitôt à leur scannage avant d'aller les déposer dans des cases vides au fond desquelles se trouvent des bacs correspondant à leurs destinations[13]. Chaque mouvement relève de la nécessité, aucun n'exprime la moindre fatigue ou ne commet d'erreur. Il s'opère une forme de concordance dénuée de tout bruit entre des masses de données continuellement traitées et les opérations physiques s'y accordant, conformément au concept de manufacture devant dorénavant être envisagée tel un « jumeau numérique » (*digital twin*), conduisant à ce que chaque geste réponde sans délai et sans faille à chaque équation produite par les systèmes[14]. Jamais un humain ne serait en mesure d'œuvrer à une telle cadence ni avec un tel niveau de régularité et d'efficacité. Si déjà dans nombre de secteurs, on souhaite faire endosser à des personnes le rôle de « jumeau numérique », la dimension de stricte équivalence induite dans l'appellation suppose qu'à terme leur révocation sera inéluctable partout où un « vrai jumeau » pourra occuper la place. Ce qui caractérise ces nouveaux agencements industriels, c'est qu'à la différence de la mécanisation des chaînes qui appelait le défilement continu des modules auprès des différentes machines qui opéraient au fur et à mesure de leur passage, ce sont les machines elles-mêmes qui désormais se meuvent tels des corps de ballet sautillant au sein d'une chorégraphie parfaitement réglée.

Car ce qui maintenant est visé, c'est d'affecter à des appareils des qualités sensori-motrices et kinesthésiques identiques à celles dont sont dotés les humains, conformément aux recherches actuelles en robotique qui aspirent tout autant à concevoir des conformations anthropomorphes en lien direct avec celles à l'œuvre dans les sciences computationnelles. Cette inflexion fait entrer la robotique dans un stade ultérieur où les ingénieurs ne se contenteraient plus de mettre au point des mécanismes exécutant des opérations aux possibilités gestuelles limitées, mais concevraient des machines capables de répondre à terme à un nombre virtuellement illimité de manœuvres, leur octroyant alors le statut de « jumeaux proprioceptifs de nous-mêmes ». Sont aujourd'hui élaborés des robots qui, contrairement à ceux des « générations » précédentes, procèdent à toutes sortes d'actions et sont doués du sens de la réactivité, voire de celui de l'initiative, incarnant ainsi le rêve des théoriciens du management, abhorrant toute latence, et qui aurait pour nom : « robolution ». Elle dépend de machines « habiles », recouvertes de capteurs, de focales vidéo et « animées » par des programmes d'intelligence artificielle. Tel YuMi, muni de bras et de mains flexibles, qui peut localiser les pièces situées à son abord et réaliser des assemblages d'appareils électroniques[15]. Amazon entend produire des « robots-coursiers », des drones volant à basse altitudeafin d'effectuer des livraisons express. Le robot Tug est présenté par ses concepteurs comme un « aide-soignant ». Il est composé d'une table roulante à laquelle est intégré un œil vidéo, s'apparentant au personnage R2-D2 de *La Guerre des étoiles*. Il œuvre déjà dans nombre d'hôpitaux américains, délivrant à la demande des médicaments, des verres d'eau ou les repas[16]. En vérité, ce sont à terme toutes les tâches professionnelles qui doivent pouvoir être prises en charge par des robots, soit faits de métal, soit incorporels. Il est vain de commander à des instituts des rapports prospectifs sur l'avenir du travail. La volonté irréfrénée du monde industriel à pousser la recherche à mettre au point des dispositifs appelés à assurer la quasi-totalité de nos opérations cognitives et matérielles nous apporte d'ores et déjà la réponse.

Le troisième niveau de cette dynamique managériale procède par l'évanescence et le vide. Il prend forme de façon particulièrement emblématique dans les récents magasins sans caissiers, ceux conçus par Amazon par exemple. Leur aménagement permet, à la faveur d'une myriade de capteurs, à des systèmes d'intelligence artificielle de procéder, en temps réel, à l'identification des clients, à la saisie de leurs achats, à leur encaissement et enfin à la signalisation de l'état des stocks aux unités logistiques. Cette configuration s'inscrit dans la continuité exacte des dispositifs automatiques depuis longtemps en fonction dans les stations de métro de différentes villes dans le monde ou dans la quasi-totalité des rues au Japon, présentant des vitrines garnies de produits à la variété limitée parce que contraintes par leur taille modeste. Nous serons bientôt appelés à déambuler le long de rayons exempts de personnel, voyant des voix synthétiques, des systèmes de réalité augmentée ou nos assistants personnels nous orienter vers les produits répondant à tous nos besoins et envies du moment et se charger de la bonne conduite de toutes les opérations.

Le quatrième niveau, celui qui se trouve le plus commenté, qui suscite le plus d'inquiétudes, probablement parce qu'il met en péril des métiers à « haute qualification », consiste à faire assurer à des systèmes un nombre toujours plus étendu de tâches cognitives. Il est principalement mis en œuvre dans les services, à l'image de l'introduction d'une version dédiée de Watson, baptisée Explorer, au sein d'une société d'assurance-vie japonaise, la Fukoku Mutual Insurance, qui a entraîné le licenciement d'une partie de ses salariés[17]. Le dispositif est chargé de rassembler les données médicales des clients, de « lire » les certificats rédigés par les médecins afin de déterminer le montant des contrats autant que les remboursements à effectuer. Les exemples se rapportant à ces usages sont légion, ils concernent des gestionnaires de comptes bancaires, des conseillers financiers, des experts-comptables, des analystes juridiques, jusqu'à des présentateurs météo sur des chaînes de télévision..., parmi une kyrielle d'autres cas de figure.

Plus que jamais, le libéralisme joue aujourd'hui d'une instabilité permanente en usant de l'arme implacable, ou en arborant la menace de l'épée de Damoclès, consistant à ajuster ses stratégies d'après la seule dynamique suprême des processeurs, soumettant ainsi les corps et les psychès à cette continuelle dynamique comparative. Néanmoins, ce serait une erreur de croire que cette logique reste circonscrite à la stricte question de la substitution d'emplois, dans la mesure où d'autres formes, plus sournoises, de déni de nos facultés sont à l'œuvre. Particulièrement celle d'user de notre intelligence et de notre intuition dans nombre de fonctions, par exemple celles d'infirmiers ou d'aides-soignants œuvrant au sein d'unités de soins palliatifs qui doivent faire preuve d'attention et d'empathie dans le rapport aux malades, ou dans une multitude de métiers qui requièrent de subtils savoir-faire, tels ceux de jardinier, de boulanger ou de cuisinier dont on voudrait peu à peu automatiser les gestes. À l'instar du mécanisme conçu par la start-up Zume qui, pour la fabrication de pizzas, fait disposer sur une chaîne un robot qui d'abord verse la sauce tomate, avant qu'un autre dépose les garnitures et qu'à la fin du processus une troisième machine récupère le composant et l'insère dans un four[18]. Ou à l'instar encore de ce qui s'opère dans l'agriculture dite « de précision » qui propose, *via* l'usage de capteurs, de drones et de systèmes d'intelligence artificielle, des applications d'aide à la décision qui contribuent à défaire le rapport direct aux éléments, imposant des pratiques homogènes qui finissent par déposséder les personnes de leurs savoirs, au profit de l'exécution d'actions supposées les plus pertinentes rapportées à chaque occurrence spatiotemporelle. Car il existe – dans nombre d'activités, celles permettant de faire valoir ses aptitudes, celles-là mêmes qui devraient être farouchement défendues – le goût du travail, il représente une part de la dignité humaine. C'est la raison pour laquelle ce mouvement en cours de substitution d'emplois qui mobilisent nos qualités représente un affront à notre condition. L'humanisme que nous défendons consistant à favoriser la pleine expressivité de chacun dans l'exercice de ses tâches.

Il existe encore une forme de bannissement de l'essence de nous-mêmes dans l'éviction de certaines dimensions inhérentes à la socialité. Des opérations automatisées se substituent au contact, à l'action menée en commun, entraînant l'abolition progressive de l'échange, de la relation entre les êtres et conséquemment de l'accord, du désaccord, du conflit, de la négociation et oui, de l'amitié, bref, de la sociabilité fondée sur la somme de toutes les subjectivités qui nous oblige à faire œuvre de communauté et à faire appel à notre intelligence partagée. Car au bout du compte se joue la marginalisation de la parole, des liens induits par le langage et plus largement de la nécessaire prise en compte de l'altérité devant inspirer nombre de nos actes. Car c'est notre pluralité même qui est niée pour laisser s'édifier un monde où tout revêt une valeur utilitaire, finissant par rabattre chacun d'entre nous à cette équation. Et alors, nous nous trouvons réduits au rang d'instrument, de simple rouage au sein d'une machinerie impersonnelle, n'étant utilisé, le cas échéant, qu'en fonction des circonstances, voyant la négation de l'exception de chaque être, la figure humaine être frappée d'obsolescence, suivant une logique analysée en son temps par Günther Anders et qui se verrait aujourd'hui comme achevée vu que « nous n'aurons plus d'autre existence que celle de pièces mécaniques ou de matériaux nécessaires à la machine : en tant qu'être humain, nous serons alors liquidés[19]. » Puisque l'individu n'est plus qu'une variable, que peut dorénavant lui être substituée n'importe quelle autre variable, humaine ou matérielle, il convient alors de continuellement trouver la bonne conjoncture, et c'est précisément ce dont nous gratifie l'intelligence artificielle : la mise en comparaison de toute unité avec toute autre, instituant la *comparatologie intégrale* comme le principe déterminant de cette nouvelle civilisation qui actuellement s'érige à grande vitesse, nous laissant, dans tous les sens du terme, totalement démunis.

3.
LE RÈGNE DU COMPARATIF

Le consommateur est volage. Il peut se laisser tenter par un produit, l'abandonner après l'avoir testé, par déception, par caprice, ou pris par le désir de lui en préférer un autre. Il n'en fait qu'à sa tête. Ce loisir de déambuler le long des rayons, de tenir les articles entre ses mains, de découvrir les informations s'y rapportant, de les reposer à son gré, fait partie du charme qu'exerce, depuis l'après-guerre, et jusqu'à aujourd'hui, la société de consommation. Elle offre, lors de séquences indéfiniment répétées, l'occasion de se vivre comme pleinement maître de ses actes, tout en étant néanmoins, la plupart du temps, refroidi par la réalité contrainte de ses moyens. La mission historiquement dévolue à la publicité a alors consisté à tenter de le ramener dans le droit chemin, à le convaincre, à l'aide de différentes stratégies qui ont évolué au cours du temps, de s'abandonner à telle marque, de tirer parti de toutes les faveurs qu'elle pouvait lui apporter. Mais rien n'y fait, malgré les manœuvres de séduction déployées à grands frais, chacun peut à tout moment retrouver les démons de sa liberté. Une lutte sans relâche a opposé la disposition du client à n'écouter que ses envies à la volonté des entreprises de l'aiguiller vers elles. Cependant, cet attribut du choix ne relève dorénavant plus du seul privilège des individus, mais également des acteurs du marché qui peuvent user à leur guise de leur licence à soumettre les personnes, les entités privées, les régimes juridiques à des examens afin d'opter pour l'alternative jugée la plus avantageuse. Et cela aujourd'hui, à un degré jamais atteint, principalement parce que des procédés le permettent.

La nature d'une économie est pour partie déterminée par certaines techniques sur lesquelles elle s'appuie. À l'âge moderne, la généralisation de machines de calcul réalisant les différentes opérations algébriques – additions, soustractions, multiplications –, telles les caisses enregistreuses, témoignait de la prépondérance du commerce, particulièrement des échanges entre entreprises et personnes. Pendant plus d'un siècle, de la révolution industrielle jusqu'à l'après-guerre, le cœur du modèle était fondé sur les transactions marchandes. À partir des années 1960, si cette dimension ne cessa de s'amplifier, une autre s'agrégea : la gestion optimisée de certaines tâches permise par l'introduction des ordinateurs qui, en dépit de leur nom, seraient moins utilisés en vue d'exécuter des opérations comptables que de soutenir l'intronisation de nouveaux modes d'administration et d'aider à planifier des stratégies. Ce serait l'ère de l'organisation et du management, épaulée par les progrès de l'informatique, très tôt analysée par James Burnham dans son livre *The Managerial Revolution*[20]. Plus tard, vers le milieu des années 1980, si ces pratiques s'intensifièrent, un autre schéma se mit progressivement à prévaloir, celui voyant des biens manufacturiers et des flux financiers circuler entre un nombre croissant de régions de la planète, qui vite prit le nom de mondialisation. L'avènement de l'interconnexion globale, une décennie plus tard, soutint l'essor de ces logiques pouvant alors bénéficier de structures de communication mises en réseaux. Aujourd'hui, l'économie entre dans une nouvelle séquence qui ne s'oppose pas aux précédentes, mais lui fait prendre un autre cours à la faveur d'une faculté dont elle se trouve depuis peu dotée : celle de pouvoir, à tout instant, *comparer* toute chose avec toute autre. Cette disposition est rendue possible grâce à la technologie maîtresse de notre temps : l'*intelligence artificielle.*

Car elle procède elle-même par comparaison. Elle s'appuie, à la base, sur la codification binaire qui découpe les éléments en unités minimales, les bits, permettant de réduire des composés symboliques, et désormais des fragments du réel, à des données numériques. À partir de cet état, des algorithmes sont conçus afin d'effectuer à grande vitesse des mises en comparaison entre les volumes de données traitées et un modèle déterminé afin d'évaluer leur niveau de similitude. À l'instar d'un système de reconnaissance faciale qui identifie en temps réel le visage d'une personne à partir d'une image cataloguée en mesurant leur degré de concordance. Et si ce n'est pas une forme indexée, c'est grâce à une description mathématique que des systèmes vont pouvoir discriminer, par recoupement, certains objets ou des paroles par exemple. L'intelligence artificielle, opérant de continuelles mises en rapport, renoue d'une certaine façon avec la tradition épistémologique de la Renaissance qui appréhendait le monde en établissant de longues chaînes d'analogie entre ses composantes[21], mais aujourd'hui elle ne relève pas d'une dimension métaphorique, mais prend corps dans des dispositifs techniques chargés de les déceler.

Historiquement, les entreprises intégraient l'ensemble de la chaîne de production. Elles étaient constituées de plusieurs branches qui s'emboîtaient les unes dans les autres, au sein d'un processus vertical qui allait des départements de la conception et de la fabrication, aux services du personnel, de la tenue des livres de compte, de la logistique, de la livraison… Elles étaient faites de corps unis. Lors de l'avènement du néolibéralisme, à l'amorce des années 1980, le double phénomène de la pression concurrentielle sans cesse accrue et de l'assouplissement des codes du travail favorisa un principe qui s'est rapidement généralisé : l'externalisation de certaines activités. Elle consistait à faire appel à des prestataires afin de leur faire assurer des tâches qui jusque-là étaient dévolues aux employés, tels les travaux de nettoyage, de gardiennage, de comptabilité, ou l'expédition des marchandises, parmi bien d'autres cas de figure. De plus en plus de fonctions se virent soumises à ces usages dans l'objectif de réduire les charges, entraînant régulièrement des appels d'offres – et des examens comparatifs corollaires –, en vue de nouer des contrats s'inscrivant dans des temporalités devenues fluctuantes. Ces méthodes furent facilitées par la numérisation des écritures relatives au fonctionnement des sous-traitants permettant de détenir une vision détaillée de leurs pratiques. L'intensification de la mondialisation à la fin de cette même décennie élargit le spectre des fournisseurs à disposition à l'échelle théorique de la planète. Néanmoins, ces procédés requéraient la mobilisation de compétences affectées à ces consultations.

Dorénavant, ces missions peuvent être assumées par des systèmes capables, en fonction de nombreux critères, de mettre en balance les différentes offres et de les sélectionner eux-mêmes sans nécessiter une quelconque intervention humaine. À l'image de Retail Link, développé par IBM, suite à une requête de Walmart, qui choisit le prestataire le plus à même de répondre à la commande aux tarifs les plus avantageux et suivant les délais requis. La nature d'une technologie fondée sur le calcul comparatif se confond avec un dessein économique entendant mettre en comparaison toute chose avec toute autre afin de faire continuellement jouer la concurrence et de tirer, à l'occasion de chaque opération, le meilleur profit. Nous n'évoluons plus dans le « monde plat » décrit par Thomas Friedman[22], qui supposait l'existence d'un marché soudainement élargi grâce aux vertus de l'Internet et d'infrastructures logistiques et de transport toujours plus sophistiquées et réactives. Car le règne du comparatif ne correspond plus à une Terre prétendument « lisse », mais à un réel qui se trouve de partout redoublé de codes que des algorithmes vont à tout instant mesurer en vue de répondre à des besoins indéfiniment circonstanciés. La priorité accordée à la circulation de biens et d'informations laisse place au primat de l'évaluation comparative dans l'objectif d'établir des attaches éphémères indifféremment nouées avec des interlocuteurs situés à proximité ou sur n'importe quel point du globe. La vitesse de l'époque renvoyant moins à celle des communications, qu'à celle de pouvoir identifier, en temps réel, la solution la plus avantageuse. Nous pourrions dire que nous passons de logiques de flux, de lignes, de routes, à des logiques de grains que des systèmes examinent dans le détail, estimant, à la vitesse des processeurs, leur teneur au regard de tous les autres pour finir par jeter leur dévolu sur l'un d'entre eux. Nous assistons au passage d'une organisation s'appuyant sur une structure géométrique privilégiant la figure du réseau, à des schémas inspirés par une géométrie non euclidienne ne se rapportant plus à une topographie répertoriée et stable mais constituée de plans continuellement ondoyants et fugitifs.

Cependant, ce principe ne s'applique pas que dans le seul cadre des rapports entre entreprises, mais également au sein de leurs propres activités, voyant des systèmes procéder à la mesure des performances du personnel *via* le suivi des usages des ordinateurs, le port de capteurs et leur intégration sur les chaînes et les espaces de travail, témoignant des gestes et des cadences, conduisant à l'établissement de cartographies comportementales granulaires et évolutives. Elles visent moins à comparer les êtres entre eux qu'à estimer leur faculté à s'ajuster à des modèles érigés comme la norme de référence, à l'instar des méthodes développées par Toyota au cours des années 1970 fixant, jour après jour, aux équipes les objectifs à atteindre et induisant *de facto* un classement comparatif entre chacune. Cette pratique relève du *benchmarking*, qui consiste à mettre en œuvre des procédés supposés conduire aux meilleurs résultats, alors pris comme étalon de mesure (*benchmark*), que les employés doivent endosser et dont il sera possible, grâce à des techniques dédiées, de juger au fur et à mesure de leurs aptitudes à s'y conformer.

Un nouveau stade du management s'impose qui ne cesse de déterminer des objectifs à court terme, généralement en nouant des contrats toujours plus précaires qui, lorsqu'ils arrivent à leur terme feront l'objet, pour la même tâche ou pour une autre, de nouveaux appels à candidature auprès de toutes les agences d'intérim à disposition, soumettant, en théorie, tout individu à des examens comparatifs ne devant jamais prendre fin : « Sous ce nouveau régime de travail, inhérent à la gouvernance par les nombres, ils doivent se tenir prêts à répondre aux besoins du marché, tels qu'ils sont appréciés par leur employeur ou – s'ils sont chômeurs – par l'agence de l'emploi. Autrement dit, ils doivent être à tout moment *mobilisables* et le moment venu *se mobiliser* pour réaliser les objectifs qu'on leur assigne[23]. » Chacun se trouve indéfiniment mis en concurrence d'après une foule de critères définis par des cabinets spécialisés et qui échappent à notre intelligibilité, suivant une logique qui parachève l'axiome ultralibéral tenant la personne humaine comme une variable permettant, au moyen de procédés *ad hoc*, de tirer le plus grand profit du principe de l'*interchangeabilité* continue des êtres.

Cette disposition est à rapprocher de la doctrine du « *Law shopping* », qui encourage les acteurs économiques à faire jouer la concurrence entre des territoires avant de décider d'un lieu d'implantation. Elle résulte de la théorie du « *Law and Economics* » qui procède à une évaluation comparative entre différents régimes juridiques nationaux afin de sélectionner, pour chaque secteur d'activité, le lieu estimé le plus avantageux. C'est à cet effet que la Banque mondiale a mis en place un programme, Doing Business, qui offre une base de données détaillée des « mesures objectives » du droit de 183 pays : « Elle est illustrée d'une mappemonde, représentant la Terre comme un espace de compétition entre les législations et équipée d'un curseur temporel qui permet de visualiser la marche du progrès de la rationalité économique. Cette base doit aider les investisseurs à choisir sur la carte du monde les pays les plus accueillants. Elle doit aussi engager ces derniers à les attirer en réformant leurs lois dans le sens qu'ils souhaitent[24]. » Finalement, le projet consistant à édifier des « îles flottantes », conformément aux visées du Seasteading Institute fondé par une des figures du libertarianisme, Patri Friedman[25], destiné à s'affranchir des lois et des contraintes étatiques, ne revêt aucune pertinence vu qu'il est bien moins coûteux de poser ses valises là où jugé le plus profitable et d'être en mesure de déménager au gré des évolutions observées à l'échelle du globe.

C'est une économie en perpétuelles « fission et fusion » qui émerge, érigeant le principe de la concurrence comme opposant non plus seulement les entreprises entre elles, mais chacune de leurs composantes, autant que leurs interlocuteurs, les faisant s'apparenter à des « électrons libres » administrés par des systèmes d'intelligence artificielle indéfiniment chargés d'opter pour la meilleure alternative. Par exemple, Inditex, leader mondial de la confection textile, notamment propriétaire de Zara, opère de continuelles comparaisons entre les références de nombreuses marques, entre les sous-traitants, également entre les comportements des personnes à l'échelle du monde afin d'ajuster la conception des produits en fonction des tendances du moment. C'est encore cette disposition de mise en rapport qui est à l'œuvre dans Marketplace d'Amazon ou de Facebook qui affiche des myriades d'offres se trouvant, à l'aune de nombreux critères, comparées entre elles à l'intention des sociétés ou des consommateurs. C'est également la fonction des sites comparateurs de prix qui ont essaimé au cours des années 2010, tels Liligo, Kayak ou Skyscanner, qui classent les tarifs de billets d'avion, de nuits d'hôtel, de location de voitures, de contrats d'assurance…

Toutefois, cette faculté n'est pas le seul apanage des entreprises, elle est autant octroyée aux individus qui peuvent certes bénéficier de mécanismes leur signalant une infinité de suggestions, mais elle déborde du strict cadre commercial pour s'immiscer subrepticement dans d'autres dimensions de l'existence, voyant la mise en rapport tenir lieu de principe avant la réalisation d'un acte. Que ce soit dans le choix d'un itinéraire s'appuyant sur des applications évaluant en temps réel le trajet le plus optimisé, dans celui d'un restaurant *via* des plateformes dédiées, ou un site de rencontre qui, à la différence d'un contact physique, permet de faire défiler les « profils » d'une touche sur l'écran, procédant d'une mise en comparaison, parfois compulsive, avant de se décider à entrer en contact avec une personne. Probablement entrons-nous dans une *anthropologie du comparatif* et assistons-nous corollairement à l'acmé d'un rapport utilitariste au réel, au stade ultime de l'utilitarisme, celui théorisé par Jeremy Bentham qui avait estimé que l'utilité prévaut avant toute autre considération, et qui trouverait sa forme achevée dans les assistants numériques personnels qui représentent des machines ultrasophistiquées à tout mettre en regard en vue de travailler à « notre meilleur intérêt ».

Un nouvel âge de la concurrence se profile, n'opposant plus seulement les entreprises ou les individus entre eux, mais mettant tout corps organique et bien matériel en vis-à-vis de tous les autres afin de pouvoir en tirer le meilleur avantage. Chaque substance se trouvant réduite à une valeur objectivée, et ne valant plus en elle-même et par elle-même mais seulement en fonction de ses attributs évalués. C'est alors plus largement la société qui se trouve alignée sur ces impératifs. Les attaches se nouent en fonction des bénéfices projetés de façon indéfiniment provisoire, susceptibles à tout instant de se défaire pour engager de nouvelles alliances avec d'autres interlocuteurs, exaltant les logiques postmodernes ayant « invité » chacun, depuis une trentaine d'années, à se vivre telle une « monade nomade ». Un régime de rationalité technoéconomique devient un régime de rationalité intersubjectif et social. Comment ne pas voir que c'est la psychè collective qui est comme transie par cette dynamique, mettant les personnes continuellement en parallèle, dans le travail, les groupes affinitaires, les rapports humains, se voyant rapportées à des valeurs assignables, éradiquant le principe juridico-politique jusque-là situé au fondement de notre civilisation, à savoir l'affirmation de la singularité irréductible de chaque être. Comment ne pas saisir les processus d'intériorisation qui insidieusement s'opèrent ; chacun étant affecté d'une sorte de « score » et travaillant, bon gré, mal gré, consciemment ou inconsciemment, à le faire progresser et à le capitaliser.

Comment ne pas voir dans cette comparatologie intégrale une violence symbolique extrême qui bafoue l'« estime de soi » et la « dignité humaine », car : « Dans le règne des fins tout a un prix ou une dignité. Ce qui a un prix peut être aussi bien remplacé par quelque chose d'autre, à titre d'équivalent ; au contraire, ce qui est supérieur à tout prix, ce qui par suite n'admet pas d'équivalent, c'est ce qui a une dignité[26]. » Dorénavant, nous éprouvons le sentiment de notre « utilité » au moment où nous sommes choisis après avoir été comparés, et ne nous sentons vivre qu'au moment où nous-mêmes comparons avant de choisir, au sein d'une civilisation en devenir réduisant chacun de nous à une unité indifférenciée, finissant par nous confondre avec le statut de l'argent qui, selon Georg Simmel, est caractérisé par le fait qu'il rabat toute chose au principe d'une stricte équivalence avec toute autre[27]. Ce serait là un nouveau type de répercussion de l'idéologie technolibérale sur nos vies : la généralisation d'une systématique uniquement destinée à satisfaire l'objectif égoïste de tous les intérêts particuliers, renvoyant au diagnostic établi par Adorno et Horkheimer, à peine au sortir de la Seconde Guerre mondiale, prenant aujourd'hui une forme universelle – et radicale –, selon lequel « c'est l'équivalence qui alors devient un fétiche[28] ».

4.
BITCOIN ET BLOCKCHAIN : LE STADE ULTIME DE LA SOCIÉTÉ DU CONTRAT

Une passion commune rapproche le libéralisme économique radical d'un certain esprit libertaire : la détestation de toute instance intermédiaire, de quelque nature qu'elles soient. Elles portent le visage de l'État, des institutions, des lois qui imposent un ordre obligé des choses et restreignent la marge d'action des personnes. Pour le premier, elles ne cherchent qu'à contenir abusivement leur force d'initiative et à lever l'impôt, redistribuant leurs richesses au profit de la marche, jugée vaine et inefficace, des affaires communes. Pour le second, la politique officielle n'émane pas de la volonté du peuple, elle procède de structures hiérarchiques qui assoient des normes et laissent perdurer des privilèges, empêchant *in fine* une pleine et libre expression des individus. C'est sur la base de cette animosité partagée que s'est produite une synthèse idéologique fort singulière portant le nom de *libertarianisme.*

On peut identifier son pays de naissance, les États-Unis, et le faire remonter aux années qui ont suivi la crise de 1929. Il prend sa source chez quelques pères fondateurs, non déclarés comme tels, ayant vécu avant son avènement. Herbert Spencer et sa théorie du darwinisme social, Henry David Thoreau et sa farouche prétention à faire prévaloir l'autonomie des personnes, Ralph Waldo Emerson et son transcendantalisme estimant que toute entité, religieuse ou politique, corrompt la société et nuit à l'indépendance des individus. Bien plus tard, nombre de théoriciens du libéralisme œuvrant au tournant des années 1960 l'ont inspiré, principalement Friedrich Hayek, auteur de *La Constitution de la liberté*[29] et Milton Friedman, de *Capitalisme et liberté*[30]. Deux ouvrages qui rencontrèrent un large écho et qui postulaient l'impératif de la moindre régulation comme condition d'une vitalité économique devant au bout du compte profiter au plus grand nombre.

Sa figure tutélaire serait Ayn Rand et son théoricien Robert Nozick. La première est l'auteure de *La Grève*[31], publié en 1957, qui narre le récit des esprits « les plus brillants » – les grands chefs d'entreprise des États-Unis –, décidés à ne plus participer à la vie du pays et à refuser de financer les « racketteurs du fisc ». Réunis dans une vallée isolée, ces « êtres libres » vivent en autarcie afin d'échapper aux « pillards », laissant l'État-providence sombrer dans la pauvreté. Le second est l'auteur du livre *Anarchie, État et utopie*, qui affirme que l'État, quelle que soit la nature de son régime, dans son fondement même, présuppose à un degré ou à un autre la négation d'une partie de notre liberté, et cela est jugé inacceptable : « Nos principales conclusions se résument à ceci : un État minimal, qui se limite à des fonctions étroites de protection contre la force, le vol, la fraude, à l'application des contrats, et ainsi de suite, est justifié ; tout État un tant soit peu plus étendu enfreindra les droits des personnes libres de refuser d'accomplir certaines choses, et il n'est donc pas justifié[32]. »

Ce mouvement, ce courant de pensée plus exactement, qui a innervé l'esprit de la Silicon Valley, triomphant depuis les années 1990, a fait l'objet de nombreuses études et articles. Il a souvent été décrié, moqué, particulièrement les grandes figures entrepreneuriales californiennes qui s'en revendiquent, souvent perçues comme des personnages fantasques agités par toutes sortes de visions mégalomaniaques et extravagantes. Cependant, au-delà de toutes ces manifestations sensationnalistes, nous vivons aujourd'hui, de façon encore discrète, mais de plus en plus prégnante, le moment de sa consécration. Elle résulterait, non pas de la conquête du pouvoir politique, mais davantage de la diffusion d'une idéologie qui aurait peu à peu irrigué des discours, des pratiques, des modes d'organisation, incarnant un nouvel horizon utopique qui deviendrait maintenant réalisable. Elle prendrait corps dans une conformation parfaite, parce que délivrée de tout intermédiaire, décentralisée et entièrement transparente. Elle accomplirait pour les uns le rêve d'un marché partout fluidifié, pouvant enfin se déployer sans entraves, et pour les autres, elle ouvrirait les portes du paradis consistant à surfer sur les réseaux à l'abri des regards et à jouir de toutes les richesses du monde. Cette jonction entre deux courants que tout semble opposer est aujourd'hui rendue possible à la faveur d'une technologie apte à pleinement assouvir leurs aspirations convergentes : le *bitcoin*.

Il prend son origine dans l'utopie des réseaux qui émergea au tournant des années 1990, se figurant la réalisation prochaine d'un « village global » théorisé par Marshall McLuhan, alors très en vogue dans le milieu de l'informatique et des programmeurs, dont le magazine *Wired*, paru pour la première fois en 1993, fut le porte-étendard. Rapidement, ses créateurs ne se satisfirent pas de seulement pouvoir s'exprimer à propos de tous les sujets sur des forums de discussion, ou de télécharger illégalement des fichiers musicaux leur faisant bénéficier d'une liberté semblable à celles de pirates enturbannés affranchis de toute règle, non, cette formidable émancipation en cours n'était pas suffisante, en tout cas aux États-Unis, où chacun a intégré le principe cardinal de tirer profit de chaque occasion. Il fallait aussi que ce « monde horizontal », bientôt délivré de toute instance tierce, trouve son prolongement dans le cadre d'échanges qui ne pouvaient être que langagiers, ils allaient devoir se traduire, d'une façon ou d'une autre, par du commerce entre les personnes établi sur des axiomes redéfinis. Il devait mettre directement les individus en relation entre eux, conformément aux procédés exposés dans le *Whole Earth Catalog*[33] qui avait forgé une rhétorique célébrant le primat libertaire du « bidouillage » et du collaboratif, qui serait reprise bien plus tard par l'économie dite « du partage ». Cette aspiration était portée par les crypto-idéalistes et autres cypherpunks, voyant dans le chiffrement des données les instruments de la nouvelle lutte globale consistant à protéger sa « vie privée » et à lutter contre l'ennemi juré : l'État et tous ses « relais coercitifs », principalement les organismes de surveillance. Ils empruntaient au *Manifeste crypto-anarchiste* rédigé en 1992 par l'ingénieur en informatique Timothy C. May, un texte d'orientation anarcho-capitaliste, avançant que « la crypto-anarchie permettra de faire circuler librement les secrets nationaux et de vendre des matériaux illicites ou volés », et que « les méthodes cryptologiques altéreront fondamentalement la nature de l'interférence du gouvernement et des grandes sociétés dans les transactions économiques[34] ».

Alors la nouvelle grande utopie consista à jeter les bases d'une monnaie constituée de codes numériques, qui pourrait transiter entre chacun sans dépendre d'une banque centrale. La convoitise commune des libertaro-hackers californiens et des ultralibéraux de bannir tout « entremetteur parasite » prendrait corps dans les actes marchands ; le pouvoir régalien de frapper monnaie s'effondrerait de concert à bien d'autres principes que l'Internet était alors en train de défaire. À la fin des années 1990, les projets tels Hashcash, Bit Gold, B Money, furent expérimentés mais sans entraîner alors une large adhésion. Ce n'est qu'une dizaine d'années plus tard que l'entreprise fut relancée, à la faveur de la crise financière de 2008 des *subprimes,* qui vit des banques et des traders prendre en toute irresponsabilité des risques inconsidérés, sapant la confiance des épargnants et confirmant la méfiance fondamentale des crypto-idéalistes à l'égard des institutions financières, celles-ci agissant dans une telle opacité qu'il était maintenant patent qu'elles favorisaient des malversations.

Un personnage énigmatique répondant au nom de Satoshi Nakamoto, dont nul ne savait s'il correspondait à une véritable identité ou s'il s'agissait d'une stratégie avançant masquée, très en vogue chez les hackers, commençait à théoriser à nouveaux frais le concept d'une « monnaie virtuelle ». Il se fit aider par des codeurs spécialistes en cryptographie. Ils arrêtèrent le principe d'une émission limitée d'où elle tirerait sa valeur, régulée par un programme générant les unités de façon décroissante jusqu'à ce que leur nombre atteigne 21 millions. Le procédé fonctionne de « pair à pair » (*peer-to-peer*), s'appuyant sur des personnes mettant leurs ordinateurs à disposition afin d'assurer la réalisation en réseau de toutes les opérations, d'après un mécanisme dit de « minage », et se trouvant récompensées par des crédits. Il rend possibles des transactions décentralisées, sécurisées, traçables et ne nécessitant aucune médiation bancaire. Le Bitcoin Market, la toute première plateforme d'échange permettant de convertir du dollar en bitcoin, fut lancée en 2010.

Très vite la monnaie fut utilisée par des crypto-anarchistes, tels les fondateurs et usagers de la plateforme Silk Road (« route de la soie »), qui entendaient profiter de ces nouvelles routes acentrées en vue d'effectuer des achats anonymisés de stupéfiants ou des opérations de blanchiment, au sein d'un « darknet », sorte de marché « libre », ou noir plus exactement, situé à couvert de tout contrôle. Le FBI se pencha sur ces agissements et procéda à plusieurs fermetures de sites et à des arrestations à partir de 2013. Néanmoins, à la suite de ces événements, les milieux de la finance, du capital-risque, de la Silicon Valley ont saisi l'étendue des potentialités promises par cette architecture technico-monétaire autorisant une instantanéité des échanges et parfaitement appropriée à la structure dynamique des réseaux. Elle fut rapidement, tout comme lors de la généralisation de l'Internet deux décennies auparavant, l'objet d'investissements privés. Alors, l'esprit « cypherpunk libertaire » d'un côté, et le libéralisme numérique « disruptif » de l'autre, allaient œuvrer de concert pour faire advenir un monde enfin affranchi de tout encadrement stérile et de son inertie corollaire. Les cours montèrent brutalement pendant que d'autres cryptodevises commencèrent d'apparaître : l'ether, le monero, le ripple ou le dash. Aujourd'hui, des centaines de milliers de sites acceptent ce moyen de paiement. Cependant, ce nouvel univers de l'argent ne pourrait prendre sa pleine mesure s'il n'était pas articulé à une technique fondée sur la même ossature, qui représente son « pendant naturel » : la blockchain.

Dorénavant, les données peuvent ne plus transiter par une unité centrale mais être réparties sur une multitude de serveurs, formant une « chaîne de blocs ». Toutes les parties prenantes ont accès aux mêmes informations cryptées et peuvent remonter les historiques. Un grand livre de compte ni modifiable ni falsifiable, garantissant ainsi l'intégrité de l'ensemble des opérations effectuées, est mis à la portée de tous. Le rêve d'un monde horizontal, longtemps contrarié et déçu, prendrait enfin corps. Il serait délivré de tout intermédiaire, notamment des plateformes qui ont représenté le modèle dominant de l'industrie numérique au cours de la deuxième décennie du XXIe siècle, vouées à bientôt occuper un rang secondaire, voire de disparaître à terme. La capacité jusque-là concédée, généralement malgré les utilisateurs, de stocker des volumes d'informations portant sur leurs comportements et qui ont désormais compris les traitements douteux dont ils font souvent l'objet, se trouve comme subitement disqualifiée. De surcroît, la possibilité de certifier sans tiers de confiance les transactions renoue avec le souhait originel de former des « communautés » et d'échanger au sein de cercles d'affinité ce qui à chaque moment peut l'être, sans mauvaise intention ou arrière-pensée fallacieuse, mettant en échec toute velléité d'exploitation déloyale.

Ainsi, parmi une multitude d'exemples, des hôpitaux entendent utiliser la blockchain au service des programmes de tests cliniques de nouvelles molécules afin de permettre à toutes les personnes impliquées de suivre les évolutions des états des patients. Des distributeurs mettent en place des systèmes de traçabilité des aliments, à l'instar de Walmart, qui a établi des partenariats avec des industriels de l'agroalimentaire, dont Nestlé et Unilever, en vue d'œuvrer à « l'amélioration de la sécurité des produits » et d'autoriser, à l'attention des clients, l'accès aux historiques grâce à la technologie blockchain développée par IBM. Stratumn, « leader des technologies blockchain qui réinvente les relations interentreprises[35] », a conçu une architecture système capable de suivre le parcours de toutes les pièces détachées composant un appareil. Sur des chantiers complexes impliquant de nombreux sous-traitants, la blockchain est supposée faciliter l'identification des différentes responsabilités juridiques. Maersk, leader mondial du transport maritime, compte y recourir dans le cadre de la gestion logistique de ses conteneurs, afin de vérifier précisément leur teneur et de réduire les formalités administratives.

Le rêve, partagé par les crypto-idéalistes de tous bords, d'un monde procédant continuellement de contacts directs se concrétise dans un marché fluidifié, transparent, sécurisé et global. Les tenants d'un « Internet libre et ouvert » qui auront tant souffert de la régulation, principalement celle relative à la propriété intellectuelle, prennent aujourd'hui leur revanche.

Cette accession à l'indépendance des échanges fait s'unir dans l'extase les cypherpunks et les ultralibéraux[36]. Mais à voir de près, ce n'est pas seulement leur vision qui se réalise, leur permettant d'en jouir à leur guise, car les préceptes qu'ils ont farouchement défendus depuis de longues années ne correspondent plus à un mouvement somme toute situé à la marge, mais prennent force de principe universel appelé à imposer un nouvel ordre dans la marche générale des choses : une *organisation libertarienne des affaires humaines*.

L'association cryptomonnaie / blockchain insuffle une nouvelle dynamique à l'argent. Elle opère à plusieurs niveaux, allant d'institutions financières qui comptent l'exploiter dans l'objectif de créer des produits complexes, de simplifier diverses opérations bancaires et boursières et d'accélérer les paiements internationaux, à des ONG, telles la Croix-Rouge ou Greenpeace, qui en usent dans le but d'encourager les « micro-dons », parmi d'autres usages. Nous avons affaire au premier instrument monétaire qui en théorie peut être employé par tous à son profit. C'est la raison pour laquelle il détermine de nouveaux modes d'organisation sociale, voyant des liens marchands promis à être sans cesse noués, pas tant entre les entreprises et les personnes qu'entre les personnes elles-mêmes. Par exemple, en Allemagne, le réseau Share and Charge, monté avec Innogy, une filiale de RWE, l'énergéticien allemand, permet à des particuliers d'installer devant leur demeure une borne de rechargement électrique dédiée aux véhicules. Chacun fixe son tarif et lorsqu'une borne est utilisée, un crédit est attribué, soit pour l'usage d'une autre borne, soit pour une conversion en euros. Une habitation équipée d'une éolienne peut mettre à disposition de celles alentours son surplus énergétique à ses conditions tarifaires. Stratumn propose encore un service, baptisé Lenderbot, autorisant, lors de locations de logements de courte durée entre particuliers, la souscription en ligne de contrats de microassurance immédiatement authentifiés et validés pour un coût négligeable.

La plateforme ouverte Arcade City met directement en relation, dans nombre de villes américaines, des passagers et des conducteurs. Les utilisateurs postent une offre d'un montant jugé approprié afin d'être véhiculés jusqu'à la destination souhaitée. Nous assistons à la fin de la société de consommation, celle qui mettait face-à-face les marques et les personnes, laissant aujourd'hui place à une économie « de pair-à-pair », ou plus exactement de « pro-summer », sorte de « producteur-consommateur », selon la novlangue caractéristique des cabinets de tendance. Chacun ne serait plus seulement « entrepreneur de lui-même », mais pourrait tout autant profiter de tous les autres individus-entrepreneurs, au sein d'une équation « gagnant-gagnant » dénuée de tiers, tirant les coûts à la baisse et procédant de façon automatisée et instantanée. Mais au-delà de l'action délibérée que suppose toute transaction, il devient maintenant possible d'instituer des « *smart contracts* », consistant à laisser la main à un objet connecté pour qu'il effectue de « lui-même » un acte marchand. Par exemple, une place de parking appartenant à un particulier indique à une voiture, *via* un capteur, si elle peut l'occuper durant un temps défini. Dans le cas où elle « donnerait son accord », la voiture réglerait la somme avec son « porte-monnaie blockchain » intégré.

Le marché libéral procédait d'une logique frontale mettant en rapport d'un côté les entreprises et de l'autre, la multitude des êtres, conformément à un ordonnancement à sens unique. Il ne s'opère pas tant l'inversion de ce modèle, que l'émergence d'une autre configuration appelée à évoluer en parallèle, voyant des échanges se nouer entre une infinité d'acteurs de toute nature. Dorénavant, tout bien ou service peut faire partie de la grande horloge automatisée, se trouvant, sans parasitage, mis en concurrence avec tout autre et répertorié au sein d'un catalogue accessible à l'attention de quiconque, faisant également office de livre comptable universel. La philosophie politique de John Locke, ayant inspiré le libéralisme économique, est vouée à triompher, celle affirmant que les individus se trouvent dans un « état où ils sont parfaitement libres d'ordonner leurs actions, de disposer de leurs biens et de leurs personnes comme ils l'entendent, dans les limites du droit naturel, sans demander l'autorisation d'aucun autre homme ni dépendre de sa volonté[37] ». C'est exactement ce que permet l'avènement de l'*âge de la contractualisation généralisée*, faisant s'associer les êtres à la seule fin d'assurer sans entraves leurs intérêts particuliers, d'après une logique désormais érigée comme le nouvel horizon providentiel de notre temps.

La concurrence perpétuelle devient la règle des rapports humains, mais au sein d'un ensemble commun où tout s'effectuerait, comme sans violence symbolique, continuellement de gré à gré et de façon fluide, d'après un principe dont il serait entendu qu'il serait bénéfique à la société. Le libéralisme, dont résulte une répartition inévitable entre des gagnants et des perdants, prend un autre tour, plus complexe ou plus retors. Chacun ne subirait plus directement ses effets pernicieux, mais se l'approprierait, l'intégrerait à sa conduite, en imprégnerait sa psychè, se ralliant à ce nouvel esprit de l'époque enjoignant de trouver indéfiniment l'opportunité la plus profitable. La mondialisation, sous sa forme jusque-là prédominante, est maintenant révolue. Nous entrons dans l'ère du comparatif et de la mise en relation intégrale au sein de laquelle tout ne cesse de s'ajuster et de se synchroniser indépendamment d'une instance centrale. Et alors, les institutions politiques ne revêtent plus d'utilité, ou si, seulement celle, provisoire, de soutenir ce mouvement afin que, grâce aux avancées de l'intelligence artificielle et à la généralisation de son usage, prenne forme l'aspiration libertariano-californienne, dorénavant subrepticement adoptée par les démocraties sociales-libérales. Nous avions tort de nous moquer de ces gens-là et de ne pas les prendre au sérieux. À la faveur de leurs efforts et d'une technologie, ils auront réussi à faire triompher leur vision, celle cherchant à laisser les mécanismes agir d'eux-mêmes afin que le plus grand volume d'opérations se réalise à chaque seconde, à la plus haute vitesse et à l'échelle du globe. Le dogme de la « main invisible », ayant aujourd'hui atteint le stade automatisé, prend alors la forme d'une vérité instituée. Elle travaillerait perpétuellement à l'intérêt de chacun et de tous, nous faisant entrer dans le meilleur des mondes ou dans un « paradis artificiel » appelé à continuellement prévaloir.

IV

–

LE PARADIS ARTIFICIEL

1.
LA NÉCESSITÉ FAIT LOI OU LA LIQUIDATION DU POLITIQUE

La politique institutionnelle n'a jamais cru au politique. Quelles que soient ses appartenances. Elle a toujours su habilement opérer en deux temps. Le premier, celui des campagnes électorales, procède à une sorte de feu d'artifice de promesses, la plupart destinées à contenter le plus grand nombre. Le second voit les forces ayant conquis le pouvoir se retrouver aux commandes et être confrontées au concret du réel. Généralement, lors de l'état de grâce qui suit les victoires, sont mises en œuvre quelques-unes des grandes mesures annoncées. Mais, très vite, les difficultés surgissent, les sympathisants font part de leurs premières déceptions, les critiques de l'opposition se font plus virulentes et alors se produit systématiquement, comme par un réflexe conditionné qui saisit tous les dirigeants peu de temps après leur intronisation, un repli sur le seul souci d'assurer la gestion des affaires et l'abandon des ambitieux projets initiaux estimés plus coûteux qu'envisagé et finalement trop aventureux. C'est un automatisme qui peut être partout vérifié depuis l'après-guerre. Un exemple l'illustre particulièrement : l'accession de François Mitterrand à la présidence de la République française en 1981. Elle donnait forme à tant d'espoirs qui s'étaient exprimés depuis des décennies. Son gouvernement profita des « cent premiers jours » pour faire voter de courageuses réformes. Mais bientôt, au vu des lourds déficits publics, il fut décidé d'emprunter un tout autre cap, d'opter pour une politique dite de « rigueur » qui tourna le dos aux engagements passés et qui fourvoierait pour longtemps, jusqu'à aujourd'hui, l'esprit du courant dit « socialiste ».

Néanmoins, il serait naïf de penser que toutes ces tentatives avortées se font de façon contrainte et la mort dans l'âme. Non, elles correspondent plutôt au tourment qui depuis toujours mine les démocraties, voyant une sorte de lutte continuelle entre l'aspiration à faire œuvre de politique, c'est-à-dire chercher à intervenir sur le cours des choses en étant mû par des convictions et un projet, et l'impératif d'assurer une bonne gestion sans trop s'éloigner de certains cadrages, au risque de mettre en péril les équilibres budgétaires. Car un conflit continuel oppose le politique à l'impératif de l'administration, les velléités réformistes à la nécessité de répondre aux affaires courantes. Mais comme l'humain est habile, qu'il sait tirer parti des contraintes qui lui sont opposées, un courant relativement récent voudra faire de cette tension son étendard, affirmant haut et fort s'inscrire dans l'action réformatrice mais dans l'observation parallèle d'une gouvernance rigoureuse, il a pour nom : *social-libéralisme*. Celui successivement incarné, à partir du début des années 1990, notamment par Bill Clinton, Tony Blair, Lionel Jospin, Gerhard Schröder, Barack Obama ou François Hollande. En réalité, loin de concourir à des avancées sociales, ce courant de pensée s'en est surtout remis aux diktats formulés par le monde économique et les institutions internationales sommant de déréglementer les codes du travail, d'alléger la fiscalité des entreprises, de réduire les dépenses publiques, en d'autres termes de soutenir par tous les moyens la croissance, devenue le seul projet politique honorable de l'époque, étant entendu qu'elle doit en fin de compte profiter à tous. Aujourd'hui, cette tendance trouve des conditions lui permettant de prendre sa pleine mesure grâce à des conformations techniques supposées capables à la fois de répondre à nombre d'attentes de la société et d'assurer la meilleure conduite des affaires publiques.

La numérisation croissante de la société s'accompagne de celle des administrations, aujourd'hui aptes à collecter directement des données, à les traiter et dorénavant à *offrir de nouveaux usages*. En premier lieu, celui conduisant à l'établissement des rapports « directs » avec les citoyens pouvant procéder à de multiples opérations « en ligne ». Ils résultent du grand projet « politique » des démocraties sociales-libérales consistant à œuvrer à la « transformation digitale de l'État[1] ». Elle participe conjointement de la réduction des effectifs du secteur public, mise en œuvre dans tous les pays ayant vu l'avènement de ces régimes, et de la « facilitation » des démarches, travaillant ainsi à une meilleure gestion générale. Elle prend forme, en second lieu, dans l'« open data », soit le principe d'une visibilité et d'une mise à disposition des données publiques ou parapubliques, générées par les ministères, les administrations, les collectivités territoriales ou certaines grandes entreprises dont des parts du capital sont détenues par l'État. L'objectif déclaré ne consiste pas uniquement à rendre accessibles toutes sortes d'informations relatives à leurs activités, mais prioritairement à autoriser leur exploitation en vue de stimuler l'offre de nouveaux services. Car l'État se pense désormais comme une « plateforme » devant assurer la jointure entre les citoyens et les acteurs privés afin de favoriser, grâce à une structure tripartite inédite, une marche fluidifiée de la société. Cette logique suppose non seulement que le monde économique n'est plus placé à juste distance de l'organisation des affaires communes, mais plus encore, qu'il bénéficie du concours de l'État, lui permettant d'intensifier les liens avec les personnes, tout en prenant en charge des missions dont la plupart relevaient jusque-là de la compétence publique, se voyant ainsi soudainement pourvu d'attributions inédites. Car la gouvernance automatisée de domaines collectifs finit toujours par engendrer des profits. Il s'agit là d'un invariant que nous ne devons jamais perdre de vue.

Toutefois, cette franche proximité, davantage, ce singulier entrelacement, loin de représenter une rupture, trouve son origine dans une tradition idéologico-politique identifiable qui, depuis sa naissance jusqu'à peu, demeurait relativement cantonnée à la marge et qui aujourd'hui, comme par une ruse de l'Histoire, trouve les conditions de son avènement : celle de Saint-Simon et des saint-simoniens. Ils voyaient dans l'industrialisation des nations l'occasion d'insuffler un salutaire dynamisme à leur marche contribuant, d'une façon ou d'une autre, au « progrès social », et ce de façon bien plus efficiente que celui supposé résulter de toute volonté politique. Contre la féodalité terrienne et les rentiers, ils estimaient qu'il convenait de privilégier ceux qui investissent, inventent, fabriquent des marchandises, prennent une part active au développement du pays. Cette appréciation est manifeste dans la fameuse métaphore des abeilles, elles produisent le miel, tout comme les « industriels » produisent des richesses œuvrant au bout du compte au bien commun. Cependant, les frelons menacent de profiter du fruit de leur travail, ils composent la caste « militaro-féodale », celle du « monde d'avant », que Saint-Simon exècre, car elle entend capturer le capital à son seul avantage et jouir de rentes injustifiées : « L'art de gouverner [...] est réduit à donner aux frelons la plus forte portion du miel prélevé sur les abeilles[2]. » Le « miel-argent » ne doit pas être détourné au profit des gouvernants, il doit circuler afin d'irriguer la société, capable ainsi de se prendre en charge, sans s'en remettre à une instance tierce, grâce à la mobilisation de toutes ses forces vives. À cette condition, il deviendra alors possible d'envisager le grand passage « du gouvernement des hommes à l'administration des choses », selon la formule d'un des disciples de Saint-Simon, Barthélemy Prosper Enfantin.

C'est exactement cette dimension qui est à l'œuvre dans la *smart city*, dont l'objectif déclaré consiste à faire en sorte que le fonctionnement général des villes, et plus largement des territoires, évolue de façon toujours plus autorégulée. Mais au-delà de ces sempiternelles métaphores biomorphiques, son principe conduit dans les faits à une délégation, non dite, de services publics à l'intention du régime privé, prolongeant sous une autre forme les logiques d'externalisation à l'œuvre dans les entreprises depuis l'avènement du néolibéralisme. Car les élus sont soumis au récent dogme entendant établir en toute occasion des « partenariats publics-privés », tout en étant sous l'emprise du double lobby des fournisseurs de technologies et des entreprises de services aspirant à être parties prenantes du quotidien des citadins. À y voir de près, les axiomes de la « transformation digitale des administrations », de l'« État plateforme » et de la *smart city* entraînent un *changement de statut des citoyens*. Jusque-là considérés comme étant tenus par des droits et des devoirs au sein d'un ordre commun, ils deviennent des *usagers* en droit de pouvoir bénéficier des meilleures offres – tout comme des consommateurs –, conformément à un esprit qui procède certes de logiques marchandes mais avant tout d'un alignement sur des *logiques de satisfaction*. La politique se réduisant depuis peu à garantir la *satisfaction des citoyens*.

Jusqu'à récemment, la politique, du moins celle fondée sur l'exigence minimale cherchant à œuvrer à l'épanouissement des personnes et à préserver la dignité humaine, supposait de parfaire l'égalité des droits, de travailler à des avancées sociales, de soutenir l'éducation, de permettre un accès universel à la santé, de favoriser la culture. Dorénavant l'enjeu consiste à réduire les coûts, à laisser agir des systèmes et à faire en sorte que chacun puisse bénéficier de services relativement à chaque séquence du quotidien. À l'image, par exemple, de ce que sont appelées à devenir les bibliothèques, non plus des lieux de lecture de livres et de périodiques, offrant des moments propices à la découverte et à l'acquisition de connaissances, dans un cadre favorable à la réflexion et à une attention sereine, mais des espaces où sont maintenant proposés des cours de yoga, où l'on fait le récit de ses voyages, où l'on boit des cafés ou des jus de fruits et où l'on échange, conformément à la nouvelle doctrine de la vie sociale fondée sur le primat du bien-être et l'expressivité de soi[3]. Les adhérents ne sont plus des lecteurs, mais des consommateurs de diverses « activités » et qui doivent être contentés, conformément à un esprit promis à prévaloir dans le cadre de nos relations avec l'ensemble des services publics. Et dans le cas où nous ne serions pas satisfaits, il est possible de le faire savoir sans délai *via* des plateformes dédiées, tout comme pour un produit ou une marque sur les « réseaux sociaux ». Les fonctionnaires, ou ce qui va en rester, devant gérer les doléances, faire remonter les mécontentements et étant voués à se transformer en « administrateurs de systèmes » ou en « *community managers* ».

Cette conformation permet de réaliser un coup double en quelque sorte, car en plus de permettre l'accomplissement de l'aspiration à inscrire la vie publique dans les plus grandes fluidité et réactivité, elle participe en outre de la croissance, donnant corps à l'équation saint-simonienne selon laquelle les richesses produites par les industriels contribuent à la bonne marche des affaires communes. Néanmoins, il s'opère une forme insensible de renversement voyant ici la « bonne administration des choses » générer par elle-même du chiffre, d'après un schéma inédit qui se révélerait de part en part « gagnant-gagnant ». L'« État plateforme », c'est le nom de l'institution politique œuvrant, presque en retrait, à ce que tout fonctionne comme un processeur qui régulerait l'activité publique et soutiendrait dans le même temps l'essor d'un nouvel éthos économique. La dimension organique est érigée comme le principe majeur, on passe avec exaltation de l'inertie inhérente aux instances de gestion, du poids de la « bureaucratie », à un environnement continuellement dynamique se refusant à toute entropie. Car l'intelligence artificielle, dans son application collective, est à la fois supposée permettre de bien organiser les choses, de générer des dividendes, tout en offrant à chacun ce qu'il est en droit d'attendre, en cela, elle opère une synthèse idéale entre les aspirations libérales et celles se revendiquant de « gauche ».

C'est pourquoi Emmanuel Macron, par exemple, entend instituer « une nation qui pense et agit comme une start-up », car les primats de la réactivité – propre au secteur privé, particulièrement les start-up – et de « l'agilité », maître mot de la novlangue managériale, sont désormais repris par les discours politiques, toutes tendances confondues, affirmant travailler à l'instauration d'une société qui se trouverait continuellement apte à répondre, sans faille et sans délai, aux circonstances. En réalité, le dessein consensuel social-libéral ne fait que satisfaire l'ambition ultralibérale qui voit dans cette automatisation l'occasion historique de réduire les prérogatives de l'État, perçu comme un vecteur de perturbation de l'ordre spontané du marché : « Une fois que nous donnons licence aux politiciens d'intervenir dans l'ordre spontané du marché, ils [...] amorcent le processus cumulatif dont la logique intrinsèque aboutit forcément à une domination sans cesse élargie de la politique sur l'économie[4]. » Cette systématique-là, au-delà des pétitions de principe, permet de donner *in fine* les « pleins pouvoirs » au technolibéralisme, libre alors de tirer indéfiniment profit de sa contribution active à la « bonne gestion algorithmique » des affaires communes.

L'intelligence artificielle représente avant tout une puissance dynamique d'organisation, ce qu'a très tôt saisi le monde de l'entreprise, étant tout autant une puissance dynamique de gouvernance. Où l'on retrouve la conception cybernétique qui serait venue, un siècle plus tard, s'emboîter à la pensée saint-simonienne, l'une et l'autre se confondant dans le souhait partagé de bannir toute action résultant de la concertation inévitablement porteuse d'apathie : « Nous pouvons rêver à un temps où la machine à gouverner viendrait suppléer – pour le bien ou pour le mal, qui sait ? – l'insuffisance aujourd'hui patente des têtes et des appareils coutumiers de la politique[5]. » La grande machine à gouverner qui actuellement prend forme rend caduque toute volonté politique, laissant place à une société régie par des signaux, évacuant tout projet délibéré, conformément au phantasme humain, jamais explicitement formulé comme tel, de voir prévaloir un monde sans signataire travaillant de lui-même en quelque sorte, de façon organique, à son meilleur cours : « N'avons-nous pas le phantasme profond, depuis toujours, d'un monde qui fonctionnerait sans nous ? La tentation poétique de voir le monde en notre absence, exempt de toute volonté humaine, trop humaine[6] ? »

Un modèle de société s'impose, il serait doté de pouvoirs homéostasiques, prétendrait permettre à tous d'y trouver son compte et serait, sur un nombre sans cesse étendu de ses rouages, pilotée par des systèmes. Margaret Thatcher, en son temps, l'avait affirmé : « La société n'existe pas » (« *There is no such thing as society*[7] »). Elle avait défendu le principe d'un ordre innervé par les logiques organiques du marché qui viendraient tout embrasser et tétaniseraient par leur puissance tout projet divergent. Si sa féroce idéologie se concrétisa pour partie, entraînant nombre de dégâts de taille *sur la société*, elle rencontra néanmoins des résistances de toutes sortes. Ce n'est finalement que trois décennies plus tard, par l'effet de l'exploitation tous azimuts et fort ingénieuse de l'intelligence artificielle par les forces technolibérales que la société est en passe de disparaître. C'est alors que la politique ne revêt plus de pertinence, que sa raison d'être s'effondre. Elle n'existe plus, ou alors on l'abandonne aux régimes autoritaires, ce qui constitue une faute grave, étant focalisés sur l'unique souci de déléguer à des mécanismes impersonnels, qui offensent notre droit à nous prononcer librement, le soin d'organiser les choses : « La bureaucratie n'est malheureusement le gouvernement de personne et, pour cette raison même, c'est peut-être la forme la moins humaine et la plus cruelle de pouvoir[8]. » Ce tournant s'opère au moment exact de la crise contemporaine de la démocratie et de la crise de la représentativité. Dans notre période troublée, on voudrait charger, consciemment et inconsciemment, l'intelligence artificielle de résoudre nombre de nos difficultés. Plus la société est ingouvernable, plus on entend octroyer à une technologie le soin de régenter nos existences.

C'est alors que la nécessité fait loi. Or, le propre du régime de la nécessité, c'est qu'il se contente de constater l'état des choses et de réagir, principalement en répondant à des manques et en colmatant des brèches, contribuant *de facto* à perpétuer l'ordre des choses. La vocation du politique – son honneur – consiste à croire qu'il est possible de modifier certaines situations et de déployer des efforts, généralement en vue de promouvoir de meilleures et plus dignes conditions de vie. En cela, ces modalités, contrairement aux apparences et à ce qu'affirment les discours, sont éminemment conservatrices. Francis Fukuyama s'est trompé : la fin de l'histoire ne serait pas advenue suite à la chute du mur de Berlin en 1989 et du triomphe planétaire du libéralisme politique et économique, mais elle s'accomplirait aujourd'hui, à la faveur de la généralisation de l'usage de l'intelligence artificielle. Car sa fonction majeure consiste à gérer un nombre, en théorie infini, de conjonctures et à mettre en œuvre des solutions prétendument appropriées, vues comme allant de soi. C'est notre volonté opiniâtre d'édifier d'autres modes d'existence qu'on cherche à anéantir. L'automatisation signe le renoncement du principe espérance, celui qui depuis la nuit des temps appelle à ne pas seulement se contenter de l'existant mais à chercher, dans le risque et l'incertitude, à donner corps aux aspirations les plus inattendues et les plus audacieuses grâce au pouvoir transformateur, salutaire et jubilatoire de l'*action humaine*.

2. L'ADMINISTRATION AUTOMATISÉE DES CONDUITES

Une inquiétude fondamentale nous agite depuis la nuit des temps : être observé par autrui malgré nous et sans que nous en ayons conscience. Elle entretient un lien avec notre souhait tout aussi fondamental de pouvoir agir à notre guise à certains moments de notre quotidien sans devoir rendre de compte à quiconque. Elle surgit dès qu'une personne nous scrute de loin en rase campagne par exemple ou depuis une fenêtre vers l'une de notre domicile. Elle s'empare de nous, de façon autrement plus menaçante, lorsque des régimes politiques, généralement autoritaires, entendent guetter à notre insu nos agissements. À notre période contemporaine, elle est massivement réapparue suite aux attentats de septembre 2001. Ils avaient été fomentés par une poignée d'individus s'étant rendus capables de frapper à eux seuls la première puissance économique et miliaire de la planète. Ce conflit asymétrique d'un nouveau genre entraîna un suivi des comportements opéré par les agences états-uniennes de renseignement analysant principalement les navigations Internet, les conversations téléphoniques, l'usage des cartes de crédit, et ce de façon indifférenciée à l'échelle théorique du pays et du globe. En 2013, les faits révélés par Edward Snowden relatifs aux interceptions, souvent illégales, de données à caractère personnel pratiquées par des organismes étatiques exposèrent la mesure colossale de la surveillance numérique contemporaine.

D'un coup, chacun comprenait que l'utilisation de ses instruments numériques engendrait le témoignage de nombre de ses actes et de ses intérêts ; alors, l'opinion publique de par le monde s'est, à juste titre, élevée contre ces procédés invasifs jugés illégitimes. Une indignation généralisée s'exprimait, on se mettait à lire ou relire *1984* de George Orwell, dont les ventes battaient des records, et à manifester contre ces offenses faites à la vie privée. Des arsenaux juridiques furent partout votés qui soutinrent ces politiques ; on évoquait les menaces qui pesaient sur nos libertés fondamentales et plus largement sur la démocratie. On s'en prenait aux États, sans généralement saisir que le premier maillon de la chaîne était composé des acteurs économiques situés aux avant-postes de la récolte des données. L'exigence de leur encadrement devenait le grand combat politique de l'époque suscitant un consensus universel. Néanmoins, ce qui caractérise souvent les mobilisations massives, c'est qu'elles procèdent à contretemps, car ces méthodes étaient déjà à l'œuvre depuis une décennie, dès le tournant des années 1990, et il aura fallu du temps pour saisir tant leur nature que leur portée. Cependant, au moment où la surveillance numérico-sécuritaire atteint son acmé, elle se trouve peu à peu remplacée par un autre type de quadrillage mis à exécution par les gouvernements, moins chargés d'épier, c'est-à-dire de repérer des attitudes « suspectes », que de dresser des techniques destinées *à agir sur les personnes,* à inciter chacun à participer au « bon ordre général des choses ». Si ces mesures sont actuellement en gestation, un dispositif revêt une valeur de laboratoire et doit être tenu comme annonçant le passage de la surveillance *stricto sensu* à une *administration automatisée des conduites* : le système, actuellement mis en place en Chine, de *crédit social.*

Il consiste à instituer une « évaluation scientifique » des comportements. Il regarde d'abord les citoyens, à l'exception de ceux possédant un casier judiciaire, qui se trouvent dotés d'un volume initial de mille points appelé à évoluer négativement ou positivement au fur et à mesure de leurs agissements. Par exemple, des actes répréhensibles dans les transports publics, le paiement en retard de factures, le non-respect d'une interdiction de fumer, le fait de ne pas rendre visite à ses parents, entraîne la suppression d'une partie d'entre eux, empêchant aussitôt de bénéficier de certains avantages tout en entachant la réputation des personnes. Pour les récupérer, il faut alors faire preuve de « sens civique », donner son sang, se distinguer en tant que « travailleur modèle » ou réaliser quelques « bonnes actions ». Autant de gestes, parmi bien d'autres qui, s'ils sont réalisés non pas en vue de se « racheter » mais mus par un « élan volontaire », augmentent le « crédit ». Un bon score peut donner droit à un accès prioritaire à l'hôpital, à un logement social, ainsi qu'à certains emplois publics.

Ce plan prend progressivement forme à la faveur de projets qui se multiplient à travers le pays. Nombre de villes installent le long de leurs artères des dispositifs de reconnaissance faciale en vue d'identifier des individus recherchés ou disparus ; des brigades de policiers équipés de lunettes dotées des mêmes fonctionnalités effectuent des rondes dans les grandes gares. Des institutions usent de ces appareillages, par exemple des universités au sein de leurs résidences d'étudiants afin d'être au fait des allées et venues de ceux-ci. L'entreprise chinoise SenseTime, spécialisée dans la vidéo dite « intelligente », ne cesse de s'accroître et collabore tant avec des firmes qu'avec des administrations et services de renseignement. Nombre de municipalités mettent en place des systèmes munis de caméras destinés à surprendre les piétons traversant aux passages cloutés alors que leur signal est rouge. Si de tels gestes se produisent, l'image de leurs visages ainsi que leurs noms sont affichés sur une multitude d'écrans disposés aux croisements des avenues. Les élus locaux reprennent en chœur le slogan rédigé par le conseil des affaires d'État en 2014 : « Les gens de confiance peuvent marcher tranquillement sous les cieux, ceux qui ne sont pas dignes de confiance ne peuvent pas faire un seul pas[9]. » Ce programme conduit encore à l'établissement de listes noires exposées publiquement qui peuvent entraîner l'interdiction d'emprunter trains et avions ou de loger dans certains hôtels. Elles sont pour partie constituées d'après des informations transmises par la justice, également par des banques, des compagnies d'assurance, relatives à des découverts fréquents, des dettes impayées, des comportements à risque, ou à certaines infractions, tels des trajets ayant été effectués sans titre de paiement.

Ce ne sont pas seulement les citoyens qui se trouvent soumis à ces procédés, mais autant les entreprises qui se voient affectées d'un code de crédit social unique. Une série de dispositifs veillent au suivi de la fiscalité, de la gestion, à la conformité des pratiques avec les réglementations « sociales et environnementales », traquent les usages de faux ou les défauts de paiement des cotisations. Des sociétés sont spécialisées dans ce type d'audit, elles vérifient le respect de ces critères et affectent une note, allant de « AAA » à « D », de laquelle dépend la possibilité de répondre à des appels d'offres ou à des contrats publics. De leur côté, les élus et les fonctionnaires sont assujettis à ces mêmes méthodes, pouvant le cas échéant être assorties de dénonciations publiques sans jugement préalable. Le « crédit social » est supposé favoriser « l'amélioration » des comportements et « faire régner la confiance dans une société d'honnêtes gens ». L'objectif consiste à moins recourir à la justice pour laisser à des mécanismes automatisés le soin de garantir le maintien du « meilleur ordre ». Le projet prévoit d'unifier le plus grand volume d'informations possible d'ici à 2020 au sein d'une base de données centralisée devant se rapporter à terme à l'ensemble de la population et à tous les secteurs de la société dans l'objectif d'instaurer une « culture d'honnêteté et d'intégrité ».

Certains s'effraient de voir s'instituer une « contrôlocratie », tel l'analyste politique norvégien Stein Ringen, ou Maya Wang, de Human Rights Watch, qui dénonce une « moisson sans limite de données sur les citoyens à des fins de surveillance et de contrôle[10] ». Comment ne pas leur donner raison ? Néanmoins, ces modes d'appréciation continuent de se référer à des modèles qui étaient en vigueur jusqu'à récemment mais qui sont en passe d'expirer. Car il ne s'agit pas tant de « contrôle » et de récolte abusive de « données personnelles » que d'une tout autre conformation, non pas chargée de surveiller mais d'*influer les comportements*, de faire en sorte que grâce à une architecture technique une bonne organisation indéfiniment prévale, que la marche, tant microscopique que macroscopique, des choses prenne à tout instant le cours souhaité, le *cours programmé* devrions-nous dire. La surveillance suppose d'intercepter et d'isoler les individus ayant commis des délits ou susceptibles d'en commettre, l'*administration automatisée des conduites* entend généraliser le principe d'une intériorisation de préceptes estimés comme étant « fondamentaux » afin que, à l'instar des barrières électriques clôturant certains prés, soient envoyées des décharges aux éléments du troupeau se hasardant, par mégarde ou volontairement, à sortir du cadre, mais guère davantage, l'architecture de la matrice suffit d'elle-même à contenir toute velléité divergente.

Ce qui est autant visé, c'est un ordre économique voué à ne subir aucun accroc et à évoluer à un rythme continuellement dynamique. À cette enseigne, il est affirmé dans la déclaration d'intention que ce système permettra notamment de « réduire les coûts des transactions et de prévenir les risques économiques, un besoin urgent afin de restreindre les interférences gouvernementales dans l'économie et de parfaire le système d'économie socialiste de marché ». En cela, cet ordonnancement cherche à aligner les régimes politique et économique sur de mêmes schémas fondés sur les impératifs de l'autorégulation et de la fluidité afin d'assurer à chacun d'eux, et à l'ensemble commun, le cours le plus efficace. Probablement que le « capitalisme dirigé » décrété par les responsables chinois trouve-t-il ici les conditions parfaites de son accomplissement, sachant habilement exploiter l'étendue des fonctionnalités offertes par l'intelligence artificielle. Nous aurions moins affaire à un contrôle étatique qu'à un « monitoring algorithmique » travaillant à l'édification d'une société hygiéniste et vitaliste. Cette systématique serait d'autant plus légitime qu'elle peut s'apparenter à la figure de l'empereur ne devant jamais être visible et qui, grâce à une forme d'autorité symboliquement omniprésente, fait sans fin prévaloir les idéaux confucéens de l'harmonie sociale.

Toutefois, cette logique n'est pas uniquement appliquée, de façon plus ou moins revendiquée, par des nations, aux avant-postes desquelles la Chine, mais l'est autant par les individus qui désormais usent de techniques dans le but de gouverner leur quotidien. Propension dont les premières manifestations remontent à la fin des années 1990 lorsque s'est peu à peu généralisé le réflexe de « googliser » le nom d'une personne avant ou après l'avoir rencontrée dans un cadre professionnel ou privé, ou celui d'un produit, ou celui d'une destination de vacances parmi une foule de cas de figure. Usages qui un peu plus tard ont pris une autre mesure au moment de l'émergence des applications, proposant un « coaching sportif » par exemple, ou la gestion à distance de certaines fonctions du domicile. Ils devaient ensuite être théoriquement rapportés à l'ensemble de nos gestes à la faveur des assistants numériques personnels dévolus à répondre à tous nos besoins et souhaits. Tout un appareillage en évolution et en sophistication constantes qui depuis peu permet de « mieux » se déterminer, de sécuriser sa vie, de profiter d'avantages, de se garder d'efforts vains, de vérifier le profil de telle entreprise ou de telle personne, de participer à des classements, d'entretenir sa réputation, d'éviter de se faire sanctionner symboliquement ou dans les faits.

Peut-être allons-nous bientôt adopter des attitudes opérant une forme de synthèse entre celles différemment à l'œuvre dans deux fictions cinématographiques. La première, *Anon*, voyant les êtres dotés de systèmes de réalité augmentée implantés dans leurs rétines recueillant en temps réel une myriade d'informations à propos des personnes croisées ou des objets perçus aux fins de guider leurs comportements[11] ; la seconde, un épisode de la série *Black Mirror* mettant en scène une société dans laquelle la totalité des membres se trouve continuellement soumise à une notation, chacun s'efforçant, sans relâche et avec plus ou moins de réussite, de faire bonne figure et ayant intériorisé le principe d'un impitoyable étalonnage universel[12]. De nouveaux rapports au réel et aux autres subrepticement s'instaurent, cherchant à chasser le risque et à tirer parti de chaque situation, répondant exactement à l'esprit du « crédit social », mais revêtant un air *soft* et *cool*, procédant néanmoins à une ingénierie sociale qui, tout comme le modèle chinois, entend ostraciser les comportements « déviants » et gratifier, d'une façon ou d'une autre, les « plus méritants ».

Et alors, nous devenons tous idéalistes, en venant à nous défier des apparences, entendant être indéfiniment au fait de l'état exact des êtres et des choses afin d'éviter de commettre des erreurs ou d'être induits en erreur. Étant las de notre condition et de nos semblables, nous renonçons à l'exercice de nos facultés, faisant montre de nihilisme, celui identifié par Nietzsche comme résultant du souhait de nous en remettre à une vérité absolue, contribuant notamment à nier la part irréductible de chacun d'entre nous, celle qui précisément constitue notre singularité et notre richesse et suscite le désir d'aller à la rencontre d'autrui : « Chaque âme a son monde propre ; pour chaque âme, chaque autre âme est un arrière-monde[13]. » Probablement comprenons-nous plus que jamais l'incidence des productions techno-économiques, non seulement sur nos modes de vie, mais également sur les rapports entre les êtres, d'après un constat opéré en son temps par l'historien des techniques Lewis Mumford et qui prendrait aujourd'hui une tout autre mesure : « Ce n'est qu'en le considérant comme une religion que l'on peut expliquer le caractère compulsif du développement mécanique qui s'est fait en négligeant ses conséquences réelles dans les relations humaines[14]. » Nous passerions actuellement du stade de l'individualisation, qui a pour une large partie caractérisé la modernité depuis l'après-guerre, au *stade de la pénétration des corps et des choses*. Saisit-on que cet ordre participe d'un isolement généralisé, mais sans en avoir l'apparence ? Cet isolement dont Orwell avait analysé les mécanismes d'assujettissement qu'il peut induire, tout comme Hannah Arendt avait pu le faire : « Une société de masse n'est rien de plus que cette espèce de vie organisée qui s'établit automatiquement parmi les êtres humains quand ceux-ci conservent des rapports entre eux mais ont perdu le monde autrefois commun à tous[15]. » Néanmoins, de nos jours, ce ne serait plus une logique de masse qui entraînerait l'éradication de repères communs, mais la pratique émanant volontairement des individus dressant des filtres entre eux afin de maintenir une distance, s'imaginant ainsi pouvoir se déterminer le plus assurément en toute circonstance.

La théorie de la « physique sociale » se trouverait relancée ; Auguste Comte la désignait comme la « science des sociétés », elle avait précédé la « science des faits sociaux » qui prit le nom de sociologie. La première aurait cru à la possibilité de dresser une cartographie quasi intégrale des phénomènes humains qui pourraient alors être ordonnés d'après certaines règles, l'autre prendrait acte de l'impossibilité de les réduire à des grilles, Émile Durkheim parlant alors de « lois sociales » faites d'incertitudes. Nous vivons l'âge de la volonté de modéliser à nouveau les faits sociaux. Cette propension serait emblématique dans les travaux d'Alex Pentland, informaticien et créateur du MIT Media Lab, auteur de l'ouvrage *Social Physics*[16], qui prétend qu'une utilisation pertinente des données permettrait d'élaborer une théorie computationnelle, à dimension prédictive, du comportement humain et de procéder à une « ingénierie sociale » providentielle, s'appuyant sur les vertus régulatrices et homéostasiques de l'intelligence artificielle.

Il n'y aurait plus alors d'opposition entre le « holisme », qui considère la société comme un ensemble indivisible dont les lois déterminent de part en part les conditions d'existence de ses membres, et l'« individualisme méthodologique », qui envisage les phénomènes collectifs comme résultant des caractéristiques et des actions des agents individuels et des relations qu'ils entretiennent entre eux. Nous assisterions à la vérification conjointe de ces deux modes d'appréciation se fondant dans une synthèse inédite. Car chacun chercherait sciemment, en se dotant des moyens *ad hoc*, à s'intégrer à cet ordre technico-hygiénisto-libéral – qui découle de notre crainte fondamentale du réel et vise à ce que tout fonctionne d'après notre compulsion à privilégier la sécurité, le confort et le profit –, étant appelé, par sa généralisation annoncée, sa masse et sa puissance, à rendre illusoire et insensée toute aspiration divergente.

3.
THÉORIE DE LA VOITURE AUTONOME

Certains phénomènes ou objets, au-delà de leurs seules manifestations ou fonctions, témoignent de bien plus qu'eux-mêmes. Pour ceux-là, quelque chose les dépasse car ils condensent en quelque sorte, tant par ce qu'ils inaugurent que par l'étendue de leurs conséquences, l'état d'une société, ses aspirations, ses errements. Ils incarnent l'esprit d'une époque. À l'ère moderne, celle ayant débuté au sortir la Première Guerre mondiale, il est possible d'extraire quelques cas de figure particulièrement emblématiques. Les congés payés par exemple, qui donnaient corps à une espérance populaire s'étant depuis longtemps exprimée, et qui allaient progressivement donner naissance à l'ère des loisirs. Ou le camping, qui répondait au même esprit et qui offrait à l'origine l'avantage de ne dépendre d'aucune structure existante pour pérégriner au gré des souhaits de chacun. Près d'un demi-siècle plus tard, deux objets contemporains l'un de l'autre sont apparus produisant des effets tels sur nos modes de vie qu'ils se font encore ressentir aujourd'hui. D'abord le skateboard, inspiré du surf hawaïen, qui après des efforts intermittents permettait de se laisser glisser durant un moment sur l'asphalte, faisant éprouver le long des artères des villes un sentiment de liberté semblable à celui vécu sur les vagues de l'océan. Ensuite le Walkman, lecteur de cassettes audio miniature muni d'oreillettes, mis sur le marché en 1979 par Sony, qui octroyait la faculté, affranchi de toute attache et comme délivré de toute pesanteur, de partout déambuler en vibrant aux rythmes de son choix. L'un et l'autre sont vite allés de pair, générant de nouvelles attitudes qui entendaient se débarrasser de nombre de conventions et célébrer l'autonomie des êtres.

D'autres exemples autant significatifs pourraient être mentionnés, cependant, aucun n'a produit un tel impact ni ne revêt une telle valeur symbolique que l'instrument qui a reconfiguré les agglomérations, les territoires, nos rapports à l'espace, jusqu'à redéfinir de part en part les conditions de nos existences : l'*automobile*.

Car au-delà de sa fonction principale – transporter des personnes de façon mécanisée sur la terre ferme au sein d'un habitacle –, c'est tout autant un art de vivre qu'elle aura instauré : celui de jouir de la liberté d'aller quand bon nous semble où bon nous semble. Elle permettait de se rendre au gré de ses envies, seul, en couple, en famille, en compagnie d'amis, au village voisin ou de traverser un continent. Elle prenait la forme d'un contenant ingénieusement aménagé dans ses moindres détails, pouvant porter des bagages dans le coffre, jusqu'à des vélos ou des meubles sur une galerie fixée sur le toit, étant encore à même de remorquer une caravane. Elle a accompagné l'essor de la société de consommation, favorisé notamment l'implantation de centres commerciaux dans les périphéries, ayant vu l'afflux toujours plus massif de personnes flânant, munies de leurs larges Caddie, le long de rayons interminables garnis d'une profusion de produits. Elle a engendré l'édification d'avenues, de rues, de trottoirs dans les espaces urbains, la construction de grands axes autoroutiers, d'échangeurs aux allures pharaoniques, sortes d'équivalents modernes des pyramides, elle a imprimé sa marque sur le sol, transformé la géographie. Elle a représenté un nouveau moyen pour se rendre sur les lieux de travail, contribuant à l'expansion du phénomène de banlieurisation, entraînant de perpétuels et croissants engorgements du trafic, notamment ceux formés lors des grands départs en vacances, dont rend compte, à la limite de la caricature, le film *Week-end* réalisé par Jean-Luc Godard en 1967. Car, malgré tout l'attrait qu'elle suscitait, elle n'était pas perçue comme revêtant de seuls atours lumineux, mais autant empreinte d'une part sombre, ayant causé de continuels accidents, d'innombrables drames, meurtri des corps, brisé des vies. Elle porte encore une lourde part à la pollution de la planète autant qu'à la défiguration de paysages. Néanmoins, en dépit de tout, elle reste associée à un imaginaire, celui d'avoir pu se défaire de structures communes obligées – participant pour une large mesure à l'individualisation de la société –, ou celui de pouvoir parcourir de grands espaces tout en écoutant sur son autoradio *La Traviata*, Elvis Presley ou Charles Trenet par exemple, donnant le sentiment de ne plus être soumis à aucune entrave, de bénéficier d'une autonomie sans bornes. Elle est allée jusqu'à personnifier le comble de la liberté, dimension particulièrement manifeste dans le film *Thelma et Louise* (Ridley Scott, 1991) qui voit, lors de la scène finale, les deux protagonistes principales, après de longues pérégrinations, se jeter dans leur voiture du haut d'un canyon pour échapper aux forces de l'ordre et à tous les carcans qu'elles n'auront pu supporter. Aucun autre objet moderne n'aura à ce point symbolisé à lui seul une si longue séquence historique, ses rêves, ses contradictions, ses excès, jusqu'à donner son nom à une civilisation : *la civilisation de l'automobile*.

Cet objet, dont les structures sont demeurées, dans leurs grands traits, identiques depuis plus d'un siècle, est dorénavant voué à prendre une tout autre tournure. Si dans son apparence et dans sa forme générale il va rester, pour partie, similaire – une coque sur quatre roues transportant des passagers –, son mode de fonctionnement, la nature des trajets, la vie en son sein sont appelés à évoluer suivant de tout autres modalités. Car si depuis son origine jusqu'à aujourd'hui, l'humain une fois à bord devait prendre le volant et le manœuvrer, bientôt un appareillage technique hautement sophistiqué est promis à prendre le relais et à assurer la conduite. Tout est alors conçu afin qu'il se dresse tel un organe sensible capable d'appréhender son environnement, tant immédiat que lointain, se voyant équipé d'une batterie de dispositifs l'apparentant davantage à un vaisseau spatial qu'à une voiture telle que nous l'avons connue : un système de lidars (télédétection par laser), des transmetteurs radar et sonar, une nuée de capteurs, de détecteurs de mouvement, de caméras, de scanners laser, de récepteurs GPS…

Ils lui permettent de récolter toutes sortes de données et de les analyser en temps réel afin de procéder en fonction à une multitude de commandes décidant de la direction, du contrôle de la vitesse, du maintien de la distance requise, des arrêts… La voiture se trouve, tout comme un être humain, à la fois soumise à une série de règles, tout en étant tenue de continuellement prendre des initiatives et de réagir de façon propre aux événements. Elle gère quasi simultanément une myriade d'informations relatives tant à ses composantes internes qu'à ses alentours et à des conditions générales, tel l'état du trafic ou de la météo. La voilà pourvue d'une vision à la fois microscopique et macroscopique, se trouvant alors pleinement dotée des moyens d'assurer, « en conscience » et de façon « souveraine », la fonction de pilotage. S'il lui est octroyé une telle autonomie, c'est qu'elle est élaborée d'après la structure technologique tripartite déterminante de notre temps, faisant se conjuguer capteurs, systèmes de traitement de données et d'intelligence artificielle. En cela, et par les missions qui lui sont attribuées, elle atteste plus que tout autre dispositif de la récente dimension interprétative et autoentreprenante de la technique.

Néanmoins, chacune d'elle ne constitue pas un corps isolé, évoluant au contraire au sein d'un tout, étant en relation avec une foultitude d'éléments, les autres véhicules, le sol, le mobilier urbain, une infinité de bases de données… Ce qui est visé, ce sont les plus grandes sécurité, optimisation énergétique et fluidité devant, à toutes les échelles, sans cesse prévaloir. Alors, cette systématique impose un ordre général, reconfigure tout ce qui, de près ou de loin, l'environne, car vu sa nature et sa future prépondérance, elle n'offrira pas d'autre choix que de s'accorder à des logiques devant s'appliquer à tous. Car, à la différence du modèle précédent, ce n'est pas une civilisation qui est à l'œuvre, mais un phantasme de civilisation aspirant à ce que tout fonctionne à l'unisson en vue d'édifier un univers dénué de défaut, indéfiniment dynamique et parfaitement autorégulé. Elle contribuerait notamment à l'avènement du règne, ou du paradis, de la non-propriété, celui de la location *ad vitam æternam* promue par le leasing, de l'autopartage généralisé, des robots taxis, chacun se trouvant délivré de toute une série de pesanteurs bientôt révolues. Ce serait la réalisation d'une utopie de la ville, et du monde, au sein desquels chacune de leurs composantes s'emploierait à maintenir une rythmique optimale, car plus rien ne serait soumis à l'inertie, tout évoluerait à la cadence de flux ondulatoires éradiquant toute fixité passée – la signalétique, les feux, jusqu'au trafic lui-même –, cette gravité deviendrait obsolète au profit de signaux qui ne cesseraient d'interagir assurant ainsi à chaque instant la meilleure marche des choses.

Il s'avérerait inutile de maintenir les parkings dans les centres, vu que chaque entité est susceptible de ne jamais s'immobiliser, pouvant être mise au service de tous et, au cas où la demande serait moindre, les véhicules iraient d'eux-mêmes se garer dans la périphérie. Tout procéderait de façon automatisée, voyant l'achèvement, en version radicale, de la vision cybernétique, et alors viendrait le temps de fêtes dans des espaces soudainement « libérés » que compte prendre en charge la Ville de Paris, par exemple. Cette nouvelle capitale des start-up et de la « revitalisation des « espaces publics » qui aspire à ce que corps et marchandises ne cessent de circuler, travaillant ainsi au meilleur essor économique tout en offrant à ses habitants la possibilité de se promener sur des allées aseptisées, voyant s'accomplir le cauchemar d'une société heureuse au sein de laquelle *business* et loisirs évolueraient de concert, à plein régime et de façon harmonieuse parce qu'ayant opéré la synthèse entre nombre d'exigences jusque-là tenues pour contradictoires : « "À l'avenir, les voitures autonomes vont pouvoir fonctionner presque en continu. Il faut donc réfléchir dès maintenant à de nouveaux usages pour ces surfaces enfouies où l'on stocke aujourd'hui des véhicules, et instaurer un nouveau dialogue entre la ville du dessous et la ville du dessus", s'enthousiasme Jean-Louis Missika, maire adjoint de Paris chargé de l'urbanisme[17]. » En réalité, à l'opposé de cette vision biaisée et candide, se constituera un nouveau type de zonage, renouant avec celui prôné par le modernisme de la charte d'Athènes qui entendait établir une stricte répartition entre voies de circulation et celles réservées aux piétons. Dans ce qu'il annonce, il procède d'une régression à l'égard des principes divergents mis en œuvre plus tard, notamment ceux théorisés par le groupe Team X défendant les vertus de la mixité fonctionnelle et sociale[18]. Si jusqu'à maintenant il était possible de refuser de posséder une voiture, à l'avenir ce choix entraînera un nouveau type de zonage, visible autant qu'insensible, excluant les réfractaires de quantité de nouvelles dimensions appelées à rythmer les artères urbaines.

Toutefois, au-delà de cet idéal d'une coordination intégrale providentielle, c'est à l'intérieur du véhicule que se joue sa fonction principale. Cet habitacle au sujet duquel s'est, à un moment, patiemment mise à réfléchir l'industrie du numérique et qui, à la suite, s'est donné comme projet de le redéfinir. Car est-il nécessaire de le rappeler, le projet de voiture « autonome », à l'origine, n'a pas été conçu par l'industrie automobile elle-même, mais par celle des données, en l'occurrence Google qui, le 9 octobre 2010, par la voix d'un de ses ingénieurs, le roboticien Sebastian Thrun, fit l'annonce de la nouvelle conquête dans laquelle l'entreprise comptait se lancer. Car si la firme ambitionnait d'organiser « toute l'information du monde » et de la mettre à notre disposition, lui permettant ainsi d'accéder à la connaissance de nombre de nos intérêts, ce sont eux les premiers qui ont compris que, vu l'architecture qui commençait à se dessiner associant capteurs, systèmes de traitement de données et d'intelligence artificielle, un organe d'un tout nouveau genre allait pouvoir être élaboré, à la fois capable d'assurer la conduite de façon automatisée, mais surtout, qu'il allait, en deçà de cette faculté impressionnante, représenter un formidable instrument de suivi des comportements parce qu'offrant un cadre particulièrement propice.

Avant toute chose, parce que nous y passons du temps et que nous y menons diverses activités. Nous écoutons la radio ou de la musique, nous parlons avec les autres passagers, les enfants s'adonnent à des jeux ou visionnent des vidéos sur des écrans intégrés aux sièges ou sur des tablettes, et parfois, lorsque nous ne tenons pas le volant, nous rêvassons ou dormons. Et puis, nous allons d'un point à un autre, effectuons des trajets désormais traçables *via* le GPS qui avertissent de nos habitudes, de nos intérêts, de nos préférences. Alors, pour être au fait de tous ces moments vécus comme enclos dans un cocon, qui représentent un reflet condensé de nos personnalités, il faut mettre en place des organes de saisie de nos gestes. D'abord, en usant des fonctionnalités offertes par l'interface vocale qui permet de procéder à l'analyse tant des conversations tenues entre les personnes qu'avec le système. Ensuite, en décomposant les traits du visage *via* des mini-caméras, mais aussi en récoltant l'haleine, la température du corps, la pression sanguine, le rythme cardiaque, la sueur, l'activité électrodermique, jusqu'aux ondes alpha du cerveau, au moyen d'une variété de capteurs incorporés aux banquettes ou sur les autres surfaces. Les données générées alimentent des dispositifs chargés de sonder nos émotions, de relever si nous sommes préoccupés ou relâchés, nos niveaux d'excitation, de stress, de joie ou de peine… C'est alors qu'étant pénétrés par tous nos pores et de toute notre psychè, la voiture se trouve pleinement en mesure de nous piloter.

Nous nous approchons, non pas du stade ultime, vu qu'il semble possible d'indéfiniment repousser les limites, mais du stade extrême de la radiographie des comportements, et plus encore des âmes, des tréfonds de la conscience et de l'inconscient. Ainsi, presque plus d'écart n'est appelé à s'interposer entre la voiture et nous, elle peut être tenue comme un être omniscient et bienveillant qui nous protège, non seulement de son habitacle, mais nous enceint dans son plasma, nous faisant bénéficier de toute son attention, instaurant une relation fusionnelle, à l'allure quasi maternelle. Il sera bientôt révolu le commerce qui cherchait à mobiliser notre attention ; dorénavant il s'agira, comme à l'intérieur de cet utérus sur quatre roues, de nous formuler des paroles apaisantes, de nous prodiguer la bonne température, de diffuser les ambiances odoriférante, sonore, chromatique, lumineuse ajustées à nos états physiques et émotionnels du moment afin de tâcher de nous mettre dans les meilleures dispositions. L'automobile, dans son évocation première, suscitait le sentiment de liberté, la voiture « autonome » sera celle d'une entière sollicitude à notre égard, de l'écoute de nos états d'âme et d'une parfaite prévenance à l'égard du moindre de nos besoins. Elle témoigne, bien au-delà d'elle-même, d'un nouvel éthos, celui d'une prise en charge, promise à être toujours plus intégrale, de nos vies.

Le terme « autonome » est inapproprié et trompeur, car le véhicule est piloté par l'industrie de la donnée et de l'intelligence artificielle qui entend nous faire profiter, au cours des trajets, d'une infinité d'offres en fonction de nos états, de tel restaurant, de tel hôtel, de tel centre de soin, de tel film à visionner en son sein, nous signaler telle personne à rencontrer dans tel bar alentour… Elle est à l'image du monde qui vient. Et alors, on comprend mieux pourquoi l'objectif pour l'industrie du numérique ne consiste pas à fabriquer des voitures, mais uniquement d'*être à l'intérieur*, d'être continuellement présente à nos côtés. L'automatisation, ce n'est pas seulement l'évacuation progressive de l'humain dans la réalisation de ses tâches, ce sont des présences, des fantômes, qui nous environnent, nous entourent, nous hantent. La lutte industrielle à venir verra une compétition de la présence, chacun s'évertuant à imposer indéfiniment son empire spectral et à éliminer tous les autres. Ce sera une sourde mais impitoyable *guerre de fantômes*.

4. L'AVÈNEMENT D'UN « POUVOIR-*KAIROS* »

Autorité. Contrainte. Crainte. Voici les trois socles sur lesquels repose tout pouvoir. C'est à la faveur de ce triptyque impérieux que Dieu ou des divinités suscitent la vénération auprès de communautés humaines. C'est en s'y adossant que des chefs de tribu ou des rois peuvent régner, que les tyrans imposent leur volonté. Ces trois principes catégoriques produisent leurs effets de multiples manières et à divers degrés selon les cas de figure. Ils se situent tout autant au fondement des régimes démocratiques modernes qui s'appuient sur la loi, des règlements et un appareil policier afin de garantir un certain ordre des choses. Car tout pouvoir revêt une supériorité symbolique et formelle lui permettant de soumettre à son régime les êtres qui lui sont assujettis, générant le sentiment d'encourir un risque si on ne se plie pas à ses codes et ses coutumes. Si cette armature a longuement prévalu, un virage dans notre représentation s'est progressivement produit au tournant du XXe siècle lorsque les sciences humaines se sont mises à déceler, au-delà du cadre politique usuel, les innombrables jeux de pouvoir à l'œuvre dans la société ponctuant sous quantité de formes nos existences.

Le pouvoir ne serait plus seulement personnifié dans le corps d'un prince, ou dans toute autre figure tutélaire humaine ou institutionnelle, mais serait foisonnant, se manifesterait à diverses échelles. Il s'exercerait dans le couple, dans le cercle familial, sur les lieux de travail, dans des mœurs, dans la caractérisation des genres, dans le langage qui, souvent par sa structure et son emploi courant, contribue à asseoir des normes, et irait jusqu'à surgir de façon inattendue au hasard d'une bousculade, sur un quai de métro ou dans une file d'attente par exemple. Néanmoins, quelles que soient ses tournures, cette structure tripartite demeure. Elle continue de déterminer, en dépit de l'évolution des définitions, notre conception autant que nos expériences du pouvoir. Cependant, nous allons dorénavant être confrontés à une toute nouvelle configuration dont la nature inédite défie nos catégories. Car émerge un type inédit de souveraineté qui, pour la première fois dans l'histoire, ne ressort pas de ces trois dimensions, mais d'un composé d'un tout autre genre. Il procède de l'omniscience et de l'omniprésence et a pour nom : le *pouvoir-kairos*.

Ce qui le caractérise, ce n'est pas qu'il cherche à obliger, mais qu'il détient un savoir supérieur promis à se rapporter à terme à la totalité du réel, lui octroyant une puissance et un ascendant corollaire. Cette faculté n'est pas apparue *ex nihilo*, elle émane d'une « vision », elle n'était pas à la portée de tous, elle a nécessité, à l'origine, de saisir un nouvel éthos qu'une architecture technologique, alors en germe, était susceptible de générer. Google fut le premier à l'avoir pressenti, à avoir ensuite progressivement précisé le modèle, et ce dès le début des années 2000. On doit lui reconnaître cette forme de prescience, ce don de l'anticipation, ayant très tôt compris, avant tout le monde, que l'interprétation algorithmique de situations associée au signalement d'actions à mener en conséquence allait instituer un nouvel ordre des choses. Il a fallu alors à la fois exploiter, au fil des évolutions, les dispositifs existants à cette fin et élaborer soi-même des procédés dévolus à pleinement donner corps à cette disposition.

Le dessein exige de bâtir un édifice constitué de deux niveaux. Au sein du premier doivent être mis au point des instruments sophistiqués destinés à pénétrer les conduites, ils vont représenter les armes à même de placer leur détenteur aux avant-postes de la nouvelle lutte économique de notre temps : *la conquête du comportemental.* Elle fait office d'indispensable soubassement à l'étage supérieur chargé de réaliser le but final. Celui qui entend sans relâche être partie prenante de nos gestes individuels et collectifs, être en permanence placé à nos côtés, sur nos corps, durant les relations sexuelles, notre sommeil, dans les toilettes, la salle de bains, la voiture, les transports, les lieux de travail, au restaurant, dans une soirée entre amis, lors de nos moments de joie ou de peine. L'industrie du numérique devant désormais déployer une *science du chronos*, s'évertuant à être présente sur toute la ligne du temps de nos existences, requérant de se doter des moyens permettant en chaque circonstance de se présenter comme l'unique entité apte à assurer, mieux que nous-mêmes et que quiconque, la bonne marche de nos affaires. À cet effet, il est impératif de cultiver un sens aigu de l'*occasion* (*kairos*), de savoir devancer, avant tous les autres, les aspirations dites ou non dites, réelles ou stimulées, des personnes et de parfaitement y répondre, en d'autres termes, de s'ériger comme un maître dans l'*art du kairos*.

Il faut alors occuper l'intégralité du champ de bataille : la maison connectée, la voiture sans pilote, les loisirs, le bien-être, la santé, l'éducation... On comprend mieux pourquoi les grands acteurs ont développé des consortiums – tel Alphabet, maison mère de Google –, non pas tant dévolus à offrir des gammes variées de références, qu'à mettre à disposition des biens et des services pouvant se rapporter à la quasi-totalité des *séquences de notre quotidien*. C'est là que se situe la différence avec les grands conglomérats historiques, General Motors ou Mitsubishi par exemple, qui développaient des flopées de produits relevant de familles différentes jouant sur une large diversité mais ne résultant d'aucune articulation cohérente. Comme il est impossible de couvrir tous les besoins de la vie, la stratégie complémentaire consiste à s'ériger en *plateforme*, à assurer le rôle d'*interface* majeure, d'être en mesure, le cas échéant et en toute occasion, de mettre en relation les personnes et les autres marques. C'est ce qu'a encore parfaitement su faire Google *via* son moteur de recherche, également Amazon, et dans une moindre mesure Facebook avec Marketplace. C'est aussi la raison pour laquelle se forment de nouveaux types d'alliances, les grands distributeurs Walmart ou Carrefour s'associant avec Google en vue d'occuper une position hégémonique dans le commerce en ligne[19]. Les enceintes connectées et les assistants numériques personnels représentent d'autres moyens permettant de consolider la présence ; leur unique mission, du côté des industriels, vise à assurer la fonction de plateforme universelle, raison pour laquelle les plus grands acteurs entendent directement maîtriser tant leur conception que leur gestion, aux avant-postes desquels Google, Apple, Amazon…

C'est aussi la raison pour laquelle il convient maintenant d'éviter toute « rupture de faisceau » dans la relation nouée avec les clients, au point de chercher à déposer les articles au sein de leurs domiciles malgré leur absence. À ce titre, Amazon a racheté en 2018 la start-up Ring, spécialisée dans la conception de serrures et de sonnettes connectées, ou de caméras postées aux abords ou à l'intérieur des habitations, destinées à assurer les livraisons en toute circonstance[20]. À terme, il sera possible de faire ses courses *via* l'enceinte Echo (produite par Amazon), qui seront traitées par Whole Foods Market, entreprise de distribution alimentaire de produits biologiques (propriété de la firme depuis 2017), puis déballées chez nous grâce aux procédés mis au point par Ring. L'entreprise mère se trouvant ainsi positionnée tout au long d'un processus d'un nouveau genre, faisant s'articuler disposition à suggérer, enregistrement des commandes et organisation de la logistique générale. D'où toute une série d'acquisitions réalisées afin d'être sans cesse plus présent à tous les maillons de la chaîne de la consommation. Aujourd'hui, l'industrie de la « tech » s'ingénie moins à concevoir *stricto sensu* des produits qu'à développer des branches se rapportant à différents secteurs d'activité : la FoodTech, la CleanTech, la HealthTech, la BeautyTech, la FinTech, la CivicTech, la HappyTech… La « LifeTech » pourrions-nous ajouter, conformément à l'émergence récente d'une « industrie de la vie[21] ». Nous pourrions légitimement nous étonner de cette dimension pharaonique, néanmoins il s'agit d'une stratégie patiemment réfléchie au fil des années ; l'intention, plus ou moins affichée, n'est pas tant de vendre que de *faire office de jonction* bientôt incontournable entre d'un côté, le monde, les autres, notre corps, et de l'autre, nos consciences et toutes les affres du quotidien.

La comparaison avec les États, sempiternellement rebattue, est inappropriée, trompeuse et de courte vue, car les modalités en vigueur et les visées respectives ne peuvent être assimilées. Il s'agit plus exactement d'un changement de statut de la notion de pouvoir qui ne suppose plus de déléguer la peur à un souverain incarnant l'État et protégeant de son autorité les citoyens, conformément à la conception de Hobbes, ni non plus de mettre en place des « technologies de pouvoir » (Foucault) en vue d'imposer un ordre, le « biopouvoir » par exemple cherchant à dompter plus ou moins subrepticement les corps à cette fin. Nous avons plus exactement affaire à des technologies d'un nouveau type de pouvoir, mais qui ne portent pas ce nom : des *technologies de l'administration de la vie et de la prévenance*. Le partage aristotélicien entre *polis* et *oikos*, la cité et la maison, la politique et l'économie s'estompe, par le fait de puissances s'employant *à être continuellement présentes, et à notre seule intention*. Nous passerions actuellement, avec le même enthousiasme qu'au XIXe siècle, du stade du fétichisme de la marchandise analysé en son temps par Marx, au stade du *fétichisme de l'instant le mieux gouverné*.

Il serait temps de cesser d'accorder du crédit au transhumanisme, à ce phénomène sensationnaliste dont la portée est si surestimée, et de saisir que s'instaure bien davantage une autre humanité, non pas une « posthumanité », mais une *humanité maternée, couvée, téléguidée depuis des serveurs*, voyant l'irruption sournoise d'une régression civilisationnelle. Certes, les processus actuellement en formation sont empreints de contours plus sournois, mais ils sont voués à revêtir une portée autrement déterminante. Que recherchons-nous exactement ? Dans quelle quête nous sommes-nous lancés, presque de façon irréfléchie, depuis quelque temps ? Aspirons-nous à assouvir à jamais notre propension à la paresse, notre besoin de sécurité et de confort, nous en remettant à cet effet à des forces dotées jour après jour de capacités croissantes à les satisfaire ? Cette conjoncture peut susciter un écho troublant avec les propos énoncés par le père Dubarle, dominicain, dans une tribune parue en 1948 dans *Le Monde*[22], commentés par Norbert Wiener : « L'inquiétant dans la machine à gouverner du père Dubarle n'est pas le danger de réaliser un contrôle autonome sur l'humanité. Il est beaucoup trop grossier et imparfait pour présenter le millième de la conduite indépendante et délibérée de l'être humain. Son réel danger, cependant, tout à fait différent, est que de telles machines, quoique impuissantes à elles seules, puissent être utilisées par un être humain ou un groupe d'êtres humains pour accroître leur contrôle sur le restant de l'humanité[23]. »

Quelque chose de cette asymétrie radicale est certes promise à prévaloir, néanmoins il est impératif de bien identifier les phénomènes, d'éviter la confusion qui partout règne : nous n'avons pas affaire *stricto sensu* à des formes de contrôle, certains se gargarisant de parler d'« hypercontrôle », non, cette terminologie est rattachée à des tournures anciennes. Est-on capable de saisir le distinguo décisif qui se joue entre « contrôle » et « emprise » ? L'un et l'autre ne renvoyant pas aux mêmes finalités. Le contrôle entend restreindre la marge d'action et s'assurer d'une maîtrise, l'*emprise cherche à être présente*, à instaurer une relation en vue d'un objectif déterminé et ne devant en théorie jamais s'interrompre. À cette fin, il convient d'user de stratégies subtiles, d'être à la fois pourvu d'un visage, de pouvoir être reconnu, d'être rapporté à un nom, mais également de savoir s'effacer, de disparaître par intermittence afin de donner le sentiment de laisser respirer, de rassurer quant à la persistance d'un écart, si infime soit-il. C'est au sein de cette tension que se joue cette intimité algorithmico-industrielle, entre une réalité tangible et une distance d'apparence respectueuse, entre une identité tranquillisante et un souffle spectral. Une trop grande présence inquiéterait, une absence trop marquée déferait le lien.

Ce qui singularise le pouvoir-kairos, c'est qu'il est polymorphe et adaptatif, qu'il n'entend pas se restreindre à un registre limité de fonctions mais répondre à toutes les circonstances de la vie, il affirme vouloir nous protéger, se charger de notre hygiène et de notre bien-être, nous délivrer de l'effort, nous faire indéfiniment profiter de toute situation, nous distraire... Car il sait habilement jouer avec nos peurs, nos angoisses, nos manques, nos secrètes aspirations, nos limites. Il est doté d'une connaissance émotionnelle qui ne cesse de s'affiner, confinant à un savoir psychanalytique. Il semble encore condenser des vertus jusque-là antagonistes, offrant à chacun le meilleur de ce qu'il est en droit d'attendre, tout en prétendant participer à la bonne organisation d'ensemble, bâtir des

« communautés d'intérêts », réduire l'« empreinte carbone », permettre à des populations de sortir de la pauvreté, nous enrichir d'une façon ou d'une autre... Au sein de cet ordonnancement, la satisfaction de ses propres besoins et désirs dépasse le seul cadre personnel pour participer *in fine* au « meilleur » ordre commun, au sein d'une logique « solidaire » d'un nouveau genre, qui renoue cependant avec l'aspiration hégélienne analysée, au prisme marxiste, par Alexandre Kojève, visant l'avènement d'un « État universel et homogène au sein duquel la vie collective [...] coïncide complètement avec la "vie personnelle", qui cesse d'être purement "privée"[24] ». Deux strates de pouvoir viennent alors ingénieusement s'emboîter l'une dans l'autre, agissant de multiples façons sur la vie de chacun et sur l'ensemble du corps social. En cela, nous avons affaire à une dimension totalisante, mais d'apparence *soft*, puisque uniquement chargée de travailler sans fin à parfaire l'état particulier et général des choses.

Ce n'est pas tant l'économique qui prend le pouvoir, qu'il devient la condition à la bonne gestion de toutes les situations humaines. Cette prérogative n'avait jamais été la sienne, ayant jusque-là répondu à une vocation uniquement fonctionnelle, nous faisant maintenant adopter une façon d'être au monde qui émane d'un même esprit. Le pouvoir-kairos agit sur nous, façonne toujours plus profondément la forme de nos existences, procède d'une gouvernance plus ou moins sensible de nos quotidiens, mais ne revêt pas les atours d'un pouvoir, s'apparentant à une substance non identifiée de nature inédite. Comment appellerait-on une créature qui chercherait en toute occasion à nous ouvrir des portes, à nous rassurer, à nous cajoler, à nous procurer un contentement perpétuel tout en cherchant à pomper notre sang ? Un vampire aux allures bienveillantes ? Mais là où ce vampire s'avère être un maestro, qu'il est en tout point magistral, c'est qu'il nous donne le sentiment de nous laisser au bout du compte la main, qu'il se présente, d'une façon ou d'une autre, comme étant un prodigieux support de nos actions mais jamais comme un mentor nous dépossédant de notre propre pouvoir.

En cela, l'enchaînement trilogique conjuguant autorité, contrainte et crainte se voit évincé au profit d'une figure quadrilogique articulant puissance interprétative, constat d'évidence, subtilité suggestive et satisfaction éprouvée à l'égard du résultat produit par chaque action correspondante engagée. Aucun pouvoir ne relevait d'une telle structure. C'est alors notre rapport historique au pouvoir qui se trouve redéfini de part en part, interdisant *de facto* la possibilité d'entretenir un rapport nécessairement distancié et critique à son endroit pour éventuellement chercher à s'extraire de son joug usurpatoire. Peut-être un jour nous rendrons-nous compte que la puissance suprême du pouvoir-kairos, c'est – alors qu'il est fait d'une multiformité insaisissable et mû par une dynamique permanente, qu'il entend être continuellement présent – qu'on ne peut jamais le tenir face à soi, face à nous, afin qu'en toute lucidité nous puissions savoir de quoi précisément il en retourne, n'affichant jamais l'intégralité de son visage et fuyant indéfiniment, libre ainsi d'exercer, à l'abri de toute forme d'opposition conséquente, ses pleins pouvoirs.

5.
LE SÉQUENÇAGE ET LA DISPARITION DU RÉEL

Nous allons célébrer de gigantesques funérailles à l'échelle de la Terre entière. Elles revêtent une portée sans commune mesure historique. Elles témoignent d'une perte comme nous n'en avons jamais connu. Néanmoins, malgré leur importance, elles n'auront pas l'allure impressionnante de celles organisées à la suite de la disparition d'une figure royale ou d'une superstar du cinéma ou du rock. Elles seront discrètes, ne feront pas l'objet de pleurs, de douleurs et de déplorations. Non, tout le contraire, ce seront des obsèques joyeuses, nous remplissant de ravissement car nous en voulions vivement au défunt vu qu'il nous astreignait depuis la nuit des temps et sans merci à sa loi. Nos existences vont s'en trouver alors délivrées. Car l'inflexibilité des choses, l'âpreté, la cruauté, le sort insaisissable de la vie, sont en passe de disparaître. D'ici quelque temps, toute cette pesanteur ne représentera plus qu'un vague souvenir. Bientôt, nous aurons du mal à nous la représenter, à nous rappeler tout ce à quoi elle nous contraignait autant que tout ce à quoi elle nous ouvrait. Elle relèvera d'un vestige, et qui sait, nous n'en garderons peut-être aucune trace. Cette entité qui agonise et se meurt : c'est *le réel*. Cette force sourde et jusque-là incontournable qui représente la source de toutes nos difficultés, des risques, des conflits, des rencontres fortuites, des peines et des joies, de variations continuelles et d'événements imprévisibles et qui, sans prévenir, modifie de façon anodine, pour le pire ou le meilleur le cours de nos destins. Ce réel contre lequel, selon la formule de Jacques Lacan, on ne cesse « de se cogner », car il n'y a pas de loi intégrale qui nous permettrait de le saisir en toute circonstance, ou de mode d'emploi portant sur l'infinité de ses pans, nous assistons actuellement à son extinction.

Il expire parce que nous sommes arrivés, de façon assez inattendue, à le faire parler, il n'est plus fait d'une infinité de replis et partout recouvert de zones d'ombre, car il témoigne maintenant de fractions sans cesse plus étendues de lui-même. Et cela, parce nous sommes arrivés à le *séquencer*, à en détenir une connaissance détaillée par le fait de l'intégration de capteurs sur ses surfaces générant des données interprétées par des systèmes d'intelligence artificielle. Nous sommes arrivés à détenir une visibilité toujours plus vaste, et à terme quasi intégrale, des choses, de la « nature », des êtres, de leurs gestes. Nous sommes passés, en moins d'une génération, en quelque trois décennies, du stade de la société dite de l'« information » à une épistémè douée d'une appréhension *en temps réel des phénomènes du monde*. Et alors nous pouvons indéfiniment nous déterminer en conséquence, atteignant le stade de la conscience et de la maîtrise absolues de nos actes. Il n'y a plus de limite à la saisie des phénomènes et à notre volonté de procéder en chaque occasion de la façon la plus opportune.

À telle enseigne que l'entreprise SpaceKnow, par exemple, entend, au moyen d'images satellitaires et de systèmes d'intelligence artificielle, analyser depuis le ciel, telle une divinité céleste, la quasi-totalité des mouvements se déployant sur la Terre. Elle ambitionne de déterminer le niveau d'activité d'une usine automobile en procédant au calcul du taux d'occupation de ses parkings, celui d'un port de commerce par l'inventaire des allées et venues des navires, celui d'une raffinerie par le dénombrement de camions y déchargeant du pétrole brut, les cas de figure pouvant en théorie être déclinés à l'infini. Son fondateur, Pavel Machalek, affirme pouvoir bientôt « saisir et comprendre toute l'activité humaine[25] ». Des discours qui nous auraient paru relever de la démence il y a à peine une vingtaine d'années trouvent dans les faits leur justification, dans la mesure où, au sein de certains champs, un suivi toujours plus précis de leurs cours évolutifs devient aujourd'hui techniquement possible.

Nous détenons une maîtrise croissante dans notre rapport au réel, pouvant dorénavant le *plier* à nos souhaits, à nos exigences, le soumettre à nos catégories, bientôt il ne nous opposera presque aucune résistance. Nous entrons dans l'ère de la puissance, non pas nucléaire ou prenant des airs prodigieux, mais relativement discrète, octroyée à tous les secteurs de la société et à chacun d'entre nous. C'est alors le sens de l'action humaine qui se trouve redéfini, et plus largement celui de notre humanité, nous voyant délivrés du doute et du poids de la responsabilité. Nous allons être gagnés par un sentiment de fusion avec le monde, relevant d'une dimension messianique, faisant écho avec la proclamation de saint Paul ayant annoncé l'union de tous les êtres entre eux et avec le cosmos grâce à l'avènement de la foi universelle et réconciliatrice dans le Christ. Nous parvenons au « point Oméga » – concept élaboré par Pierre Teilhard de Chardin dans *L'Avenir de l'homme* et *Le Phénomène humain*[26] –, qui représente l'étape ultime du développement de la complexité vers lequel se dirigerait inévitablement l'univers, entretenant un lien direct avec la rhétorique chrétienne des fins dernières. L'idéologie du progrès initiée par les Lumières, issue pour large partie d'un mouvement anticlérical et laïc voulant, dans son impulsion première, se défaire d'un ordre religieux sclérosant, déboucherait plus de deux siècles plus tard sur la réalisation en actes d'une vision millénariste. Le Christ, saint Paul, d'Alembert, Saint-Simon, Teilhard de Chardin, Norbert Wiener, la vision siliconienne aspirant à « faire du monde un endroit meilleur », s'amalgameraient aujourd'hui à la faveur de l'institution à l'échelle de la planète d'un nouvel ordre technico-économique réalisant une synthèse inattendue et produisant d'ores et déjà ses effets.

Puisque le réel disparaît, c'est alors notre besoin compulsif de nous illusionner à son sujet, de nous raconter en diverses circonstances des fictions à son propos qui perd de sa substance. C'est cette propension indéfiniment réitérée à ne pas vouloir l'entériner en tant que tel, à imaginer une autre teneur aux choses que celles qu'elles revêtent dans les faits, que Clément Rosset a définie comme le « double »[27]. Il s'est, au fil de son œuvre, efforcé de nous rappeler que le réel n'est porteur d'aucun double de lui-même, qu'il n'existe pas d'autres éléments que ceux dans lesquels nous nous trouvons immergés, qu'il est vain de se figurer des échappatoires car le *réel est*, il est tautologique et incontournable. Il se manifeste partout, à tout instant et de façon toujours singulière[28], nous interdisant d'appliquer des solutions toutes faites, en cela il revêt une implacable cruauté[29] et, malgré toutes nos constructions et l'apport de nos chimères, nous ne pouvons échapper à sa loi. Désormais, nous avons mis au point une autre stratégie ne consistant pas à courir après des mirages, mais à opérer une torsion sur le réel, à l'ajuster à nos canons, faisant continuellement advenir le meilleur des mondes, celui théorisé par Leibniz et émanant de Dieu et qui aujourd'hui résulterait de la puissance miraculeuse de l'intelligence artificielle.

Un environnement transparent et débarrassé de toute contrainte émerge. Un territoire étranger n'est plus vécu dans la distance mais dans une sorte de soudaine proximité, des systèmes de traduction vocale instantanée, tels Travis Translator ou Google Pixel Buds se voient chargés de nous mettre en relation avec n'importe quel être de la Terre sans avoir eu recours au préalable à un apprentissage linguistique ou mobiliser aucun effort, nous faisant renouer avec notre état prébabélien. Il devient tout autant possible, au moment où nous vaquons à d'autres occupations, de laisser le soin à un *lovebot*, l'assistant virtuel Tinder Box par exemple, de sélectionner des profils à notre intention, de tchatter avec quiconque en usant du langage naturel, de « liker » des images ou des propos et, le cas échéant, de fixer des rendez-vous. Néanmoins, si on préfère ne pas s'embarrasser d'un être humain, on peut se lier avec un « être virtuel » tel Azuma, un « hologramme de compagnie » destiné aux célibataires[30], ou entretenir des expériences sexuelles avec des *sex dolls*, des poupées à taille humaine, telles celles fabriquées par la société RealDoll[31] pourvues d'une chair en silicone et d'un squelette articulé capable d'adopter diverses positions. Leurs « propriétaires » peuvent « programmer leur personnalité », modifier leur visage, la forme et la taille de leurs seins, régler le timbre de leur voix, leur donner le prénom de leur choix, dont elles se souviendront lors des « conversations » pour finir par répondre le plus docilement à tous leurs désirs.

Probablement atteignons-nous le stade doublement psychiatrique faisant à la fois sens de tout et nous déterminant constamment en fonction. Chaque signification formée devant aussitôt être prolongée par une action correspondante. Et alors comme conséquence collatérale, nous nous trouvons frappés d'apophénie, le trouble mental résultant d'une altération de la perception consistant à donner un sens inapproprié aux choses ou à établir des rapports non motivés entre des faits. C'est de cet ordre dont relèvent les programmes destinés à « converser » avec une personne disparue, à l'instar du dispositif développé par la start-up Luka Inc, qui rassemble les textos et les posts d'un défunt, compile les articles ayant éventuellement été publiés à son sujet et met à disposition un chatbot présentant ses « tics de langage », permettant de s'« entretenir » avec lui au gré des souhaits de l'utilisateur. La société Replika, qui a conçu un système similaire, propose de retrouver le « double d'un mort dans une appli mobile[32] ». Certains sont pris par une plus grande ambition encore, tel Hossein Rahnama, notamment intervenant au MIT Media Lab, qui travaille sur des chatbots dits d'« éternité augmentée » se nourrissant de toutes les traces disponibles relatives à des figures historiques avec lesquelles il deviendra possible de « dialoguer », Jules César, Le Caravage, ou Molière par exemple.

Nous sommes tellement exaltés de nous trouver toujours moins confrontés à des obstacles que nous souhaitons que cet état prenne une dimension intégrale et définitive. Une solution se trouverait bientôt à portée de main : des *implants intracérébraux* qui font actuellement l'objet de nombreuses recherches dans le domaine des « interfaces cerveau-ordinateur » (*brain-computer interface*). À l'image de celles qui se disent être développées chez Neuralink, une société créée à cette fin par le multi-entrepreneur Elon Musk qui se caractérise par sa propension compulsive à vouloir repousser toute limite. Le dessein consiste à entrelacer de minuscules composants électroniques entre nos milliards de neurones en vue d'« augmenter » nos capacités cérébrales et de pouvoir « un jour télécharger ou sauvegarder nos pensées ». Car, affirme-t-il, « c'est parce que nous subissons la concurrence des intelligences artificielles que nous devrions en devenir une nous-mêmes – dans l'espoir de rester dans la course[33] », afin que chacun d'entre nous soit en mesure, du haut de sa maîtrise bientôt absolue, de dominer à tout instant le flux des événements. Ainsi, puisque nous vivons le temps de tous les possibles, qui généralement conduisent à des cortèges de délires et à des formes extrêmes de candeur, Bryan Johnson a créé Kernel, une start-up destinée à augmenter notre « capacité cognitive » et à « sentir ce que c'est d'être quelqu'un d'autre et peut-être alors détruirions-nous le concept d'ennemi[34] ». Existe-t-il plus patent témoignage de notre récente volonté, résultant d'une condition de la technique, d'éradiquer à terme toute scorie et de baigner dans un état de satisfaction et de paix perpétuelles ?

Un autre moyen d'y arriver consiste à d'ores et déjà travailler à la conception d'intelligences artificielles futures dites « générales », des AGI – acronyme de *Artificial General Intelligence* –, des « superintelligences » qui auraient raison de tout. Ce serait le temps des IA « fortes » (*strong AI*) opposées à celles actuelles qui seraient « faibles » (*weak AI*) et « restreintes » (*narrow AI*). Cette perspective serait « raisonnablement » envisageable grâce notamment au *machine learning* promis à engendrer des technologies de la perfection conduisant à l'instauration d'un monde de part en part fait d'une même perfection. La société Nnaisense, par exemple, entend mettre au point une « perception surhumaine constituée d'intelligences artificielles polyvalentes[35] », dotées de capacités aussi variées que celles d'un humain, tout en les surpassant incommensurablement, conformément à toute aspiration anthropomorphique. Peut-être comprend-on alors pourquoi certains pensent que notre réalité serait « simulée[36] ». Car contrairement à nos croyances ancestrales erronées, le réel ne serait pas le produit d'une infinité de forces de toutes natures, mais résulterait en vérité d'un processeur universel parfaitement structuré et dont nous aurions, par ignorance, toujours contrarié le cours ; les récents développements technologiques permettraient enfin de révéler sa teneur jusque-là occultée à nos consciences et de profiter de sa pleine mesure en nous y accordant sans retenue.

Nous vivons le moment de l'abolition à grande vitesse de toute distance entretenue avec le réel, celle ayant prévalu depuis la nuit des temps, au profit d'une fusion réalisée avec notre milieu faisant office de plasma perpétuellement régulateur. En 1637, Descartes, dans *Les Méditations métaphysiques*, entreprend le récit de l'effort méthodique de pensée, dont chacun est en théorie capable, dans l'objectif de se munir des bons instruments de compréhension du réel. Aux fins de retrouver les bases premières de la certitude et de refonder la connaissance scientifique, il estime devoir s'isoler, se retirer loin de ses contemporains, dans une forme, jugée salutaire, d'*écart*. Dès lors, être lucide consistera à cultiver le retrait, l'exploration active, la distance critique. Car ladite « intelligence artificielle » produit une « lumière blanche » sur tout phénomène, plus rien ne devant rester situé dans des zones brumeuses et énigmatiques, celles qui précisément mobilisent notre intelligence et nous offrent la chance d'établir des liens ouverts et potentiellement féconds avec les êtres et les choses.

Nietzsche estimait que la volonté de faire sens de tout, d'avoir raison de tout, tenait d'un déni de la complexité irréductible du réel. Elle relèverait de la folie. Elle remonterait selon lui au rationalisme socratique qui, grâce au recours de la dialectique, prétendait offrir les moyens de dépasser les contradictions du sensible, de s'affranchir des tourments de la vie et d'accéder au vrai, conformément à une propension qu'il dénonçait dans un chapitre du *Crépuscule des idoles* intitulé « Le problème de Socrate ». Et alors, par notre pulsion à vouloir nous affranchir de notre vulnérabilité, à nous doter d'une maîtrise intégrale, nous serions arrivés à nous défaire de nous-mêmes, de nos facultés, engendrant un nouveau type de vulnérabilité, mais non encore patent à ce jour. Il est encore trop tôt pour que nous soyons pleinement conscients de ses premières manifestations. Un cruel retour de bâton s'annoncerait, nous aurions convoité des logiques organico-dynamiques promises à nous faire accéder à toutes les richesses du monde et nous en serions bientôt réduits à évoluer d'après des schémas dévitalisés ne faisant plus appel aux puissances de notre corps et de notre esprit. Car peut-être, malgré tous nos efforts n'arriverons-nous pas si facilement à nous en défaire de ce réel, nous rendrons-nous compte qu'il finit inévitablement par se signaler, à entrer par la fenêtre alors que nous entendions le chasser par la porte. À l'instar de Platon qui, alors qu'il ne cessait d'affirmer que l'usage de la raison nous met à l'abri du sort, s'est vu rattrapé, au fil des dialogues, par la part incontrôlable de nous-mêmes, l'amour, l'amitié, les relations passionnées entre individus, autant de forces vitales qui d'une façon ou d'une autre viennent contrecarrer l'idéal d'une rationalité absolue appelée à régenter de part en part nos existences.

Car c'est le refus de notre vulnérabilité qui se joue, cette fragilité constitutive de notre humanité, celle qui fait dire à Aristote qu'« une vie si vulnérable est pourtant la meilleure[37] ». Celle qui nous pousse sans fin à aller au-devant de la vie et de ses aléas, nous conduisant à apprendre à composer avec le flux des événements, à nous affranchir de la seule nécessité pour nous dresser tels des êtres actifs usant de tous les pouvoirs de notre sensibilité et de notre entendement. Martha Nussbaum a longuement travaillé sur le principe de la vulnérabilité, affirmant que la conscience partagée de notre faillibilité représente le socle d'une société se refusant à toute forme d'exploitation symbolique et effective des faiblesses de quiconque[38]. De notre détestation de notre condition et de notre détestation du réel (Nietzsche), nous nous serons engagés dans l'entreprise insensée de vouloir éradiquer la vulnérabilité consubstantielle à l'existence, celle qui excite la sève de notre être. C'est alors à nous qu'il revient – à tous ceux qui entendent se confronter sans crainte à la concrétude inépuisable du monde, en éprouver les affres et les ravissements, qui ne se nourrissent pas du nihilisme de la haine de soi et des autres, mais qui tout au contraire ont foi en nos capacités illimitées à cultiver les valeurs qui nous fondent et à inventer librement des formes plurielles de vie – de défendre le réel.

Le réel est ce qui doit être défendu, car il conditionne la possibilité d'éprouver sans retenue l'étendue virtuellement infinie de nos facultés, de les parfaire et de nous inscrire comme des êtres singuliers évoluant au sein d'un ensemble commun. Le réel, c'est l'établissement, dans l'incertitude, de liens avec les autres qui nous font heureusement consentir à la contradiction, nous ouvrir à d'autres représentations et imaginaires. Le réel, c'est le langage, la langue, nos langues qui nous somment en permanence de jouer avec, de risquer des combinaisons qui en viennent à faire dérégler la routine et déraper l'esprit de sérieux, nous offrant la chance de ne pas réduire notre ordinaire à des formules toutes faites. Le réel, c'est le destin collectif qu'on cherche à améliorer dans le dissensus et l'accord possiblement fructueux. Le réel, c'est l'amour invraisemblable qu'on n'aurait jamais connu, l'enfant qui ne serait jamais né, les blessures qui nous font grandir. Le réel, c'est l'inattendu, les surprises qui nous bouleversent et suscitent indéfiniment l'attrait pour l'instant qui vient. Le réel, c'est ce qui fait dire à Cervantès avec une joyeuse insolence que « pour la liberté autant que pour l'honneur, on peut et on doit aventurer sa vie[39] ». Le réel, c'est la rêverie, la poétique de la rêverie, l'accueil du silence et l'hypothèse souvent salutaire de l'inaction. Au nom de toutes ces palpitations qui nous rattachent pleinement à la vie, le réel est ce qui doit farouchement être défendu. Défendre le réel devient le nouveau nom singulier de la lutte politique majeure de notre temps. Et vous qui entendez l'éradiquer, attendez-vous à ce que nous le défendions, nous allons déployer tous les efforts nécessaires en vue de sauvegarder ce réel qui, s'il se réduit telle une peau de chagrin, continue néanmoins de subsister. Ce réel qui me fait écrire ces pages, ce réel qui constitue la substance et le sel de notre vie, le moteur de nos espérances, oui, sachez que corps et âmes nous allons nous escrimer à préserver notre réel, il représente le champ d'expression de notre liberté, le champ d'action de chacune de nos destinées, notre terreau commun. En son nom, nous fourbissons d'ores et déjà nos armes pour ce combat qui s'annonce féroce et qui ne fait que commencer.

V

–

MANIFESTE DE L'ACTION AU TEMPS DE L'EXPONENTIEL

1.
FAILLITE DE NOTRE CONSCIENCE

Les représentations collectives évoluent avec lenteur et presque sans faire de bruit. Il est difficile d'identifier les processus qui président à leurs modifications, car nombre d'entre eux sont assez insaisissables, ils échappent à une nette discrimination. Ce qui caractérise ces transformations le plus souvent silencieuses, à la différence de nos expériences personnelles, c'est qu'il est généralement impossible de dater avec précision les premiers signes de leurs manifestations, car ce n'est jamais un unique événement qui en est la cause mais un foisonnement de faits qui, agissant plus ou moins de concert et suivant des durées hétérogènes, contribuent à renouveler subrepticement les perceptions. Ces mutations nécessitent du temps avant de se cristalliser et, lorsqu'elles semblent enfin prendre corps, elles demeurent revêches à la volonté d'en établir une généalogie précise. À titre d'exemple, il s'est produit au tournant des années 2010 une discrète mais progressive métamorphose de nos rapports aux technologies numériques. Jusqu'à cette période, ils oscillaient entre un sentiment de satisfaction, voire de fascination, relativement aux nouvelles facultés dont elles nous gratifiaient, et une indifférence tendancielle à l'égard de certaines de leurs conséquences. Majoritairement, elles suscitaient enthousiasme et adhésion. Or, quelques événements sont venus peu à peu troubler notre paisible contentement. Il serait vain de vouloir en dresser la liste exhaustive, néanmoins, certains d'entre eux sont plus marquants que d'autres. Parmi lesquels, l'assertion d'Eric Schmidt, alors PDG de Google qui, en 2010, avait affirmé que l'entreprise entendait « organiser toute l'information du monde », manifestant une ambition intégrale qui a pu surprendre ou inquiéter.

La même année, Nicholas Carr publiait un livre qui connut un écho mondial, *Internet rend-il bête ?*[1] (*The Shallows: What the Internet Is Doing to Our Brains*), qui entendait exposer les divers impacts négatifs sur nos comportements, et singulièrement sur nos capacités cognitives, occasionnés par les usages réguliers de l'Internet. La rapide généralisation des réseaux sociaux à cette période, particulièrement de Facebook, commençait à engendrer des élans compulsifs d'expressivité, allant jusqu'à relever de formes d'exhibitionnisme par le post fréquent de photos que les débuts de la pratique, vite popularisée, du selfie favorisaient. En outre, une pathologie d'un nouveau genre semblait se répandre à toutes les couches d'âges et de populations : l'addiction aux écrans. Enfin, un mouvement dont on ne connaissait pas grand-chose commençait à faire parler de lui ; ses adeptes, la plupart situés dans la Silicon Valley, prononçaient des propos fort singuliers et assez effrayants, ils affirmaient pouvoir tenir la dragée haute aux logiques du vivant et bientôt éradiquer la mort en procédant un jour au « téléchargement de nos cerveaux » sur des puces de silicium. S'il était difficile de les prendre au sérieux, néanmoins il se manifestait là un seuil qui semblait témoigner d'une forme de démesure, voire de troubles psychiatriques, qui frappaient les personnes œuvrant aux développements de toutes ces innovations et au sujet desquelles il devenait légitime de s'interroger. Tout comme commençaient à être mis au jour les montages complexes que la plupart d'entre eux opéraient aux fins de se soustraire au fisc de nombreux pays, ternissant ainsi davantage leur image et générant une distance croissante à leur égard. Si tous ces phénomènes pouvaient susciter de légitimes inquiétudes, un événement constitua presque l'aboutissement de ce graduel mais toujours plus massif mouvement, il procéda presque d'une soudaine confirmation : les révélations fracassantes d'Edward Snowden en juin 2013. Elles exposèrent à la face du monde la portée colossale, pour large partie illégale, de la surveillance numérique menée par les agences de renseignements étatsuniennes et par celles de bien d'autres États. D'un coup, il devenait patent que notre perception à l'échelle de la planète se modifiait et qu'une question maintenant nous préoccupait particulièrement : *la protection des données à caractère personnel et celle corollaire de notre vie privée.*

Plus que nul autre, ces enjeux revêtaient une dimension hautement sensible vu qu'il s'agissait rien de moins que de la préservation de notre intimité, à laquelle nous tenons tous, désormais susceptible d'être menacée par ladite « révolution numérique », ranimant les souvenirs d'impitoyables pratiques passées. Si ces sujets étaient de temps à autre évoqués au cours des années précédentes, ils devinrent vite les ferments d'une anxiété globale. Celle-ci fut de surcroît attisée par les séries d'attentats perpétrés, exactement à partir de cette période, par l'État islamique, qui entraînèrent un renforcement des mesures sécuritaires et des moyens de suivi des personnes. Elle n'a cessé d'enfler, au point de devenir l'unique objet de nos inquiétudes relativement aux technologies numériques. Dorénavant, elle surdétermine nos modes de perception. Dès qu'un nouveau protocole ou l'installation d'un dispositif semblent éveiller quelques soupçons ou poser problème, ils sont aussitôt et de façon systématique rapportés au chapitre des données personnelles, de la surveillance et de la sauvegarde de la vie privée. C'en est arrivé à relever d'un réflexe généralisé, cette préoccupation recouvrant maintenant tout le reste jusqu'à occulter les autres phénomènes. Faire preuve aujourd'hui d'une posture « critique » consiste à se focaliser sur ces seules matières, rien de plus brûlant n'existe. Finalement, cette attitude ne devrait pas nous surprendre, étant tellement à l'image du libéralisme politique des démocraties actuelles et de notre intention de restreindre la question de la liberté à notre seule sphère personnelle, conformément à la formule de Benjamin Constant selon laquelle l'idéal de la liberté consiste au bout du compte en « cette partie de l'existence humaine qui, de nécessité, reste individuelle et indépendante, et qui est de droit hors de toute compétence sociale[2] ».

Des institutions publiques y veillent, tels la CNIL en France, les organismes apparentés européens ou d'autres institutions aux missions plus ou moins similaires de par le monde. Les premières furent mises en place à la fin des années 1970 lorsque l'informatisation progressive de la société, et celle corollaire des administrations, devenait susceptible de générer des procédés massifs de fichage pouvant alors s'apparenter à ceux en vigueur dans le bloc communiste auquel s'opposaient les démocraties libérales. Si leur rôle à l'époque était salutaire, pouvant se présenter comme de nécessaires garde-fous, elles ont au fil du temps, non pas évolué dans leurs buts mais dans la nature de leurs tâches, devant les élargir à l'examen des nouveaux outils au fur et à mesure apparus, suivi de la rédaction d'appréciations établies à la seule mesure de la préservation des libertés personnelles. Et ces organismes sont supposés représenter les gardiens publics chargés de veiller sur les dérives de certains usages du numérique et au respect de certains principes fondamentaux. En vérité, l'idéologie libérale qui les irrigue depuis leur origine jusqu'à aujourd'hui les rend aveugles à d'autres enjeux cependant connexes. Aucun autre motif que le respect de la vie privée ne les préoccupe. Rien d'autre ne les mobilise, ni la marchandisation intégrale de la vie induite par les velléités prédatrices sans limite des géants de l'économie du numérique et la floraison ininterrompue de start-up, ni l'extrême rationalisation des sociétés soutenue par l'« innovation disruptive », ni le recul de la faculté de jugement entraîné par l'implantation de systèmes, particulièrement sur les lieux de travail, non, rien de tout cela ne fait l'objet d'investigations et de rapports concernés. Tout au contraire, leurs démarches ne visent qu'à soutenir l'essor de l'économie de la donnée et des plateformes, les responsables de toutes ces CNIL ne cessant d'asséner qu'un « bon encadrement des données » représente la condition nécessaire à la confiance des utilisateurs et au bon développement de l'industrie du numérique.

Car, par tradition, au sein des régimes politiques qui ont conçu ces organismes, l'État de droit vise avant toute chose à garantir la propriété privée et le libre marché. Échafaudés à partir du XVIIIe siècle, notamment en Allemagne et en Angleterre, ces deux credo devaient permettre, par leur institutionnalisation, de contenir l'exercice arbitraire du pouvoir à même d'entraver les initiatives émanant des élites éclairées, particulièrement les acteurs économiques. Juristes et politistes les ont régulièrement affinés en élaborant une architecture juridique destinée à encadrer l'action des autorités: séparation des pouvoirs, égalité devant la loi, indépendance de la justice. Le constitutionnalisme a alors traduit la volonté de soumettre les gouvernants à des règles définies d'avance, devant être consignées dans un document solennel: la Constitution. Il en résulte comme naturellement que l'Assemblée nationale française a inscrit en mai 2018 la protection des données personnelles dans la Constitution, conformément à la tradition politique libérale majoritaire du pays, prenant ici la forme d'une mascarade techno-sociale-libérale tellement elle procède du déni patent d'autres dimensions au moins aussi décisives[3].

Toute la doxa libérale – à laquelle s'agrège désormais l'iconoclasme libertarien – se trouve concentrée dans ces bouffées de bonne conscience. La CNIL organise des « débats sur les algorithmes » et sur leur « loyauté » préconisant, sans craindre le ridicule, de « constituer une plateforme nationale d'audit des algorithmes » ! Quelle blague ! Comme si les algorithmes, dans leur enchevêtrement et leur foisonnement, pouvaient faire l'objet d'« audits », et sur quelle base ? Le respect de la vie privée, comme toujours ? Tout le reste ne faisant pas même partie du radar conceptuel et programmatique de ces entités qui travaillent, malgré les bonnes intentions affichées, à l'instauration à grande vitesse d'un antihumanisme n'en ayant pas encore la franche apparence. Et pour preuve supplémentaire : face à la prolifération de dispositifs de collecte de données, le « "laboratoire de prospective" de la CNIL préconise la création de "comités consultatifs" sur la vie privée » dans les collectivités[4]. Encore et toujours et seulement ça, c'est le règne de la poudre aux yeux, et du soutien délibéré d'institutions publiques à un modèle économico-civilisationnel indigne. Le RGPD (règlement général sur la protection des données) issu pour large partie des travaux des CNIL, mis en application en mai 2018 et qui a fait s'extasier de bonheur les « défenseurs de la vie privée », ne vise *in fine* qu'à satisfaire de seuls enjeux économiques sous couvert de « redonner le contrôle aux internautes ». Ce dispositif ayant été présenté par ses concepteurs comme s'inspirant des « valeurs européennes », certes, celles ayant inspiré le strict souci d'un marché unique, celles ayant été forgées par les figures européennes libérales historiques, John Locke, Montesquieu ou Alexis de Tocqueville par exemple, mais qu'auraient reniées d'autres figures autant européennes mais autrement soucieuses de défendre la dignité et l'intégrité humaines : George Orwell, Simone Weil, Günther Anders, ou Hannah Arendt parmi d'autres.

Car ces organismes incarnent de façon exemplaire l'obsession étriquée de la liberté personnelle, la mesquinerie avilissante de sa petite liberté personnelle. À l'image des associations de « défense d'un "Internet libre" », telle la Quadrature du Net qui, sur la page d'accueil de son site, signale l'objet majeur de son combat : « Internet & Libertés[5] », ou l'Electronic Frontier Foundation qui, elle, affiche une formule d'esprit ouvertement siliconien : « *The leading nonprofit defending digital privacy, free speech, and innovation*[6] » (La principale organisation à but non lucratif de défense de la protection de la confidentialité numérique, de la liberté d'expression et de l'innovation). Ces groupements, parmi d'autres, ne cherchent, conformément à leur esprit geeko-libertarien, qu'à surfer à l'abri du regard d'autrui ou de toute autorité, par exemple aux fins de télécharger « librement » des fichiers dont la plupart sont cependant placés sous le régime historique et inaliénable du droit d'auteur, mais qu'ils se font gloire de violer. Cette pratique relevant désormais d'un droit acquis, sans qu'il ait été nécessaire à leurs yeux d'en faire au préalable l'objet de débats impliquant toutes les parties concernées, vu qu'elle résulte *de facto* de l'« éthique » d'un « Internet libre ». Un autre succès consiste à avoir soutenu l'élaboration de messageries cryptées ou à procéder à des échanges marchands exempts de toute taxation grâce aux miracles de la blockchain. Toutes ces « communautés » ne savent pas voir plus loin que cette idée fixe de la protection de la vie privée tellement emblématique de l'égoïsme généralisé de l'époque ; jamais elles ne se préoccupent des modes d'organisation induits par les systèmes, de l'utilitarisme grandissant, des logiques de pouvoir à l'œuvre, non, elles sont obnubilées par le seul souci de la préservation des données personnelles. La liberté se restreignant à une dimension strictement individuelle, mais défendue au sein d'une « cause commune », allégeant ainsi l'éventuelle culpabilité de se sentir replié sur son propre et étouffant univers particulier. Cette conception, ô combien restrictive, est moralement et politiquement coupable car ne présuppose-t-elle pas selon les termes de Castoriadis « qu'on a déjà accepté l'aliénation ou l'hétéronomie politique, qu'on s'est résigné devant l'existence d'une sphère étatique séparée de la collectivité, finalement qu'on a adhéré à cette vue du pouvoir (et même de la société) comme un "mal nécessaire"[7] » ?

Cette « éthique » fondée sur la sempiternelle et exclusive question des données personnelles et de la vie privée fait aujourd'hui office de panacée, elle se trouve en toute circonstance convoquée, revêtant le tort d'entretenir la confusion, de masquer les enjeux brûlants et de laisser libre cours à tous les développements technologiques et à ceux qui y œuvrent, aux premiers rangs desquels les chercheurs, les ingénieurs, les roboticiens qui se caractérisent par leur récente manie à n'avoir que ce mot-là à la bouche. Comme la quasi-intégralité d'entre eux sont incapables de concevoir les impacts de leur production, comme il est désormais de bon ton de faire part de quelques « soupçons critiques », et comme leur perception est de si courte vue, ils ne font que reprendre en chœur de façon mécanique cette antienne, s'imaginant ainsi laver leur conscience à peu de frais et faire bonne figure aux yeux de l'opinion. Certains d'entre eux rédigent parfois des ouvrages, généralement de faible facture, de peu d'intérêt et repliés à cette doxa. Ils interviennent dans des congrès au cours desquels arrive inévitablement le moment fatal où ils se mettent à témoigner de certaines de leurs « inquiétudes », mais qui se trouveront aussitôt contrebalancées par l'affirmation selon laquelle il convient de « placer l'humain au centre des processus » et autres balivernes du même acabit, donnant le sentiment qu'avec de telles intentions les choses vont finir par se rectifier d'elles-mêmes. Mais jamais ils ne mentionnent les intérêts économiques en jeu, ceux qui mènent la danse, vu qu'ils en dépendent directement. En outre, il leur arrive d'intégrer des « comités d'éthique » regroupant des chercheurs du monde entier, tel l'IEEE Standards Association[8], ou d'autres mis en place par les sociétés elles-mêmes au sein desquels on palabre sans fin sur la base de ces critères, ceux appelant à l'exigence de « bien nous servir » de l'intelligence artificielle, à l'exploiter d'après des logiques de « complémentarité » pour qu'elle soit finalement mise « au service de l'homme ». Soit un festival permanent de niaiseries et de lieux communs animé par des scientifiques aux allures de scrupuleux boy-scouts.

À l'instar, parmi une flopée d'exemples, de Lionel Prevost, directeur du laboratoire Learning, Data, Robotics à l'École supérieure d'informatique, électronique, automatique (ESIEA), qui déclare de façon si candide et fort irresponsable : « Bientôt, nos assistants personnels numériques se transformeront en confidents à qui conter nos états d'âme, en coachs qui nous aideront à préparer nos entretiens d'embauche et accompagneront nos enfants ou nos aînés en difficulté. La technologie est là, il reste à en faire un bon usage[9]. » Ou à l'instar encore de Cédric Villani, qui est probablement un bon mathématicien, mais dès qu'il évoque les enjeux relatifs à l'intelligence artificielle est incapable d'aucune réflexion sérieuse, reprenant continuellement les mêmes poncifs, formulant des propos empreints de scientisme et placés sous le sceau technolibéral. Il semble parfaitement correspondre au portrait corrosif qu'Alexandre Grothendieck fit des figures scientifiques adoubées par les édiles politiques et les médias : « Il est assez peu courant que des scientifiques se posent la question du rôle de leur science dans la société. J'ai même l'impression très nette que plus ils sont haut situés dans la hiérarchie sociale, et plus par conséquent ils sont identifiés à l'*establishment*, ou du moins contents de leur sort, moins ils ont tendance à remettre en cause cette religion qui nous a été inculquée dès les bancs de l'école primaire : toute connaissance scientifique est bonne, quel que soit son contexte ; tout progrès technique est bon. Et comme corollaire : la recherche scientifique est toujours bonne[10]. »

Car, lui, comme tant d'autres, s'inscrit dans le lignage d'une longue tradition française ayant depuis toujours intégré une certaine catégorie de scientifiques et d'ingénieurs au sein des grands corps de l'État et qui ont contribué à forger le paysage industriel du pays. Ceux qui ont été formés par les Mines ou Polytechnique constituant une sorte d'aristocratie spécifique qui s'est développée dans une intense proximité avec le pouvoir politique et manifestant une forme de dédain à l'endroit de toute assemblée exogène. Probablement auraient-ils dû être attentifs aux propos du père Dubarle, formulés en conclusion de sa fameuse tribune publiée dans *Le Monde* en 1948 à propos de la cybernétique : « Il ne serait peut-être pas mauvais que les équipes présentement créatrices de la cybernétique adjoignent à leurs techniciens venus de tous les horizons de la science quelques anthropologues sérieux et peut-être un philosophe curieux de ces matières[11]. » Il est désolant de constater que ce n'est plus de ceux qui œuvrent aux développements techniques qu'il faut attendre des mouvements de conscience et de vigilance. Ce temps est révolu depuis fort longtemps. Car tous les mathématiciens et scientifiques ne sont pas du niveau de probité d'un Alexandre Grothendieck, alors que ce sont précisément des personnes de cette trempe qui manquent cruellement aujourd'hui. En réalité, mieux vaut que tous ces chercheurs si épris d'« éthique » arrêtent de continuellement parader avec leurs bons principes et qu'ils travaillent en conscience sur les retombées de leurs « innovations », pas seulement sur nos vies privées, mais sur *nos modes d'existence* ; mais il n'est pas certain que le sens de cette seule phrase puisse être saisi d'eux.

Parmi les babillards de la vulgate éthique étriquée, une corporation occupe autant le podium : les « sociologues des usages du numérique ». Ce qui, dans leur grande majorité, les caractérise, c'est l'étroitesse de leur champ d'investigation. La plupart pensent faire œuvre de « critique » en travaillant, une fois encore, sur la question des données personnelles, ou alors entreprennent de façon connexe des recherches psycho-comportementales sur les utilisateurs de Facebook par exemple, analysant les clics, les durées et récurrences de fréquentations, les « like » et autres « partages »... Généralement, les résultats de ces études en restent non seulement au stade de l'observation, mais se trouvent vite exploités par les marques et les agences de marketing, voire par ledit « réseau social » lui-même aux fins d'ajuster ses procédés. Une autre coutume de la profession consiste depuis quelques années à s'intéresser aux « bulles de filtres », notion développée à l'origine par Eli Pariser dans son livre éponyme[12], qui nomme le fait d'être continuellement renvoyé à ses préférences au long de ses navigations, engendrant de supposées logiques de repli à ses seules catégories et habitudes. Ou plus récemment encore sur les « biais », devenus en peu de temps le nouvel objet d'investigation sociologique à la mode. Ceux qui s'y penchent entendent mettre à jour les tropismes et les préjugés, conscients ou non conscients, qui imprègnent les algorithmes dans le but d'éventuellement contribuer à les juguler, mais ils demeurent indifférents – quand bien même certains d'entre eux seraient neutralisés –, à l'influence abusive de systèmes pesant sur un nombre sans cesse croissant de situations qui ne cesserait pour autant de s'exercer. Mais de ces outrages, ils n'en ont cure, car vu leur rang, ce n'est jamais le cœur du modèle qui est remis en cause, mais seulement des phénomènes plus ou moins notables de surface, car c'est exactement de l'examen de ceux-là dont la plupart vivent.

Au bout du compte, ils ne font qu'entériner les mouvements en cours, dans la mesure où les objets mêmes de leurs recherches se maintiennent à la périphérie des questions brûlantes de notre temps. A-t-on, à ce jour, déjà vu un sociologue passer des semaines dans une usine à observer la façon dont des systèmes dictent les gestes et les cadences du personnel ? Non, l'étude des pratiques sur Facebook représente une tâche bien plus confortable et moins compromettante. En réalité, ce n'est plus à l'analyse des usages à laquelle il faudrait procéder ; vu la mesure des choses, ces programmes ne sont aujourd'hui d'aucun sens. Ce sont bien davantage les *intentions des concepteurs* qu'il conviendrait d'examiner de près ; à ce titre il serait judicieux de procéder à une sociologie des laboratoires, à l'instar de celle menée, il y a si longtemps maintenant, par Bruno Latour et Steve Woolgar[13] ; y serait alors mise à la vue de tous l'ampleur de la soumission des scientifiques au pouvoir économique. Ou à celle des comportements des grandes figures de l'industrie du numérique ou de startuppers, qui éclairerait sur leurs motivations. Ce serait fort instructif relativement à la trajectoire que prend la technique depuis une vingtaine d'années et tous les intérêts qui la déterminent. Mais il est vrai que nombre d'entre eux sont salariés par des entreprises, Orange ou Microsoft parmi bien d'autres et, se trouvant, d'une façon ou d'une autre, soumis à leur ordre, préférant alors s'engager dans des chantiers qui ne fâchent pas et dont les travaux pourront être utilisés à des fins de stratégies. Oui, une partie de la sociologie contemporaine en est arrivée là, car si en France par exemple, elle prit son essor grâce à l'appui d'établissements d'enseignement supérieur (École pratique des hautes études, Conservatoire national des arts et métiers, Collège de France...), elle fut ensuite progressivement intégrée au sein d'instituts privés ; les chercheurs ayant vu au fil du temps leur autonomie se restreindre et de, façon corollaire, leur capacité critique s'amenuiser.

Il reste encore lesdits « penseurs de l'Internet » qui, depuis une dizaine d'années, se font fort de narrer le récit de la dystopie à laquelle aura conduit le développement des réseaux, celui de notre terrible déception au regard de nos ardents espoirs initiaux, et qui appellent, lors de discours enflammés prononcés dans des messes geek, à renouer avec le formidable souffle de liberté que nous offrait le Web à son origine, tel le juriste Lawrence Lessig, auteur notamment de l'ouvrage *Culture libre*[14]. Ce dont nous avons besoin, ce n'est pas de « penseurs de l'Internet », mais d'une pensée de la numérisation du monde, de son automatisation à terme intégrale et de toutes ses conséquences sur nos existences. Mais probablement touchons-nous là une sorte de plafond de verre de la conscience « critique » prédominante. Non pas qu'il faille être à tout prix radical, tel n'est pas l'enjeu, mais il relève de notre devoir de saisir la radicalité des mutations en cours qui entraînent un changement civilisationnel dont nous avons du mal à saisir les rouages les plus déterminants. Tim Berners-Lee, l'un des fondateurs du Web, s'alarme lui aussi des dérives de sa créature et entend mettre au point un projet, développé au sein du MIT, nommé Solid, visant à échafauder une nouvelle architecture destinée à « redonner le pouvoir aux internautes » et à faire de chaque individu le « propriétaire de ses données[15] ». Voilà un grand informaticien qui reste bloqué à des schémas datant de plus de trois décennies et qui est aveugle au fait que le Web a dorénavant débordé du strict cadre de l'écran, qu'il ne répond plus à la seule mission d'offrir un accès à l'information, son infrastructure se trouvant aujourd'hui toujours plus exploitée aux fins d'instaurer un guidage algorithmique des conduites qui représente une offense à nos facultés. Vouloir « donner le pouvoir aux internautes » relève à la fois d'une intention fort candide, éminemment restrictive et qui ne contredira en rien l'assaut antihumaniste en cours. Étouffés par notre petitesse de vue, nous ne cessons d'affirmer nous soucier de cette satanée «liberté personnelle», sans pour autant nous émouvoir de la question éthico-politique majeure : la préservation de notre autonomie de jugement et de notre liberté inconditionnelle à l'exercer, celle d'avoir le «courage de nous servir de notre propre entendement», pour reprendre la fameuse formule de Kant si emblématique des Lumières. C'est la perte progressive et plus ou moins sournoise de ce courage, notre refus à faire preuve de ce courage, qui devraient nous préoccuper et faire l'objet sans attendre de notre entière mobilisation, sans quoi nous commettrions une fatidique faute individuelle et collective.

Ce qui s'avère impérieux, ce n'est pas de «reprendre le contrôle de nos données» et de toute cette éthique mesquine, vaseuse et improductive, mais de bâtir une éthique de la responsabilité s'offrant comme un point d'appui à une *politique de l'action* capable de se confronter à l'étendue des enjeux à l'œuvre. Une éthique de la responsabilité soucieuse de la façon dont nos principes, les fondements de notre humanité et de notre civilisation sont en train d'être éradiqués. À cet effet, nous devrions en appeler à l'éthique de la responsabilité prônée par Hans Jonas qui avait compris que l'édification d'un nouvel environnement technique nous engage tout autrement, particulièrement à l'égard des possibles conséquences qui nous somment de faire l'objet d'une scrupuleuse attention et d'une continuelle vigilance. Car nous restons, avec nos représentations, fixés à des cadres qui ont évolué et se sont transformés à une telle vitesse qu'ils devraient nous pousser à repenser jusqu'aux fondements de ce que nous entendons usuellement par «éthique» : «Nulle éthique traditionnelle ne nous instruit donc sur les normes du "bien" et du "mal" auxquelles doivent être soumises les modalités entièrement nouvelles du pouvoir et de ses créations possibles. La terre nouvelle de la pratique collective, dans laquelle nous sommes entrés avec la technologie de pointe, est encore une terre vierge de la théorie éthique[16]. » Il est aujourd'hui pressant de prendre la mesure des choses, de saisir que par l'instauration d'une infrastructure technico-économique inédite, ce qui s'institue ce sont de nouveaux jeux de pouvoir, des modes d'organisation dégradants, des reculs sociaux et culturels. C'est pourquoi il nous revient d'affirmer haut et fort nos exigences fondamentales, de nous efforcer de les sauvegarder, et plus encore, de leur donner davantage corps, elle est là notre responsabilité, c'est elle qui doit fonder l'éthique de notre temps présent et qui *de facto* exige d'être prolongée par des actes vu les violents assauts qui leur sont opposés. C'est un combat à portée civilisationnelle, et il doit être mené au risque de voir tout ce pour quoi nous nous sommes battus depuis si longtemps, et tenons à continuer de nous battre, irrévocablement s'effondrer.

2.
POUR UN CONFLIT DE RATIONALITÉS

L'importance croissante prise par la technique dans nos sociétés a donné jour à deux catégories situées aux antipodes l'une de l'autre : les *technophiles* et les *technophobes*. À l'origine, elles prenaient acte de modes de perception radicalement opposés, mettant en présence d'un côté ceux qui tiennent la technique comme la condition impérative de l'amélioration des conditions d'existence, et éprouvent du plaisir à s'équiper de nouveautés et à en user, et de l'autre ceux qui estiment que toute fabrication d'artefacts contribue à dévoyer des manières de vivre sobres et « authentiques », à détériorer notre milieu, tout en générant des profits à l'intention exclusive de quelques-uns. Ces positions sont foncièrement irréconciliables. Elles seraient apparues lors des prémices de la révolution industrielle, au tournant du XIXe siècle, formant depuis le terreau de débats virulents revenant à intervalles réguliers. L'accélération de la numérisation de la société, vers le milieu des années 1990, les aurait conduites à s'exprimer avec davantage de force, jusqu'à dorénavant faire office de clivage structurant supposé éclairer une large partie des opinions et des forces en jeu.

Cet antagonisme s'est imposé comme une évidence, or il recouvre, dans sa dénomination même, le défaut d'opérer une focalisation sur les seuls constituants sans suffisamment tenir compte du contexte qui les détermine. Il postule que les objets forment la cause première sans chercher, comme il le faudrait, à les mettre en rapport avec les intentions qui président à leur conception. En ce sens, cette division procède d'une essentialisation de la technique, la restreignant à ses fonctions premières et occultant le fait majeur qu'elle n'a cessé de s'offrir comme un instrument à la mise en œuvre de modes d'organisation. Ce qui caractérise la technique de la modernité occidentale, et particulièrement celle de notre temps, c'est qu'au-delà des dispositifs qu'elle génère, elle représente le point d'appui principal à l'instauration de logiques économiques, sociales et politiques, faisant dorénavant office de trame prépondérante de gouvernance. C'est la raison pour laquelle cette classification est paresseuse et inopérante vu qu'elle rate le facteur décisif : à savoir que la technique, en charpentant plus que jamais la forme de nos existences individuelles et collectives, *engage de facto des valeurs.*

Il convient alors de procéder à un élargissement du spectre perceptif. La question ne consistant pas à user de notions faisant s'opposer ceux qui apprécieraient d'une façon générale les objets et ceux qui les abhorreraient, mais ceux qui soutiennent certaines valeurs et ceux qui, dans leurs cœurs et dans leurs esprits, en portent de tout autres et tiennent à leur préservation. Nous n'assisterions plus à la manifestation de désaccords portant sur des outils, mais sur un *esprit de la technique*, en l'occurrence celui qui s'est progressivement mis à prédominer, alimentant un type spécifique de rationalité : une *raison instrumentale extrême.* Mais celle-là ne génère pas de controverses à la hauteur des enjeux alors qu'elle s'est massivement imposée, qu'elle est maintenant devenue hégémonique.

Dans la mesure où nous nous opposons à ses fondements et qu'elle en est arrivée à neutraliser toutes les autres modalités possibles, il est de notre devoir d'affirmer que sa position dominante est illégitime et de défendre une rationalité ouverte, critique, inventive et qui respecte l'axiome intangible de la pluralité humaine. À ce titre, c'est un *conflit de rationalités* auquel nous devons nous livrer. Car nous prétendons tout autant faire œuvre de rationalité, mais d'une rationalité établie sur des principes en tous points dissemblables. C'est pourquoi le conflit –l'*agôn* de l'antiquité grecque– doit être réhabilité, il conditionne la pérennité de certains modes d'existence auxquels nous tenons ; en ce sens c'est un *conflit d'aspirations* qui, dans le même mouvement, se joue. Il nous enjoint de faire part de nos divergences et de nos rejets, elle est là l'éthique en actes, le politique qui entend agir sur le réel, celui dont on voudrait nous dessaisir autant que celui dont nous nous sommes peu à peu, et presque dans l'indifférence, dessaisis. À cette fin, témoignons d'une rationalité subtile, analytique et déterminée propre à identifier, une par une, les valeurs auxquelles nous nous refusons et à les mettre en regard de celles que nous comptons plus que jamais cultiver.

À l'opposé d'une rationalité qui s'attelle à faire de chaque fait et geste l'objet de transactions marchandes et à repousser indéfiniment les limites du marché, nous entendons placer nos existences à l'abri de ces ambitions intégrales, et plus encore, déplacer l'acte de consommation du centre à la périphérie et n'y faire appel que lorsque nécessaire. À l'opposé d'une rationalité qui prétend éradiquer tout désordre, lutter contre l'entropie et asseoir une maîtrise toujours plus étendue sur le cours des choses, nous savons que ce sont les imperfections de la vie jamais résolues une fois pour toutes qui stimulent notre désir de nous réaliser et de travailler sans relâche à l'édification d'un monde commun fondé sur l'axiome cardinal consistant à ne léser personne. À l'opposé d'une rationalité qui conçoit l'humain comme étant pétri de défauts et compte les pallier à la faveur des machines infaillibles et autrement plus productives faisant bientôt de nous des êtres « superflus » (Hannah Arendt), nous célébrons les pouvoirs virtuellement infinis de chaque être et voulons œuvrer à ce que nous tous puissions bénéficier des meilleures conditions présidant à leur éclosion et à leur expression. À l'opposé d'une rationalité qui génère une furie « innovatrice » concourant à l'extension de son empire et contribuant à l'instauration d'un utilitarisme généralisé, nous nous refusons d'escompter indéfiniment un gain dans nos rapports au réel et aux autres, mais cultivons les pouvoirs de notre inventivité en vue d'expérimenter de multiples modes d'existence participant de notre épanouissement individuel et collectif.

À l'opposé d'une rationalité qui convoite en toute circonstance de nous seconder, de devancer nos souhaits, d'instituer un assistanat algorithmique de nos quotidiens, nous faisons nôtre la formule de Kant – « Aie le courage de te servir de ton propre entendement » (*sapere aude*) – pour conduire nos affaires, car nous comptons nous donner nous-mêmes (*autos*) notre loi (*nomos*), user pleinement de notre autonomie qui fonde le devoir de responsabilité, cet impératif qui constitue l'honneur du genre humain. À l'opposé d'une rationalité toujours insatisfaite qui, de façon névrotique, aspire continuellement à rectifier le cours des événements, les mener à une condition prétendument supérieure, nous vivons le présent dans une forme salutaire de contentement, sans pour autant renoncer à modifier l'état des choses, mais dans le seul but de concourir à la sauvegarde des valeurs que nous jugeons fondamentales et à la réalisation de nos aspirations les plus essentielles. À l'opposé d'une rationalité qui prétend s'exercer de façon exclusive et liquider conséquemment le politique – cette possibilité qu'une communauté de destins se donne d'agir de concert –, nous répondons que c'est dans la pluralité et la contradiction que nous entendons définir librement le cours des affaires publiques, sans que cette entreprise, par la force des choses, puisse jamais prendre fin. À l'opposé d'une rationalité portée par un groupe restreint de personnes qui ont à cœur de décider, à elles seules, d'une large partie du sort de l'humanité, nous renvoyons au phénomène de l'anthropocène qui aujourd'hui fait l'objet, avec tant de retard, d'une désolation unanime et qui à l'origine n'a dépendu que d'une poignée d'individus ayant imposé l'usage généralisé du charbon au mépris de toutes ses conséquences dans l'unique objectif de satisfaire leur soif de profit, suivant un processus qu'a précisément analysé Andreas Malm dans son livre, *L'Anthropocène contre l'histoire*[17].

À l'opposé d'une rationalité indéfiniment inassouvie qui ambitionne de repousser toute limite en vue de répondre à ses appétits de toute-puissance témoignant d'une *hubris* qui met en danger l'équilibre des éléments, nous cultivons les vertus de la sobriété et glorifions la conscience de la limite, celle qui nous fait nous contenter des richesses intarissables du réel et tenir compte de la fragilité de notre milieu et des vulnérabilités de chacun. À l'opposé d'une rationalité projetée vers un futur fantasmé devant bientôt nous faire éprouver la béatitude des fins dernières, qui procède de la négation de nos valeurs fondatrices, qui détermine une voie tracée par avance entendant étouffer à la base les virtualités offertes par le temps et l'expression de toutes les subjectivités, et qui est allée jusqu'a forger un terme entérinant dans le langage cette trajectoire – la disruption –, nous affirmons la grandeur de certains principes nous venant du passé, auxquels nous tenons et qui continueront d'inspirer nos actes. Car nous savons avec Simone Weil que « le passé détruit ne revient jamais plus. La destruction du passé est peut-être le plus grand crime. Aujourd'hui, la conservation du peu qui reste devrait devenir presque une idée fixe[18] ».

À l'opposé d'une rationalité qui s'obstine à réduire tout élément ou chacun de nos gestes à des codes, procédant d'un misérable réductionnisme devant dorénavant régir nos rapports au réel, nous comptons plus que jamais user des pouvoirs offerts par notre sensibilité, seule à même de nous mettre pleinement en contact avec les palpitations les plus indéfinissables de la vie. À l'opposé d'une rationalité qui ne souffre pas l'incertitude et craint tout imprévu, nous connaissons le pouvoir créatif du hasard – celui qui, notamment, a conditionné notre venue au monde –, et adorons les surprises de la vie, qui font dérailler le train-train du quotidien, contribuent à nous déprendre de nos habitudes et à élargir l'horizon de nos expériences. À l'opposé d'une rationalité se nourrissant d'une vitesse hystérique destinée à indéfiniment optimiser chaque occurrence du réel, nous préférons évoluer au rythme d'une temporalité qui ne vise jamais une fin, mais qui opère de façon cyclique car c'est la seule qui vaille, celle qui nous rattache à la scansion des astres et des végétaux qui, dans une forme de sagesse immuable, ne peuvent jamais offrir autre chose que ce qu'ils peuvent chaque saison.

À l'opposé d'une rationalité qui use d'énoncés formatés, s'échine à appauvrir le langage et fait parler des machines à de strictes fins fonctionnelles, nous savons qu'une langue qui cherche à nommer précisément les choses ouvre à un rapport plus riche aux autres et au réel, et nous nous exaltons encore de jouer, jusqu'à l'ironie, avec les mots, permettant ainsi de manifester notre irréductible singularité au sein d'un legs commun. À l'opposé d'une rationalité qui attend de systèmes qu'ils nous formulent la vérité, nous voulons faire œuvre de *parrêsia* – le terme grec désignant le fait de « tout dire », d'oser témoigner des événements avec courage et dans une pleine liberté de parole –, celle qui nous enjoint de dénoncer sans relâche cette rationalité qui procède d'un déni de nous-mêmes et institue à grands pas un antihumanisme radical auquel nous nous refusons corps et âme. Et à ce titre, nous décidons de les défendre, toutes ces valeurs que nous chérissons, mus par nos modes de rationalité pluriels, rigoureux et inventifs, armés pour remettre ce mode de rationalité à la place qu'il mérite – à l'extrême marge de nos existences, le plus à l'écart de nos réalités –, c'est à cela que nous nous attelons, avec méthode et détermination.

3.
MAINTENANT, IL FAUT DES ARMES

Peut-être saisissons-nous seulement aujourd'hui à quel point la pensée traditionnelle chinoise est clairvoyante à l'égard de tout processus d'évolution. La métamorphose perpétuelle qui frappe chaque particule organique ou inanimée de la Terre ne s'opérerait jamais de façon ouvertement manifeste et avec fracas, mais le plus souvent insensiblement et sans crier gare. Cette conscience des « transformations silencieuses », longuement analysée par François Jullien[19], sait discerner les mouvements infinitésimaux mais continus qui conditionnent tout changement. Cependant, elle ne se limite pas à opérer un seul constat, elle inspire autant une éthique de l'action qui suppose qu'une entreprise qui chercherait à modifier un état de choses se tromperait en voulant procéder brusquement, en convoitant un renversement radical devant de surcroît s'accomplir en un temps réduit. Elle serait vouée à l'échec dans la mesure où elle contredirait la progression inévitablement graduelle de toute substance. La vérité appellerait plutôt d'agir avec modestie et constance afin de donner corps au souhait de travailler à une quelconque rénovation. Car depuis des siècles, lorsque nous vivons des moments d'insatisfaction ou des situations de crise, le premier réflexe qui nous vient, imbibés par une mythologie révolutionnaire, consiste à vouloir tout briser à coups de hache, à faire table rase pour espérer voir advenir des lendemains qui chantent. Mais l'histoire nous a appris que tout effort visant une mutation soudaine et définitive ne se conclut jamais par la réalisation des aspirations initiales et entraîne irrémédiablement de lourdes souffrances vécues de toute part. En outre, cette propension recouvre généralement le défaut majeur de se focaliser sur une cible unique, la seule contre laquelle il faudrait concentrer ses forces et se lever. Car tout élan séditieux désigne un ennemi exclusif. À l'image du romantisme du Comité invisible par exemple, obsédé par l'idée de « s'insurger contre le pouvoir », de lancer des appels à l'émeute, à dresser des barricades et à engager des batailles de rue avec la police : « Ceux qui s'arrêtent aux images de violence ratent tout ce qui se joue dans le fait de prendre ensemble le risque de casser, de taguer, d'affronter les flics[20]. »

Nous avons été saturés d'utopies qui prétendaient fournir des vade-mecum universels susceptibles, du jour au lendemain, de résoudre la quasi-totalité de nos impasses. Le temps est venu de procéder à une salutaire critique de l'utopie, celle qui *de facto* suppose des modèles idéaux et devant prévaloir pour tous. Tant de déconvenues tragiques nous ont appris à être modestes, non pas sur nos aspirations, mais sur les procédés destinés à leur donner forme. Au moment où l'utopisme messianique technolibéral a gagné la bataille des idées et produit déjà ses redoutables effets sur nos vies, ce n'est pas en édifiant une autre utopie que nous nous donnerons les moyens de nous y opposer, c'est bien davantage *en procédant avec méthode*, en arrêtant un registre pluriel et ouvert d'actions appelées à s'exercer sur le terrain, là où les choses ont lieu, là où les abus sont commis, là où les indignités chaque jour se déroulent dans l'ombre. Cette résolution réclame une *praxis* et non pas de palabrer sans fin sur des « Places », où seule la parole semble faire office de politique, répond à une fonction cathartique et ne produit pas grand-chose. Se « tenir debout » ne consiste pas à se plaindre en public de ses difficultés ou de celles de l'époque ; l'« éthique de la discussion » d'esprit social-libéral prônée par Jürgen Habermas[21] a prouvé ses limites et jusqu'à son inefficacité.

Ce n'est pas à une « convergence des luttes » qu'il faut appeler, mais à une *simultanéité d'opérations menées partout où elles doivent l'être* et inspirées par des principes communs. « L'émeute organisée », selon le Comité invisible, « est à même de produire ce que cette société est incapable d'engendrer : des liens, vivants et irréversibles[22] », eh bien ces liens, forgeons-les non pas dans l'exaltation provisoire de barricades érigées pour en découdre avec un adversaire unique, mais dans le cadre d'efforts patients, continus, tenaces et coordonnés faisant à chaque fois barrage aux intentions de la multitude des acteurs qui entendent nous déposséder de nous-mêmes. C'est en nous décidant d'être agissant tout au long de nos expériences vécues que peut se manifester le souffle premier d'une « auto-institution de la société », celle revendiquée par Cornelius Castoriadis, qui engage chacun d'entre nous à peser autant qu'il le peut sur les règles qui président à notre vie quotidienne.

Si nous nous trouvons ainsi transportés de temps à autre par de soudains élans fougueux, c'est probablement parce qu'ils sont entrecoupés de longs moments d'apathie. Tel celui que nous vivons aujourd'hui à l'endroit de l'alliance unissant l'industrie du numérique, le monde de la recherche, le social-libéralisme, les instituts de l'enseignement supérieur et autres *think tanks*. Face à cette puissante coalition qui est en train d'organiser un effondrement civilisationnel, les seuls signes de notre mobilisation consistent à défendre la préservation de nos données personnelles et à ergoter sans fin sur l'« éthique », c'est dire le niveau de léthargie à l'œuvre et à quel point « le peuple est muet, il végète loin des hautes régions où se règlent ses destinées[23] » (Auguste Blanqui). Ou alors, on se complaît à exiger davantage de régulation, supposant qu'elle représente un pare-feu efficace à d'éventuelles dérives. Or, il relève d'une illusion de compter sur le législateur vu que ce sont les politiques qui, au premier chef, soutiennent l'esprit technique dominant à la faveur de considérables fonds publics, de leur soumission au lobbying et de textes de loi rédigés à cette fin, conformément à un « ordo-technolibéralisme » devenu la norme dans les grandes démocraties, faisant écho à ce qu'Ivan Illich formulait il y a plus de quatre décennies : « La loi et le Droit, dans leurs formes actuelles, sont, de façon écrasante, au service d'une expansion indéfinie. [...] La perversion du Droit empêche de repenser les limites de notre système[24]. » En outre, ce qui caractérise les développements technologiques en cours, c'est qu'une large partie d'entre eux se soustrait à la possibilité même de les encadrer. Non, plutôt que de nous leurrer sur un « contrôle » assuré par une assemblée d'élus, il est temps d'*opposer des rapports de force, de défendre une éthique de l'action.*

C'est cette volonté d'« être auteur de nos actes » (Descartes, *Les Passions de l'âme*) que nous avons délaissée, celle qui entend, grâce à l'exercice de notre libre arbitre, faire respecter les principes auxquels nous tenons, nous rendant ainsi « dignes d'estime aux yeux d'autrui comme de nous-mêmes ». Dans la mesure où chacun se met à cultiver cette *virtus*, cette force d'âme, alors peut se former une mobilisation à toutes les échelles de la société décidée à contrecarrer les desseins des puissances qui nous font face. Néanmoins, cette résolution peut se voir émoussée par l'afflux de discours qui voilent les faits, se trouvent de partout repris et contribuent à brouiller nos perceptions. À ce maquillage généralisé, doivent être opposés le récit des expériences singulières, l'expression de témoignages relatant les réalités vécues alors exposées aux yeux de tous. Il est de notre devoir d'établir, où que nous nous trouvions, des contre-expertises qui démentent les paroles des experts et les intérêts dont ils sont les porte-voix aux fins de susciter une « intolérance active ». L'expression ayant été imprimée sur un tract du Groupe d'information sur les prisons (GIP), daté de 1971, au sein duquel Michel Foucault s'était impliqué, dont l'objet consistait notamment à rendre publiques les conditions en vigueur dans le monde pénitencier : « Il ne faut plus laisser les prisons en paix, nulle part. [...] Notre enquête n'est pas faite pour accumuler des connaissances, mais pour accroître notre intolérance et en faire une intolérance active[25]. » La novlangue technolibérale aura réussi, par ses formules toutes faites, à générer un imaginaire commun, à imposer une ligne directrice tracée par avance, qu'illustre de façon emblématique l'expression devenue usuelle de « transformation digitale ». On s'effraie des *fake news*, mais personne ne met en garde à propos de cette rhétorique vaseuse et usurpatrice qui façonne les représentations, participe de la fadeur des débats et contribue à neutraliser la prise de conscience et les initiatives qui pourraient en découler.

George Orwell, dans *La Politique et la langue anglaise*, avait alerté sur les dangers d'un appauvrissement du langage, appelant à renouer avec une « hygiène de la langue » qui se refuse à toute enflure susceptible de travestir les phénomènes, vu que « penser clairement constitue un premier pas vers la régénération politique[26] ». Il revient à l'écrivain de combattre « le mauvais langage », « ce qu'Ingeborg Bachmann appelle "le langage des escrocs" ("*die Gaunersprache*") – celui qui reproduit et fige le monde dans des représentations réductrices[27] ». Car user d'une langue précise et riche, de surcroît lorsqu'elle est faite de clarté et d'élégance – « La clarté est la politesse du philosophe » (José Ortega y Gasset) –, représente un bouclier de taille contre le vulgaire lexique technolibéral – ce à quoi je m'efforce dans le présent livre, comme dans les précédents, et que je tiens pour une arme théorico-littéraire.

« Parce que la question du travail est d'une importance suprême ; qu'il n'en est pas de plus haute » (extrait d'un décret du gouvernement provisoire de la République de 1848[28]), c'est elle en effet, avant toute autre, qui doit faire l'objet de notre attention. Car le travail – tant pour ceux qui en exercent un, que pour ceux qui enchaînent les contrats précaires ou se mettent sans fin à sa recherche –, mobilise une large part du temps de notre vie et devrait en théorie offrir à chacun l'occasion d'exprimer ses qualités. Or, dans sa forme aujourd'hui majoritaire, il représente le lieu où se jouent des rapports de pouvoir de toutes sortes, dont les plus extrêmes d'entre eux avilissent les personnes qui les subissent et entraînent la paralysie de leurs capacités. Ils sont à l'œuvre depuis si longtemps, mais se trouvent aujourd'hui exaltés par l'implantation croissante, au sein des espaces professionnels, de systèmes de guidage de l'action humaine. C'est de ces récents environnements dont il convient d'abord de témoigner – « qu'il ne faut plus laisser en paix, nulle part », pour reprendre les termes de Foucault –, des conditions qu'imposent ces « usines 4.0 » « pilotées par la donnée », tant vantées par les sociétés qui conçoivent ces architectures, telles Microsoft, SAP, IBM…, que par les actionnaires et les politiques qui se réjouissent de l'avènement d'un nouvel âge industriel bientôt délivré de toute scorie et partout fluidifié grâce à la « transformation digitale des entreprises ». C'est aux personnes transformées en robots de chair qui vivent de plein fouet ces situations, qui se voient privées de leur spontanéité et auxquelles est déniée leur singularité – mais aussi à celles œuvrant dans les services et se trouvant placées sous l'autorité d'équations mathématiques ayant raison de tout, les privant de l'usage de leurs facultés de jugement et de leur intuition –, de faire part de la façon dont ces mécanismes, qui ne visent qu'à répondre à de stricts impératifs de productivité, opèrent. Ils devraient nous conduire à affirmer avec Simone Weil « qu'à partir de maintenant, il nous faut assurer collectivement la défense de notre vie et de notre travail contre les instruments et les institutions qui menacent ou méconnaissent le droit des personnes à utiliser leur énergie de façon créative[29] ».

Il serait temps que les syndicats ne se préoccupent plus seulement des salaires ou de certaines conditions de travail, mais de ces dispositifs qui bafouent la dignité humaine et qu'il est de notre devoir moral de combattre. À ce titre, il doit être fait usage du droit de retrait, reconnu par le code du travail, jusqu'au moment de voir ces systèmes cesser d'être en fonction. Plus encore, il nous revient de faire en sorte d'inscrire la proscription de ces procédés dans la loi, comme nous y incite la Constitution de la République française, sous la forme que lui a donnée en 1789 la Déclaration des droits de l'homme et du citoyen : « La Loi est l'expression de la volonté générale. Tous les Citoyens ont droit de concourir personnellement, ou par leurs Représentants, à sa formation. » C'est un tout autre projet de société que de rédiger des textes de loi destinés à favoriser « l'innovation », celle qui conduit à étendre ces logiques inhumaines et à donner corps à cet antihumanisme radical qui vient. Pascal Lokiec a analysé, dans son ouvrage *Il faut sauver le droit du travail*[30], les processus de subordination aujourd'hui, et plus que jamais, en vigueur dans les relations professionnelles et y expose les multiples stratégies déployées par les entreprises en vue de contourner certaines contraintes du droit, mais qui depuis peu se voient régulièrement contrecarrées à la faveur du recours croissant des salariés au juge et aux droits fondamentaux. Voici des cas exemplaires d'une politique de l'action s'exerçant sur le terrain qui porte ses fruits et contribue à neutraliser des velléités illégitimes.

C'est autant dans d'autres secteurs de la société qu'il convient de faire valoir notre droit légitime à la parole, d'établir des contre-expertises et d'opposer un refus lorsque nous estimons que les circonstances l'exigent. Aux premiers rangs desquels l'éducation qui, au même titre que le travail, représente un champ cardinal de nos existences, celui au sein duquel les jeunes êtres – ceux vis-à-vis desquels les adultes sont responsables – sont supposés au fil des années acquérir des connaissances, apprendre à exercer leur jugement, à évoluer dans un ensemble commun, et se constituer en tant que personnes singulières dotées d'un esprit critique et pleinement capables d'exprimer leurs capacités. Depuis le tournant des années 2010, les politiques, enivrés par les discours technolibéraux et soumis au lobbying, font de la « transformation numérique » de l'école publique leur priorité absolue, étant frappés d'extase à l'égard des nouveaux modèles pédagogiques autorisés par l'usage des tablettes, des applications éducatives et l'exploitation de l'intelligence artificielle permettant d'inaugurer l'âge de l'« enseignement personnalisé ». Encouragés par des inspecteurs académiques ne sachant qu'écouter l'air du temps, ils ne cessent d'investir, dans une précipitation coupable, de massifs fonds publics à cette fin tout en nouant des partenariats avec des groupes de l'industrie du numérique qui, vu l'étendue du marché, font habilement miroiter des solutions miraculeuses promises à résoudre la crise de l'école qui prévaut dans les grandes démocraties depuis une trentaine d'années.

Il est de la responsabilité des professeurs et des parents d'élèves non asservis à cette si pauvre doxa d'affirmer que l'école n'a pas à représenter le reflet exact de la société, qu'elle doit à la fois s'inscrire dans son temps et cultiver une forme salutaire de retrait apte à préserver certains principes jugés indispensables à la formation de consciences éclairées, comme l'a parfaitement analysé Hannah Arendt dans *La Crise de la culture* : « Évitons tout malentendu : il me semble que le conservatisme, pris au sens de conservation, est l'essence même de l'éducation, qui a toujours pour tâche d'entourer et de protéger quelque chose

– l'enfant contre le monde, le monde contre l'enfant, le nouveau contre l'ancien, l'ancien contre le nouveau[31]. » Face au relativisme de l'époque, l'enjeu ne consiste pas à reléguer le professeur au rang de « coach » aiguillonnant les élèves vers des plateformes, à marginaliser son savoir et à le dessaisir de son autorité. Ni non plus à chercher à équiper les enfants et les adolescents de manière à ce qu'ils puissent, dans le futur, « trouver leur place » face à l'omniprésence annoncée de l'intelligence artificielle, façon une fois encore d'entériner les mouvements en cours. Non, l'urgence consiste à leur offrir tous les moyens nécessaires leur permettant de se construire en tant qu'êtres autonomes, grâce notamment à la fréquentation régulière de livres imprimés qui favorisent une pleine attention et la maturation de la réflexion, à même de les disposer à faire œuvre de recul critique et d'inventivité dans quantité de circonstances et tout au long de leur existence. C'est cette habileté seule qui les rendra aptes à se déterminer au sein d'une société gouvernée par des systèmes et non pas de quelconques aptitudes utilitaires qui procèdent tout autant d'une vision mécanique et réductionniste des choses.

Il nous revient encore de dénoncer la mise au ban progressive des compétences du médecin et de ses facultés sensibles au profit de dispositifs bientôt appelés à ne plus assurer une seule fonction complémentaire mais exclusive, entérinant ainsi l'entreprise de confiscation de la médecine par l'industrie du numérique liguée au monde pharmaceutique. C'est tant au corps médical qu'à chacun d'entre nous de faire front face à des procédés qui bafouent l'intégrité de la profession et qui sapent les principes de l'accès universel aux soins et de la solidarité. À ce titre doit être affirmé le refus catégorique de l'intégration de « robots de compagnie » dans les hôpitaux et au sein de résidences pour personnes âgées, qui procède d'une honteuse réduction des effectifs, entraîne une déshumanisation des soins et banalise la démission de nos obligations à l'égard de nos proches.

Est-il acceptable que dans certaines cours de tribunaux, des systèmes se substituent à l'appréciation des juges et que le régime de la contradiction soit évacué à la faveur d'expertises automatisées vouées à toujours plus faire office de vérité ? C'est à nous tous, à chaque citoyen susceptible d'être confronté à la justice, de nous mobiliser afin d'exiger la préservation de certaines valeurs situées au fondement de notre civilisation et qui sont promises à être éradiquées au cours des deux prochaines décennies. Dans le cas contraire, peut-être nous arrivera-t-il un jour, à l'instar de Joseph K., l'antihéros du *Procès* de Kafka, de faire l'objet d'un arrêt abusif émis par une machine prétendument infaillible et à laquelle aucun argument contraire ne pourra être rétorqué. À cet esprit qui entend nous exclure de la gestion de nos propres affaires et qui s'étend à un nombre sans cesse étendu de secteurs de la société, nous sommes tenus d'exprimer par nos paroles et par nos actes nos désaccords au nom de notre héritage commun et de convictions partagées.

C'est aussi dans le cadre de nos vies individuelles qu'il convient de nous montrer enfin agissants. D'abord en refusant le port de capteurs sur nos corps qui transmettent des informations relatives à nos flux physiologiques, à notre activité sexuelle, à notre sommeil, à nos états émotionnels, autant que l'intégration d'objets connectés au sein de nos domiciles qui témoignent de nos usages – tous générant des données exploitées à des fins commerciales. Il est encore de notre responsabilité de ne pas recourir à ces « assistants virtuels », ni à ces futurs véhicules pilotés par l'industrie du numérique qui représenteront le condensé ou le comble de ce dont nous ne voulons pas : une vie en toute circonstance assistée, offrant un confort lénifiant et conduisant à faire de la saisie du moindre de nos gestes l'occasion de générer des profits. En outre, nous pouvons exercer un nouveau type de pression par nos actes de consommation, en arrêtant nos choix sur des productions émanant de petites structures et coopératives qui rejettent des modes de management dégradants et ne cherchent pas à étouffer les talents humains, mais tout au contraire entendent favoriser leur libre expression. Cette attitude exige de nous un devoir d'information, ne portant plus seulement sur la composition des produits ou sur l'emploi illégal d'enfants, parmi d'autres motifs de vigilance, mais sur l'esprit qui prévaut, sur les méthodes en vigueur ; c'est également par de telles actions que nous faisons œuvre d'une rationalité méthodique. Contre un monde économique à l'appétit sans limite et qui à cette fin n'hésite pas à dénier les capacités des individus jusqu'à vouloir, au nom du primat de la productivité, chasser toute présence humaine, nous comptons soutenir, par nos achats, des expérimentations entrepreneuriales décidées à garantir la dignité et la santé de chacun, à favoriser la convivialité et à préserver l'intégrité du milieu et des paysages de par le monde.

C'est à toutes les échelles de nos vies individuelles et collectives, par une multitude de gestes concrets, soutenus et cumulés que cet assaut antihumaniste pourra être mis en échec. Le verbiage incessant qui assène que cette trajectoire est inéluctable relève de l'idéologie, car il n'est jamais arrivé dans l'histoire qu'un mouvement qui bafoue la liberté humaine se développe indéfiniment sans être un jour ou l'autre repoussé par des vents contraires. Et parce que toute résolution, même la plus déterminée, demeure relative, et finalement assez triste, si elle ne procède que de façon négative, nous entendons tout autant affirmer notre pouvoir de positivité, témoigner de nos capacités à faire éclore de tout autres modes d'existence et d'être en commun qui, eux, soient pluriels, créatifs et joyeux, car c'est précisément de cette double tension que nous tirons notre force, et plus encore les motifs de notre espérance.

4.
LE CHANT DES DIVERGENCES

Il ne manque pas de figures historiques qui, inspirées par une vision ou des travaux théoriques plus ou moins élaborés, en sont arrivées à proposer un modèle d'organisation politique supposé répondre à toutes les contradictions, tenu pour le plus parfait et devant prévaloir pour tous. Généralement, ces constructions en restent à l'état d'intention ou font parfois l'objet de débats. Elles engagent plus rarement la mise en œuvre d'actions destinées à leur donner forme. Nous savons que lorsque des regroupements de personnes se sont donné, dans les faits, les moyens de les réaliser, les résultats non seulement ne correspondirent pas aux attentes, mais conduisirent à nombre de situations désastreuses. Cependant, ces postures continuent de se manifester, comme si l'histoire ne revêtait pas une valeur instructive et que de l'esprit d'un seul être pouvait venir la vérité sur la manière la plus idéale de vivre ensemble. En réalité, dès qu'un individu a l'outrecuidance, la morgue – la folie plus exactement – de proposer à la communauté des humains un mode de vie devant être universellement en vigueur, il devrait aussitôt lui être signifié qu'il outrepasse ses droits et être éconduit. De nos jours, si la liste de ces prophètes s'est considérablement rétrécie en regard de leur prolifération au cours des deux siècles précédents, quelques spécimens continuent néanmoins d'espérer voir leur thèse s'imposer à l'échelle de la Terre entière ; certains d'entre eux rencontrant de surcroît un écho auprès du public et de la presse, et ce alors qu'ils devraient être tout simplement ignorés ou tournés en ridicule.

À coup sûr, le cas le plus emblématique de cette espèce – et le plus caricatural –, renvoie à celui d'Alain Badiou qui, conformément au statut, ô combien obsolète, de l'intellectuel donnant en pâture à ses ouailles des solutions toutes faites dans un déni des événements passés et depuis un bureau calfeutré, persiste à asséner en boucle que le communisme, « le vrai », non pas celui qui a été dévoyé par « l'esprit petit-bourgeois », représente l'unique et indépassable horizon de l'humanité.

Si ces vues unilatérales et totalisantes peuvent être reçues avec une telle faveur, c'est qu'elles font écho à notre perception dominante des choses, supposant, en dépit du foisonnement jamais tu des subjectivités, que seul un modèle exclusif permet de bien réguler les affaires communes, qu'une pluralité d'horizons ne peut témoigner que de formes d'égarement, et que la modalité estimée comme étant prétendument la plus supérieure doit *in fine* triompher de toutes les autres. Cette conception provient, à l'origine, des tréfonds de notre psyché, de notre crainte fondamentale du réel, nous poussant à nous en remettre à un ordre transcendant, à un Dieu monothéiste ou à un modèle idéal d'esprit platonicien par exemple. Elle résulte, d'une façon ou d'une autre, de notre volonté de trouver la parade la plus efficace apte à nous protéger de tous les aléas de l'existence. La recherche d'une solution idoine et pérenne relèverait au bout du compte d'une question de vie ou de mort. Notre malheur consiste à nous être laissés aller à céder à nos angoisses et à cette paresse de pensée, à nous être résolus à l'impératif de privilégier un schéma prééminent. Celui qui ouvre la porte à toutes les formes de domination, d'enrégimentement, qui restreint les capacités des êtres, tétanise le désir de s'engager dans des voies divergentes, menant inévitablement à l'abattement. Car toute vie qui se résigne à se soumettre passivement à un modèle majoritaire est condamnée à la tristesse.

Ce qui caractérise le modèle technolibéral, c'est qu'il s'impose avec force, qu'il étouffe peu à peu toute alternative, qu'il façonne toujours plus profondément nos modes de vie, mais sans en avoir l'air, sachant, alors qu'il procède de logiques uniformes, jouer avec les charmes de l'extrême individualisation de l'accompagnement des conduites. Néanmoins, face à cette hégémonie, ce serait une erreur, telle que l'a prônée Gramsci, de chercher à lui opposer une autre hégémonie, une contre-hégémonie. Il conviendrait plutôt d'exprimer sans réserve notre pluralité, de tenter de mettre en place une multitude de schémas, car plus ils seront nombreux, moins la prépondérance d'un ordre sera alors en vigueur. Défendre la multiplicité ne suppose pas de se résoudre au relativisme, mais tout au contraire de la faire valoir sur la *base d'une communauté de principes* à partir desquels peut éclore une infinité de styles de vie possibles. Cependant, la pluralité ne relève pas d'un état donné, ne dépend pas d'un vague souhait, mais est conditionnée par la volonté d'aller au-devant des choses et de la vie, d'oser entreprendre des actions en vue de se déprendre de normes et d'habitudes jugées nuisibles, de s'engager dans des chemins non balisés dont on pressent qu'ils pourraient mener à des situations bénéfiques tant pour soi que pour les autres, bref, elle appelle d'être mû par des convictions et par le désir résolu d'*expérimenter*.

Car l'expérimentation permet de manifester en actes une distance à l'égard de règles qui s'imposent à nous, en cherchant à mettre en œuvre, sous d'innombrables modalités et à diverses échelles, des manières différentes d'assurer la conduite de nos destins individuels et collectifs. L'entreprise suppose le risque, celui de parfois perdre son confort, une position professionnelle, mais elle est portée par l'impérieux besoin de ne plus se soumettre à un ordre qu'on juge illégitime ou qui ne nous convient pas. Elle fait alors office d'acte politique fondateur qui procède d'un double mouvement : refus d'une situation donnée et tension vers une autre dont on est persuadé qu'elle est juste mais dont on ignore à l'avance si elle pourra être viable. Elle est à l'image de notre rapport au monde, fait d'inquiétude, de suspicion, de quête, d'appétit d'user de sa liberté et de l'hypothèse continuelle de se tromper. Et si chacun d'entre nous prend le parti d'expérimenter, décide de se saisir de son existence et de donner forme aux aspirations logées au fond de son cœur, alors peut émerger une infinité de propositions qui éloignent *de facto* tout modèle dominant, libérant l'effervescence de la vie faite de surgissements inattendus et d'entrecroisements indéfinis de forces de toutes natures.

S'il est bien un domaine où des schémas de plus en plus uniformes sont en vigueur, c'est bien celui du travail. Celui qui, depuis la révolution industrielle, a vu la généralisation de processus standardisés de production, prenant ensuite un tournant radical avec le fordisme, suivie plus tard de l'instauration de modes de management procédant de mêmes logiques, faisant appel à la mobilisation continue, érigeant la mise en concurrence perpétuelle comme un mode d'émulation, et jouant de l'insécurité et de la précarité comme des armes de pression. S'il relève d'un devoir d'analyser ces modalités qui écrasent les corps et accablent les esprits, de saisir leurs rouages, de dénoncer leurs abus et indignités, il ne suffit pas de se cantonner à se lamenter du modèle libéral, conformément à un réflexe courant de l'époque qui use continuellement de la complainte mais ne se donne pas les moyens de s'y opposer dans les faits. Décider de la mise en œuvre d'actions pratiques suppose avant tout du courage, celui de s'engager dans une vie qui « doit être vécue, dans une large mesure, en termes d'*efforts* » (George Orwell, *Le Quai de Wigan*), de briser des chaînes et de risquer des aventures susceptibles d'ouvrir les chemins de liberté.

Mais la prise de risque s'apparentera moins à un saut dans le vide, générera moins de frayeur si sont institués des dispositifs destinés non seulement à la soutenir, mais plus encore à la favoriser. Car s'il existe dans certains pays des systèmes mutualisés permettant lors d'un licenciement de garantir une aide financière durant un temps donné, il devrait être mis en place des systèmes à l'attention de ceux souhaitant quitter un poste qui ne les satisfait pas pour s'engager dans un projet, mais non pas dans une énième entreprise ou start-up reproduisant le modèle dominant, mais qui chercherait à expérimenter de nouvelles façons de s'organiser et de produire. La définition des critères s'avérerait décisive, elle devrait porter sur une base respectant le droit fondamental des personnes, encourageant la part créative de chacun et tenant compte du milieu. C'est un tout autre projet de société que de vouloir transformer chacun d'entre nous en peintre du dimanche ou en éternel pêcheur à la ligne, à la faveur du revenu de base universel – nouveau dogme de l'époque puissamment soutenu par l'industrie du numérique –, qui ne fait qu'entériner, dans une démission coupable, l'éviction progressive des personnes des lieux de travail tout en laissant la main libre à l'incessante expansion technolibérale.

C'est une hérésie de penser que c'est le travail en soi qui est une malédiction, c'est bien davantage ce qu'il est devenu, car plutôt que de chercher à le bannir de nos vies, inspirés par l'antienne selon laquelle « la machine est le rédempteur de l'humanité, le Dieu qui rachètera l'homme des *sordidæ artes* et du travail salarié, le Dieu qui lui donnera des loisirs et la liberté » (Paul Lafargue, *Le Droit à la paresse*), c'est sa nature qu'il faut s'efforcer de modifier, ses conditions, dans la mesure où il peut, tout au long d'une vie, contribuer à l'épanouissement et à la créativité des personnes. Nous pouvons nous réaliser dans l'exercice de certaines tâches, dans celles nous permettant d'exprimer nos capacités, d'accroître notre savoir-faire et de parfaire nos qualités. Face aux brusques mutations en cours, il convient de se confronter à ces enjeux sans céder à la facilité sociale-libertarienne, celle qui par exemple fait dire de façon paresseuse et grotesque à Benoît Hamon, candidat « socialiste » aux élections présidentielles françaises de 2017 : « Je conçois le revenu universel comme un droit à maîtriser sa propre vie[32]. » Ces questions recouvrent une importance décisive et nous nous contenterions de solutions immédiates et expéditives visant à « taxer les robots » et à abandonner l'exigence de nous construire dans l'acquisition de compétences et la pratique d'un métier ?

Plutôt qu'un revenu de base avilissant conduisant à l'ignominie d'une société des loisirs perpétuelle, nous ferions mieux de soutenir l'éclosion d'initiatives entendant renouer avec le plaisir du travail, favoriser l'expression des talents de chacun, instaurer un esprit de convivialité et d'entraide à même de générer des liens de communauté entre pairs, à l'opposé des primats actuels de la mise en concurrence permanente, de l'imposition de structures hiérarchiques souvent vaines et inconséquentes et de l'assujettissement à des chefs épris de pouvoir. À ces conditions, peut alors s'instaurer une « république dans l'atelier », conformément à l'expression d'Henri Feugueray, auteur de *L'Association ouvrière, industrielle et agricole* (1851)[33]. Et ces initiatives, fondées sur le principe de la coopération, sont structurellement revêches à tout modèle unique, mais s'inspirent en revanche de principes communs, dont celui consistant à privilégier avant toute chose la qualité du travail – l'extrême qualité du travail –, celle à laquelle on se sent heureux de s'atteler lors de sa mise en œuvre avant de la soumettre ensuite à l'appréciation d'autrui. Celle à laquelle s'attache notamment l'artisan et qui fait sa fierté. L'artisan, à propos duquel William Morris tenait à rappeler qu'il maîtrisait l'ensemble des étapes de la fabrication, qui pouvait dire de l'objet qu'il créait « qu'il était *son* œuvre », n'étant pas dépris de ses pouvoirs, à l'opposé des processus d'impersonnalisation aujourd'hui en vigueur par la faute de modes de management s'étant appliqués à morceler les tâches.

C'est tout autre chose que les fab labs et autres hackerspaces de toute cette « philosophie du faire » célébrée par certains sociologues qui, se rendant sur le terrain, s'émerveillent d'assister au formidable mouvement d'émancipation offrant la chance, pour qui le souhaite, de se transformer en bricoleur enfin affranchi du joug du capitalisme et pouvant donner forme à toute sorte d'objets au moyen d'imprimantes 3D, conformément à l'idéologie hacker se réjouissant de l'avènement d'un « modèle alternatif » fondé sur la farce d'un esprit « collaboratif » qui ne vise *in fine* qu'à répondre à l'intérêt de chacun. Et c'est tout autre chose encore que l'« économie circulaire », l'« économie solidaire » ou ladite « économie du bien commun » dont le prétendu « prix Nobel » d'économie, Jean Tirole, se fait le chantre et à qui devrait plutôt être décerné le prix de la doxa et de la novlangue sociales-technolibérales. Ce qui compte, ce n'est pas d'ériger le recyclage comme un impératif majeur, de pouvoir acquérir à moindres frais une poussette ayant déjà servi, ou d'imaginer que le « local » va nous sauver de nombre de dérives, c'est la volonté délibérée et soutenue de concourir à l'émergence de formes de travail dignes et créatives. Il s'agit-là du plus grand projet politique, éthique et civilisationnel qui puisse se concevoir.

Toutefois, cette résolution suppose de ne pas dépasser une certaine échelle, faute de quoi les travers réapparaissent inévitablement. Il faut écouter cet ébéniste autrichien, dans le film *Nul Homme n'est une île*[34] – alors qu'il se trouve au milieu d'une forêt qu'il affectionne, vante les vertus de cet environnement préservé, évoque avec amour les arbres qui le nourrissent et dont il se fait fort de respecter les cycles de vie–, dire que, vu la qualité des produits fabriqués par sa structure, elle n'a cessé de se développer, mais qu'il ne tient pas à dépasser le seuil de dix personnes évoluant en son sein dans la mesure où l'esprit qui l'inspire depuis les débuts s'en trouverait dénaturé. Car la question de l'échelle revêt une portée éthique et politique majeure, elle détermine la forme d'une société, et plus encore, d'une civilisation, conformément à ce qu'avait déjà souligné en son temps Ernst Friedrich Schumacher dans son livre au titre ayant valeur de manifeste *Small Is Beautiful*: « Quelle est donc l'échelle qui convient ? Tout dépend de ce que l'on cherche à faire. La question d'échelle est aujourd'hui cruciale au plus haut point, dans les affaires politiques, sociales, économiques, aussi bien qu'en toute autre chose, ou presque[35]. » Pour tenter de répondre à cette exigence, il convient de remettre en cause les normes pédagogiques qui, depuis l'après-guerre, ont progressivement dénigré les humanités et l'apprentissage des savoir-faire, au profit des mathématiques et d'un enseignement abstrait et utilitariste. Il est bien normal que nous en payions aujourd'hui le prix. C'est à nous qu'il revient, sans attendre, de chercher à inverser cette malheureuse tendance. C'est alors toute notre conception du social qui est à repenser, ne devant plus être considéré sous la seule mesure d'avantages acquis, de rattrapage des salaires et de certaines conditions de travail, mais en tant que revendication légitime de bénéficier de la plus large marge d'expression de ses capacités dans l'exercice de ses tâches.

La volonté d'expérimenter – de ce qui peut être tenu comme une nécessité vitale et un devoir moral – doit déborder du strict cadre du travail pour se manifester dans une multitude de champs de la société. Face à toutes les difficultés de l'école publique, c'est à quiconque en éprouve le désir et en a les compétences d'essayer de mettre en place de petites structures qualifiées à dispenser un enseignement fondé sur l'appétit du savoir, le goût des livres et de la lecture, le développement de la créativité et l'apprentissage de tâches manuelles favorisant un rapport sensible aux choses, autant que désireux de faire comprendre les ressorts des grands principes qui nous fondent. De la même façon que des collectifs de médecins et d'infirmiers peuvent se constituer en vue de défendre une tout autre philosophie du soin, délibérément placée à l'abri des assauts de l'industrie des données et de l'omniprésence annoncée de l'intelligence artificielle. Tout comme des résidences pour personnes âgées peuvent être inaugurées, d'échelle réduite, au sein desquelles la pleine attention à chacun prévaut et où les robots dits « de compagnie » n'affichent leur présence que sous la forme de posters collés aux murs recouverts de dessins d'enfants leur ayant rajouté des moustaches ou quelque nez de clown par exemple. Chacun d'entre nous devrait pouvoir monter des projets alternatifs jugés vertueux pour l'ensemble commun et bénéficier à ce titre de soutiens de la collectivité. Ainsi, nous serons en mesure, où que nous nous trouvions, de travailler à l'avènement d'un régime démocratique autre, non plus fondé sur le primat du bulletin de vote, mais sur le droit – et le devoir – d'expérimenter et de construire des ZAD de toutes natures, jusqu'à faire jouer la jurisprudence lorsque nous le jugeons nécessaire, portés par la conviction que « le mouvement des peuples résulte [...] de l'activité de TOUS les hommes qui prennent part à l'*événement*[36] » (*Tolstoï*).

Ce dont nous avons besoin, ce n'est pas tant de « biens communs » – vantés à tout bout de champ par une certaine idéologie vaseuse de l'époque –, fondés sur la jouissance, mais de *façons d'être en commun*, qui se refusent à toute structure asymétrique de pouvoir, favorisent le plein épanouissement de chacun et respectent le principe inaliénable de notre pluralité. Comment définir l'humanisme que nous devrions défendre ? Non pas comme celui qui ambitionne de nous doter d'une puissance sans limite sur les choses, procédant d'un anthropocentrisme dominateur et dévastateur, mais comme celui qui nous enjoint de cultiver nos capacités, seules à même de nous rendre pleinement maîtres de nos destins, de favoriser l'éclosion d'une infinité de possibles, n'empiétant sur les droits de personne et donnant voix au chant polyphonique et ininterrompu des divergences.

Probablement est-ce cela faire de sa vie une œuvre d'art – individuellement et collectivement –, en cherchant à nous affranchir de normes et de carcans qui nous paralysent grâce à l'exercice sans retenue de notre pouvoir créatif – envisagé par Bergson comme conditionnant à la base l'expression de notre liberté –, celui qui témoigne de l'« élan vital » d'un monde qui « s'invente sans cesse » et qui, grâce à cette flamme, ne subit plus les événements de façon passive, résignée et triste : « Partout où il y a joie, il y a création : plus riche est la création, plus profonde est la joie[37]. » Car placer notre rapport aux autres et au réel sous le sceau de l'inventivité suppose de tracer pas à pas notre propre voie et de contribuer, à la mesure de chacun, à l'œuvre commune, sans frustration, ressentiment ou envie, parce que pleinement mû par toutes les facultés de notre corps et de notre esprit autant que par notre amour sans limite de la vie.

ÉPILOGUE

–

MOI, UN POULPE SCEPTIQUE

Nous sommes si proches et si lointains. Ce qui, foncièrement, nous différencie c'est que, tout comme vous, si nous sommes soumis aux aléas de la vie, à de multiples dangers, à la maladie, à la corruption, nous ne nous échinons pas, génération après génération, à parfaire les moyens destinés à nous protéger et à nous défendre, à tailler des silex, à mettre au point des arbalètes ou toutes sortes d'armes, à élever des murailles, à édifier des maisons de pierre, des châteaux forts, à nous en remettre à des rois et des systèmes politiques pour assurer notre sécurité ou notre survie. Tous ces procédés qui vous mettent plus ou moins à l'abri, mais qui souvent vous contraignent à évoluer dans des cadres restreints, jusqu'à parfois vous enserrer à des chaînes. Vous n'avez cessé, au cours des âges, d'élaborer des techniques de toute nature à cette fin. Néanmoins, malgré tous vos efforts et tant de réussites, votre vulnérabilité persiste, aucun expédient ne permettant de l'éradiquer définitivement, vivant depuis la nuit des temps, et jusqu'à peu, cette condition comme une fatalité. Car nous, à l'opposé de vous, si nous sommes autant confrontés aux risques de l'existence, nous ne voulons pas faire de cette inquiétude fondamentale le pivot de toutes nos actions, nous contentant d'avoir développé des capacités devant, au cas par cas, au présent et du mieux possible, répondre aux circonstances. Dernièrement, une nouvelle nous est parvenue. Elle a vite circulé parmi nous : il vous serait arrivé, à vous, les humains, un miracle. Il ne serait pas le fruit du Ciel ou d'une découverte faite par le plus grand des hasards, non, il émane de votre esprit et de votre volonté. Vous avez trouvé, en tout cas, quelques-uns d'entre vous s'y sont attelés, une parade définitive vous débarrassant de vos doutes, résolvant toutes vos contradictions, vous préservant de l'incertitude et des malheurs, et bientôt promise à vous mener à une béatitude éternelle.

Je viens de l'océan, des fonds sablonneux. On m'appelle Virgile, en référence à votre prince des poètes. Nous descendons d'une lignée commune qui, il y a à peu près 650 millions d'années, a pris des chemins divergents. Car, lors d'une étape décisive du processus de l'évolution, mes lointains ancêtres se sont refusés à emprunter la trajectoire à laquelle vous consentiez, à se voir constituer de structures symétriques, de répartitions délimitées et de formes homogènes. Cette idée leur déplaisait, leur donnant le sentiment que cette ossature, empreinte d'une harmonie apparente, limiterait l'horizon de leur expérience, leurs rapports aux éléments, à leurs semblables et aux autres espèces. Ils ont préféré demander à la nature de nous charpenter de corps protéiformes, de conformations malléables, de membres foisonnants, d'organes qui ignorent les frontières. Toutefois, nous ne considérons pas que nous bénéficions d'une position plus avantageuse que la vôtre, car vous aussi êtes en contact, à partir de votre constitution singulière, avec tant de richesses du monde. Vous les ressentez sous des prismes différents, vous en éprouvez les joies à votre mesure et cela fait partie de la variété sans limite de l'univers.

Mais que vous est-il donc arrivé ? Je me le demande. Nous ne cessons, avec mes congénères, de nous le demander. Pour quelle raison vous êtes-vous pris, autant d'entre vous, pour Hamlet, à avoir tenu un jour un crâne entre vos mains, à vous être mis à méditer sur votre tragique condition ? Comment en êtes-vous venus à vous dire que cet objet – cette partie de vous, celle dont vous estimez que c'est elle qui vous rend capable de tant de prodiges, d'équations les plus imprévisibles, d'œuvres les plus imaginatives, de sonates les plus émouvantes, tout ce génie dont vous pensez qu'il vous caractérise plus que toute autre créature –, si vous étiez en mesure de le reproduire et de lui octroyer une puissance infiniment supérieure, alors vous détiendriez la panacée à la totalité de vos difficultés ? Cette passion de vous-mêmes vous aurait conduit à puiser en vous le remède définitif à vos tourments immémoriaux.

Je tenais à m'adresser à vous. Sachez que je parle au nom des miens. À cet instant, j'aurais pu choisir de me lover sur un matelas d'algues brunes, d'errer au milieu des polypes luminescents, ou de conter fleurette à quelques-unes de mes prétendantes, mais une voix m'y somme au vu de notre filiation commune. Prenez mes paroles comme une mise en garde. Vous en ferez bien ce que vous voulez puisque vous ne cessez de prétendre tenir à votre liberté ; en tout cas il fallait que je vous les dise. Ne pensez-vous pas que les moyens que vous avez arrêtés, au lieu de vous sauver de vos maux et de vos angoisses, vont au contraire contribuer à un dépérissement de vos capacités mentales, à un appauvrissement de vos facultés sensibles, à une paresse générale, par la faute de dispositifs auxquels vous concédez tant de prérogatives et de pouvoir ? Pourtant, comme tant de créatures de la nature, vous êtes pleins d'ingéniosité et d'inventivité, capables de tant de prouesses. N'y a-t-il pas d'autres manières de s'essayer à vivre mieux que de vous inspirer de modèles repliés à votre propre constitution, ne trouvez-vous pas que ce dessein manque de souffle et d'audace, de toute cette audace qui pourtant vous caractérise ? Ignorez-vous que vouloir surpasser sa condition en vue de se soustraire à ses imperfections, s'acharner, tels certains héros antiques épris de démesure, à égaler les dieux, c'est courir à sa perte ? Avez-vous bien lu Sophocle et toute la tragédie grecque qui, depuis fort longtemps, vous ont avertis – nous aussi, car nous sommes curieux de vos œuvres et entendons tirer enseignement de tout–, que quoi qu'on fasse, on ne peut échapper à la fortune ? Ne pensez-vous pas qu'il aurait fallu, vu l'état si sophistiqué de votre science, chercher, tout à l'opposé, à vous déprendre de certains de vos schémas pour vous agréger de tout autres agencements qui auraient généré des pensées inédites, vous auraient fait éprouver des sensations inconnues, vous auraient ouverts à une nuée de dimensions insoupçonnées ? En vérité, ne pensez-vous pas que plutôt que d'avoir été pris par l'étrange ambition d'édifier une « intelligence artificielle », n'auriez-vous pas dû concevoir une « intelligence extraterrestre » ou subaquatique par exemple ?

Alors, vous pourriez, tout comme nous, les céphalopodes, percevoir les couleurs non plus au seul prisme de vos yeux, mais également à celui de votre peau, grâce à la présence de chromatophores sur sa couche supérieure, c'est toute votre impression des choses qui gagnerait en profondeur et en relief. Vous pourriez encore être ornés de teintes variant en fonction des fleurs, fruits, animaux, objets que vous côtoyez, témoignant ainsi, par votre aspect kaléidoscopique, de toute la mosaïque du monde. Vous pourriez encore, à l'occasion de vaines crises, au lieu de chercher à ferrailler inutilement, opter pour un camouflage, vous fondre dans le milieu et jouir sans plus de parasitage de chaque occurrence du présent. Le savez-vous ? Vous ne posséderiez plus un cœur, mais trois, car, depuis le commencement, nous pressentions, avec le savoir qui est le nôtre, que d'être doté de deux des attributs du sentiment aurait généré des passions contraires difficiles à souffrir et qu'un nombre foisonnant nous aurait fait perdre la tête. C'est pourquoi nous avons imploré la providence de nous appareiller d'une composition ternaire, seule à même d'assurer une parfaite attention à chaque objet de notre attachement, nous évitant ainsi de verser dans un romantisme excessif possiblement destructeur. Vous vous laisseriez alors aller à des expériences amoureuses de toutes sortes, non exclusives les unes des autres, sans jamais porter atteinte à l'honneur de quiconque, ni éprouver culpabilité et jalousie.

Vous seriez, selon vos envies ou les nécessités, pourvus d'une constitution n'ayant, à première vue, aucune forme définie, dénuée d'articulations et d'angles naturels vous allouant la plus grande souplesse ; chacun de vous pouvant se transmuer en Nadia Comaneci, la gymnaste roumaine qui, pour la première fois dans l'histoire, avait obtenu une note parfaite lors des Jeux olympiques de Montréal de 1976, tellement son corps semblait élastique, ne rencontrer aucune résistance et réalisait des figures dignes d'un mollusque. Vous pourriez vous replier sur vous-mêmes, vous convertir en une boule compacte, tenir en entier dans un Caddie ou loger confortablement dans le coffre d'une voiture par exemple. Vous auriez huit bras autour de votre bouche, vous permettant d'expérimenter, en temps réel, une infinité de combinaisons culinaires personnalisées, reléguant vos chefs étoilés au rang de pâles étudiants appliqués. Et vous qui semblez tant vénérer vos neurones et vos synapses, jusqu'à vouloir les reproduire par milliards sur des puces de silicium en vue de maximiser chaque conjoncture, conformément à une si pauvre visée connexionniste, vous pourriez en être gratifiés, plus seulement au sein de votre cerveau, mais dans la portion supérieure de votre tube digestif autant que dans vos bras. Vous appréhenderiez enfin le réel à l'écart d'inopérantes catégories binaires procédant d'une séparation entre corps et esprit, voyant plus que jamais vos capacités sensibles et conceptuelles évoluer de concert, vous ouvrant avec bonheur à toutes les épaisseurs de la vie.

Vous n'emprunteriez, pour aller d'un point à un autre et y revenir, jamais le même chemin au retour qu'à l'aller, vous faisant systématiquement découvrir de nouveaux territoires lors de chacune de vos échappées. Vous qui ne cessez de célébrer les vertus de la réactivité, de l'adaptabilité et de la flexibilité, au lieu de vous les imposer aux fins de tout optimiser, vous vivriez tout au contraire ces aptitudes naturelles pour gagner en liberté, vous détourner sans attendre de situations qui vous rebutent et vibrer en plein accord avec les éléments du cosmos. Vous auriez pu connaître cela et bien d'autres choses que moi-même j'ignore, vu que toutes ces dispositions seraient adjointes à vos qualités existantes ; vous resteriez des humains mais tendant, selon vos caprices ou les circonstances, vers un devenir poulpe. Ce serait une si belle occasion de faire permuter vos angoisses et votre mesquine passion du pouvoir pour les jubilations de la découverte, l'envie d'inconnu, la curiosité de l'ailleurs, vous trouvant ainsi disposés à répondre sans réserve à l'exhortation de Victor Hugo « d'aller au large ». Et alors peut-être évolueriez-vous, non pas tant dans une société pacifiée, que voyant chacun d'entre vous arpenter le monde sans systématiquement chercher à vous protéger, à devancer les autres et à thésauriser.

Je me tiens face à vous, nous vous aimons bien, nous échangeons souvent à votre propos, vu que vous nous rendez régulièrement visite dans le but de nous observer ou de mieux nous comprendre, et parfois en vue de nous attraper pour nous finir en sauce ou grillés dans vos assiettes. Néanmoins, nous n'éprouvons aucun ressentiment à votre égard. Oui, sachez-le, il n'est peut-être pas trop tard. Il vous est encore possible de délaisser votre mirage de réplique omnipotente de vous-mêmes pour peut-être renouer, après des centaines de millions d'années, avec des dimensions qui, enfin, vous affranchiraient de vos chaînes et permettraient de vous réaliser en tant qu'êtres faits de tant d'intelligences. Un mythe hawaïen, à juste titre, me considère, moi le poulpe, comme le « survivant solitaire » d'un monde antérieur. Puis-je vous le dire ? « Ce monde antérieur » est fantastique, non pas tant à cause des fonds marins au milieu desquels nous déambulons, mais de son opiniâtreté à ne jamais perdre de vue ce souffle premier de vie dont nous restons les garants. Vouloir l'éprouver à nouveaux frais élargirait soudainement votre horizon de vie – à l'infini –, vous mettant, tout le temps souhaité, comme face à « la mer, la mer, toujours recommencée » (Paul Valéry).

NOTES

INTRODUCTION
LE SURMOI DU XXIe SIÈCLE

1. Sarah Zhang, « La Chine, laboratoire du monde », *The Atlantic*, 16 février 2017, in *Courrier international*, n° 1395-96-97, 27 juillet - 16 août 2017.
2. Pieter Van Nuffel, « Les Émirats arabes unis créent un ministère de l'Intelligence artificielle », *Le Vif*, 20 octobre 2017.
3. Cf. le rapport « France IA » commandé par le gouvernement Manuel Valls en 2016, présidé par Christophe Sirugue.
4. « Un complexe dédié de 60 000 mètres carrés devrait être inauguré vers 2020 sur le campus de Paris-Saclay, mobilisant un budget de 100 millions d'euros. Selon sa présidente, Valérie Pécresse, "un seul critère doit compter : la création d'emplois". » Vincent Fagot, « Au CES de Las Vegas, Valérie Pécresse courtise les start-up étrangères », *Le Monde*, 11 janvier 2018.
5. Cf. la courageuse tribune de la chercheuse en informatique Huyen Nguyen : « J'ai une confession à faire. Je me sens comme un imposteur. Chaque jour, je reçois un mail d'un ami, d'un ami d'ami, d'une entreprise quelconque, qui me demande ma vision sur l'intelligence artificielle. […] Elles me demandent : "Auriez-vous des conseils à nous donner sur nos produits IA ?"… Elles parlent de l'intelligence artificielle comme si c'était la fontaine de Jouvence dans laquelle tout le monde voudrait se baigner. Et, si vous ne le faites pas, vous deviendrez vieux et finirez seul et abandonné. Ils pensent que je sais comment atteindre cette fontaine. […] Peut-être qu'un jour les gens vont prendre conscience que beaucoup d'experts en IA ne sont que des imposteurs. Peut-être qu'un jour les étudiants comprendront qu'ils feraient mieux d'apprendre des choses qui comptent vraiment. » Huyen Nguyen, « Confessions d'une soi-disant experte en IA », *Le Monde*, 30 août 2017.
6. Cf. Nicolas Lellouche, « Elon Musk et Mark Zuckerberg s'opposent sur l'intelligence artificielle », *Le Figaro*, 26 juillet 2017.
7. Cf. Isaiah Berlin, *Éloge de la liberté*, Pocket, 1990, et *En toutes libertés*, entretien avec Ramin Jahanbegloo, Le Félin, 2006.
8. Pierre Manent, *Histoire intellectuelle du libéralisme*, Pluriel, 1988, p. 123.
9. « Agir pour que l'intelligence artificielle soit utile à tous », entretien avec Cédric Villani par Christophe Alix, Erwan Cario et Fabrice Drouzy, *Libération*, 20 octobre 2017.

10. « Il faut plus de recherche dans l'intelligence artificielle », entretien avec Cédric Villani par Vincent Fagot et Morgane Tual, *Le Monde*, 28 mars 2018.

11. Cf. « Intelligence artificielle : Google DeepMind se dote d'une unité de recherche sur l'éthique », *Le Monde*, 4 octobre 2017.
De son côté, l'université de Stanford, pilier de la Silicon Valley, a également érigé la « question éthique » en tant qu'axe central d'un rapport intitulé *Artificial Intelligence and Life in 2030*.

12. Cf. Ray Kurzweil, *Humanité 2.0. La bible du changement*, M21 Éditions, 2007.

13. Antonio Damasio, *L'Ordre étrange des choses*, Odile Jacob, 2017, p. 339.

14. Programme développé par l'entreprise DeepMind, acquise par Google en 2014.

15. Georges Duhamel, *L'Humanisme et l'Automate*, Hartmann, 1933, p. 27.

16. Cf. Michel Foucault, *Discours et Vérité*, Vrin, 2016.

17. Jacques Ellul, *La Technique ou l'Enjeu du siècle*, Armand Colin, 1954.

18. Günther Anders, *L'Obsolescence de l'homme. Sur l'âme à l'époque de la deuxième révolution industrielle* [1956], L'Encyclopédie des Nuisances, 2002, p. 17.

19. Cf. pour un large aperçu critique accompagné d'une anthologie, le remarquable ouvrage coordonné par Céline Pessis, *Survivre et Vivre. Critique de la science, naissance de l'écologie*, L'échappée, 2014.

20. Cf. pour un salutaire et rare contre-exemple, le *Manifeste pour une formation citoyenne des ingénieur·e·s*, rédigé par le collectif Ingénieurs sans frontières, consultable à cette adresse : [www.isf-france.org/Manifeste_pour_une_formation_citoyenne_des_ingenieur·e·s]

21. Philippe Gavi et Robert Maggiori, préface aux *Écrits corsaires* [1976], Flammarion, « Champs », 2009, p. 16.

22. Hannah Arendt, *Responsabilité et jugement* [1971], Payot, 2005, p. 213-214.

–I
LE TOURNANT INJONCTIF DE LA TECHNIQUE

1. Ce même Charles Babbage qui, en 1833, publie son *Traité sur l'économie des machines et des manufactures* qui expose, sur des centaines de pages, des méthodes conçues pour optimiser, sous diverses formes, l'organisation générale des entreprises, selon un schéma qui peut être qualifié de préfordiste.

2. George Boole, *Les Lois de la pensée* [1854], Vrin, 2002.

3. Edwin Black, *IMB et l'Holocauste*, Robert Laffont, 2001, p. 27.

4. Norbert Wiener, *Cybernétique et société* [1950], Seuil, 2014, p. 203.

5. Le système expert Dendral fut élaboré par les informaticiens Edward Feigenbaum, Bruce Buchanan, le médecin Joshua Lederberg et le chimiste Carl Djerassi ; Mycin, fut développé par Edward Shortliffe pour le compte de la Stanford Medical School.

6. Si le problème à résoudre est de taille limitée, avec peu d'axiomes et de règles, le système peut en déduire toutes les conclusions possibles de manière mécanique, mais si la combinatoire s'avère trop complexe, il devient alors impossible d'explorer toutes les possibilités dans un temps raisonnable. Dans ce cas, il faut introduire des *heuristiques* qui vont écarter des pans entiers de cas possibles, permettant ainsi de se focaliser sur les hypothèses les plus prometteuses.

7. Norbert Wiener, *Cybernétique et société, op. cit.*, p. 66.

8. Cf. Günther Anders, *La Menace nucléaire. Considérations radicales sur l'âge atomique* [1958], Le Serpent à plumes, 2006.

9. Norbert Wiener, *Cybernétique et société, op. cit.*, p. 68.

10. *Ibid.*, p. 47.

11. Warren Sturgis McCulloch et Walter Pitts, « A Logical Calculus of the Ideas Immanent in Neural Nets », *Bulletin of Mathematical Biology*, vol. 52, 1943.

12. Norbert Wiener, *Cybernétique et société, op. cit.*, p. 88.

13. *Ibid.*, p. 64.

14. *Ibid.*, p. 183.

15. *Ibid.*, p. 124.

16. *Ibid.*, p. 125.

17. Cette intention fut, par exemple, particulièrement à l'œuvre dans le projet Cybersyn, commandé en 1970 par le président du Chili, Salvador Allende, un système informatique, conçu par le chercheur britannique Stafford Beer, destiné à superviser en temps réel l'économie nationale et plus largement à assurer une meilleure gouvernance du pays. Il devait être implanté au sein d'une large salle de contrôle d'aspect futuriste ; suite au coup d'État de 1973, il ne fut pas réalisé.
Cf. sur ce projet, Eden Medina, *Cybernetic Revolutionaries: Technology and Politics in Allende's Chile*, MIT Press, 2011.

18. Cf. sur l'aveuglement manifesté à l'égard de ce « neurolexique », le livre de Catherine Malabou, *Métamorphoses de l'intelligence. Que faire de leur cerveau bleu ?*, PUF, 2017, qui prend pour argent comptant cette terminologie et qui en déduit une supposée « métamorphose de l'intelligence ». Une théorisation rigoureuse de l'intelligence artificielle requiert d'être au fait des structures techniques autant que de ne pas faire preuve d'une naïveté béate face au vocabulaire enjoliveur employé par l'industrie du numérique.

19. Sur la « mythologie cérébrale » qui donne le tournis à nombre de disciplines, cf. Alain Ehrenberg, *La Mécanique des passions. Cerveau, comportement, société*, Odile Jacob, 2018.

20. Hannah Arendt, *Condition de l'homme moderne* [1958], Pocket, 2002, p. 188.

21. Cf. Gilbert Simondon, *Du mode d'existence des objets techniques* [1958], Aubier, 2012.

22. Norbert Wiener, *God & Golem Inc.* [1964], L'éclat, 2000, p. 39-40.

23. Cf. Jacques Ellul, *Le Système technicien* [1977], Le Cherche Midi, 2012.

24. Cf. Enrique Moreira, « Quand l'intelligence artificielle invente un langage incompréhensible par l'homme », *Les Échos*, 24 juin 2017.

25. « "C'est comme le cerveau : vous ne pouvez pas couper la tête et regarder comment ça fonctionne", résume Andy Rubin, le cofondateur d'Android, aujourd'hui très impliqué dans l'intelligence artificielle », in Céline Deluzarche, « Deep Learning, le grand trou noir de l'intelligence artificielle », *Maddyness*, 13 novembre 2017.

26. Cf. Yohan Demeure, « L'intelligence artificielle de Google a créé sa propre IA et celle-ci surpasse celle de l'Homme », *SciencePost*, 5 décembre 2017.

27. Cf. David Silver, Julian Schrittwieser, Karen Simonyan, Ioannis Antonoglou, Aja Huang, Arthur Guez, Thomas Hubert, Lucas Baker, Matthew Lai, Adrian Bolton, Yutian Chen, Timothy Lillicrap, Fan Hui, Laurent Sifre, George van den Driessche, Thore Graepel, Demis Hassabis, « Mastering the Game of Go without Human Knowledge », *Nature*, 19 octobre 2017.

28. Norbert Wiener, *Cybernétique et société, op. cit.*, p. 69.

29. Cf. Dave Gershgorn, « Google's Voice-generating AI Is Now Indistinguishable from Humans », *Quartz*, 26 décembre 2017.

30. Cf. par exemple, Adam Greenfield, *Every[ware]. La révolution de l'ubimédia*, Fyp, 2007.

31. Cf. Manuel Moragues, « Snips, la start-up française qui veut faire disparaître la technologie, lance son assistant vocal », *L'Usine nouvelle*, 14 juin 2017.

–II
LE POUVOIR D'ÉNONCER LA VÉRITÉ

1. Platon, *République*, Livre VII.

2. Aristote, *La Métaphysique*, Livre K.

3. Michel Foucault, *Histoire de la sexualité, tome 2. L'usage des plaisirs*, Gallimard, 1984, p. 12-13.

4. Jacques Derrida, *La Carte postale*, Flammarion, 1980, p. 447.

5. Jean Baudrillard *Cool Memories II*, Galilée, 1990, p. 57.

6. Cf. Jean-François Lyotard, *Au juste*, Christian Bourgois, 1979.

7. G.W.F. Hegel, *La Phénoménologie de l'esprit* [1807], Montaigne, vol., II, 1941, chap. VIII, « Le Savoir absolu ».

8. Gustave Flaubert, *Œuvres*, II, *Bouvard et Pécuchet*, Gallimard, « Bibliothèque de la Pléiade », 1952, p. 787.

9. Gustave Flaubert, *Correspondance*, I, Gallimard, « Bibliothèque de la Pléiade », 1973, p. 679-680.

10. Gershom Scholem, « Le Golem de Prague et le Golem de Rehovot », in Norbert Wiener, *God & Golem Inc.*, *op. cit.*, p. 115.

11. *Ibid.*, p.116.

12. Mark Harris, « God Is a Bot, and Anthony Levandowski Is his Messenger » *Wired*, 27 septembre 2017.

13. Simone Weil, « Expérience de la vie d'usine », *Œuvres*, Gallimard, « Quarto », 1999, p. 295.

14. Cf. Juliette Raynal, « Voyages-sncf.com veut se faire une place dans l'ère du commerce conversationnel », *L'Usine digitale*, 24 octobre 2017, et « L'intelligence artificielle à tous les étages dans le e-commerce », *L'Usine digitale*, 9 novembre 2017.

15. Cf. [https://dreem.com/fr]

16. Cf. Morgane Tual, « Echo Look, l'algorithme qui vous dit comment vous habiller », *Le Monde*, 29 juillet 2017.

17. Cf. Michel Foucault, *Histoire de la sexualité, IV. Les aveux de la chair*, Gallimard, 2018.

18. Cf. par exemple « Thibot », le chatbot utilisé par la société d'ingénierie et de conseil en technologies Alten, ou « Sam », utilisé par le groupe d'audit et de conseil Mazars.

19. Cf. les systèmes d'entretien vidéo utilisés par les sociétés EasyRecrue ou HireVue.

20. *Mindhunter*, série créée par Joe Penhall, d'après le livre éponyme de John Douglas et Mark Olshaker (Michel Lafon, 2017), produite par Netflix en 2016.

21. Jeremy Bentham, *Traité de législation civile et pénale*, Société belge de librairie, 1840.

22. Marine Miller, « À Madrid, des étudiants sous l'œil du big data », *Le Monde*, 2 novembre 2016.

23. Elias Canetti, *Masse et Puissance* [1960], Gallimard, « Tel », 1986, p. 257.

24. Morgane Tual, « Yann LeCun, de Facebook : "L'intelligence artificielle va sauver des vies" », *Le Monde*, 23 septembre 2017.

25. Par exemple, une équipe de Stanford (États-Unis) a conçu un logiciel destiné à identifier les tumeurs malignes cutanées les plus fréquentes – les carcinomes – et les plus redoutables, les mélanomes. Le système a été alimenté par une base de 130 000 images représentant plus de 2 000 pathologies de la peau. Une équipe chinoise a mis au point un programme capable de diagnostiquer, avec une efficacité prétendument égale à celle d'un ophtalmologiste, une maladie rare, la cataracte congénitale.
Cf. Lise Loumé, « Une intelligence artificielle capable de détecter les cancers de la peau », *Sciences et avenir*, 8 février 2017.

26. Jérôme Marin, « Bienvenue dans le cabinet médical du futur », *Le Monde*, 31 mars 2017.

27. Friedrich Engels, *La Situation des classes laborieuses en Angleterre* [1845], Éditions Sociales, 1973.

28. Karl Marx, *Le Capital*, Livre I, PUF, 1993, p. 475.

29. Roland Barthes, *Mythologies*, Seuil, 1957.

30. Simone Weil, *La Condition ouvrière*, première parution chez Gallimard en 1951.

31. Robert Linhart, *L'Établi*, Minuit, 1978.

32. Luc Boltanski, Ève Chiapello, *Le Nouvel Esprit du capitalisme*, Gallimard, 1999.

33. Kevin Kelly, *Out of Control: The New Biology of Machines, Social Systems, & the Economic World*, Basic Books, 1995, p. 189.

34. Cf. sur le guidage robotisé des gestes en entreprise, Marie Gueguen, « Les damnés de l'hyper », *Philosophie Magazine*, n° 90, juin 2015, et Naïké Desquesnes, « Cours Rebecca. Entretien avec deux ex-préparateurs de commande chez Chronodrive », *Z*, n° 9, printemps 2015.

35. Accenture, *Vision technologique 2016*.

36. Sur la politique dite d'« assassinats ciblés », cf. Jeremy Scahill et l'équipe du site *The Intercept*, *La Machine à tuer. La guerre des drones*, Lux, 2017.

37. Anaïs Cherif, « Bientôt un bracelet pour surveiller les employés d'Amazon ? », *La Tribune*, 5 février 2018.

38. Par exemple, le Pentagone recommande d'« accélérer l'adoption des capacités autonomes par le ministère de la Défense ». Le vice-président de l'état-major interarmées américain, le général Paul J. Selva, indiquait que, d'ici une décennie environ, les États-Unis pourraient concevoir des robots capables de décider par eux-mêmes de procéder à des exécutions. Les entreprises étatiques chinoises développent déjà des robots tendant vers l'autonomie. La Russie aurait testé le système Unicum, qui, selon l'agence du gouvernement, « dote les véhicules de capacités intellectuelles permettant ainsi à l'avenir d'exclure l'intervention humaine ». Le fabricant russe Kalachnikov a annoncé travailler sur un module de combat fondé sur des réseaux neuronaux « à même d'identifier des cibles et de prendre des décisions ».
Cf. notamment sur certaines recherches en cours, Toby Walsh, *It's Alive!: Artificial Intelligence from the Logic Piano to Killer Robots*, La Trobe University Press, 2017.

39. *Metalhead*, 5e épisode de la saison 4 de la série *Black Mirror*, écrit par Charlie Brooker et réalisé par David Slade, production Netflix, 2017.

40. Hannah Arendt, « Vérité et politique », in *La Crise de la culture* [1961], Folio essais, 2007, p. 289-307.

–III
LA MAIN INVISIBLE AUTOMATISÉE

1. Pierre Rosanvallon, *Le Peuple introuvable. Histoire de la représentation démocratique en France*, Gallimard, 1998, p. 384.
2. Gérard Jorland, *Une société à soigner. Hygiène et salubrité publiques en France au XIXe siècle*, Gallimard, 2010, p. 87.
3. Cf. Olivier Rey, *Quand le monde s'est fait nombre*, Stock, 2016.
4. Olivier Mougeot, « Google invente avec prudence la cité du futur à Toronto », *Le Monde*, 4 février 2018.
5. Thomas Hobbes, *Le Léviathan. Matière, forme et puissance de l'État chrétien et civil*, 1651, Introduction.
6. Pierre-Simon de Laplace, *Essai philosophique sur les probabilités*, 1814.
7. Jean-Jacques Rousseau, *Julie ou La Nouvelle Héloïse*, 1761.
8. Propos tenus par Bruno Bonnell, ex-patron d'Atari, qui fut responsable du plan Objets connectés auprès du gouvernement de Manuel Valls, aujourd'hui à la tête du fonds spécialisé Robolution Capital, in : Frédéric Joignot, « Robotisation générale », *Le Monde*, 4 janvier 2016.
9. Propos tenus par Laurent Stefani, directeur du département IA chez Accenture Technology, in : François Desnoyers, « L'entreprise à l'épreuve de l'intelligence artificielle », *Le Monde*, 16 octobre 2017.
10. Jean-Philippe Desbiolles « Le cobot, du robot collaboratif au robot cognitif », *Les Clés de demain*, 1er mai 2017.
11. Gilbert Simondon, *Du mode d'existence des objets techniques* [1958], Aubier, 2001, p. 12.
12. Jaques Ellul, *La Technique ou l'Enjeu du siècle, op. cit.*
13. *Robots, le meilleur des mondes ?*, film documentaire réalisé par Martin Mischi et Vincent Lepreux, diffusé dans « Envoyé spécial », France 2, 11 janvier 2018.
14. Michael Grieves, « Le jumeau numérique est un intéressant moteur de l'innovation », *Les Clés de demain*, 17 septembre 2017.

15. Cf. Liz Alderman, « Robots Ride to the Rescue Where Workers Can't Be Found », *The New York Times*, 16 avril 2018.

16. Cf. Matt Simon, « Tug, the Busy Little Robot », *Wired*, 11 octobre 2017.

17. Justin McCurry, « Japanese Company Replaces Office Workers With Artificial Intelligence », *The Guardian*, 5 janvier 2017.

18. Jérôme Marin, « En Californie, les robots s'invitent au restaurant », *Le Monde*, 9 mars 2018.

19. Günther Anders, *Nous, fils d'Eichmann* [1964], Rivages, 1999, p. 85.

20. James Burnham, *L'Ère des organisateurs* [1941], Calmann-Lévy, 1947.

21. Cf. Michel Foucault, *Les Mots et les Choses*, Gallimard, 1966.

22. Cf. Thomas Friedman, *La Terre est plate. Une brève histoire du xxi*[e] *siècle*, Éditions Saint-Simon, 2006.

23. Alain Supiot, *La Gouvernance par les nombres*, Fayard, 2015, p. 356.

24. *Ibid.*, p. 210.

25. Cf. « Reimagining Civilization with Floating Cities », The Seasteading Institute – Opening humanity's next frontier.

26. Emmanuel Kant, *Fondements de la métaphysique des mœurs* [1785], Vrin, 2004, p. 152.

27. Cf. Georg Simmel, *Philosophie de l'argent* [1900], PUF, 2007.

28. Theodor W. Adorno, Max Horkheimer, *La Dialectique de la raison* [1944], Gallimard, 1974, p. 34.

29. Friedrich Hayek, *La Constitution de la liberté* [1960], LexisNexis, 1994.

30. Milton Friedman, *Capitalisme et liberté* [1962], Flammarion, « Champs essais », 2016.

31. Ayn Rand, *La Grève. Atlas Shrugged* [1957], Les Belles Lettres, 2011.

32. Robert Nozick, *Anarchie, État et utopie* [1974], PUF, « Quadrige », 1988, p. 9.

33. *Whole Earth Catalog*, créé par Stewart Brand ; il parut régulièrement de 1968 à 1972, puis de façon épisodique jusqu'en 1998.

34. Timothy C. May, « The Crypto Anarchist Manifesto », lisible uniquement en ligne sur activism.net, 22 novembre 1992.

35. Cf. stratumn.com

36. Cf. à cette enseigne, la si éloquente et si grotesque « Déclaration d'indépendance monétaire » rédigée par un groupe de personnes, sous l'égide de l'informaticien libertarien Team McAfee, « The Declaration of Currency Independence ».

37. John Locke, *Traité du gouvernement civil* [1690], sect. 4.

–IV
LE PARADIS ARTIFICIEL

1. Cf. « la loi pour une République numérique », promulguée par l'Assemblée nationale française le 7 octobre 2016. Cette loi d'esprit technolibéral vise notamment à « libérer l'innovation en faisant circuler les informations et les savoirs, pour armer la France face aux enjeux globaux de l'économie de la donnée. »
[www.economie.gouv.fr/republique-numerique]
2. Claude-Henri de Rouvroy, comte de Saint-Simon, *L'Organisateur*, 1819.
3. Cf. les recommandations allant dans ce sens de la mission commandée par l'État à Erik Orsenna, accompagné de Noël Corbin, inspecteur général des Affaires culturelles, « Voyage au pays des bibliothèques. Lire aujourd'hui, lire demain », ministère de la Culture, février 2018. Sur les conclusions de cette mission, lire l'article d'Éric Dussert et Christina Ion, « Bonne sieste à la bibliothèque », *Le Monde diplomatique*, n° 771, juin 2018.
4. Friedrich Hayek, *Droit, législation et liberté. Une nouvelle formulation des principes de justice et d'économie politique*, vol. 3 : *L'Ordre politique d'un peuple libre* [1980], PUF, 1983, p. 166 et 180.
5. Norbert Wiener, *Cybernétique et société*, *op. cit.*, p. 204.
6. Jean Baudrillard, *Pourquoi tout n'a-t-il pas déjà disparu ?*, L'Herne, 2007, p. 44-45.
7. Margaret Thatcher, propos tenus dans le cadre d'un entretien donné au magazine *Woman's Own* en septembre 1987.
8. Hannah Arendt, *Responsabilité et jugement*, *op. cit.*, p. 73.
9. Simon Leplâtre, « En Chine, des citoyens sous surveillance », *Le Monde*, 15 juin 2018.
10. Brice Pedroletti, « En Chine, le fichage high-tech des citoyens », *Le Monde*, 11 avril 2018.
11. *Anon*, réalisé par Andrew Niccol, Netflix, 2018.
12. *Black Mirror*, « Nosedive », scénario écrit par Charlie Brooker, réalisé par Joe Wright, saison 3, épisode 1, Netflix, première diffusion le 21 octobre 2016.
13. Nietzsche, *Ainsi parlait Zarathoustra*, III, paragraphe 2, « Le convalescent », 1884.
14. Lewis Mumford, *Technique et civilisation* [1934], Parenthèses, 2016, p. 358.

15. Hannah Arendt, *La Crise de la culture, op. cit.*, p. 120.

16. Alex Pentland, *Social Physics: How Good Ideas Spread – The Lessons from a New Science*, Penguin Books, 2015.

17. Jessica Gourdon, « Libérés des voitures, les sous-sols deviennent le terrain de jeu des start-up », *Le Monde*, 6 octobre 2017.

18. Team X, groupe d'architectes composé notamment d'Aldo van Eyck et d'Alison et Peter Smithson, s'étant opposé aux conceptions rationalistes du modernisme. Il s'est attelé à donner forme à des principes fondés sur la prise en compte du contexte, l'histoire des habitants, leurs souhaits et privilégiant la mixité sous diverses formes. Il a été actif des années 1950 jusqu'au début des années 1980. Sur son histoire, ses écrits et ses réalisations, cf. particulièrement, *Team 10, 1953-1981, In Search of a Utopia of the Present*, NAI (Nederlands Architectuurinstituut), 2008.

19. Cf. Jérôme Marin, « Face à Amazon, Walmart s'allie avec Google dans le commerce en ligne », *Le Monde*, 23 août 2017, et Cécile Prudhomme, Alexandre Piquard, « Carrefour s'allie à Google pour contrer Amazon », *Le Monde*, 11 juin 2018.

20. Nick Wingfield, « Amazon Buys Ring, Maker of Smart Home Products », *The New York Times*, 27 février 2018.

21. Notion que j'avais développée dans *La Silicolonisation du monde. L'irrésistible expansion du libéralisme numérique* (L'échappée, 2016) et qui donnait son titre à un chapitre du livre.

22. Dominique Dubarle, « Vers la machine à gouverner ? », *Le Monde*, 28 décembre 1948.

23. Norbert Wiener, *Cybernétique et société, op. cit.*, p. 206.

24. Dominique Auffret, *Alexandre Kojève. La philosophie, l'État, la fin de l'histoire*, Grasset, 1990, p. 98.

25. Martin Untersinger, « SpaceKnow, l'entreprise qui analyse le monde en croisant images satellites et intelligence artificielle », *Le Monde*, 12 mars 2017.

26. Pierre Teilhard de Chardin, *Le Phénomène humain*, Seuil, 1955 et *L'Avenir de l'homme*, Seuil, 1959.

27. Cf. particulièrement, Clément Rosset, *Le Réel et son double*, Gallimard, 1976.

28. Cf. Clément Rosset, *L'Objet singulier*, Minuit, 1979.

29. Cf. Clément Rosset, *Le Principe de cruauté*, Minuit, 1988.

30. Morgane Tual, « Azuma, l'hologramme de compagnie destinée aux célibataires », *Le Monde*, 22 juillet 2017.

31. Yves Eudes, « La poupée gonflable de demain sera bavarde et connectée », *Le Monde*, 7 août 2017.

32. Yves Eudes, « Replika, le double d'un défunt dans une appli mobile », *Le Monde*, 28 juillet 2017.
33. Steven Levy, « How Elon Musk and Y Combinator Plan to Stop Computers From Taking Over », *Backchannel*, 11 décembre 2015.
34. Alexandre Piquard, « L'intelligence artificielle, star inquiétante du Web Summit à Lisbonne », art. cit.
35. Cf. nnaisense.com. Il n'est pas anodin que sur la page d'accueil du site de la société, la rubrique présentant l'équipe des responsables affiche des portraits exclusivement masculins, en l'occurrence celui de dix-huit hommes.
36. Kevin Loria, « Neil Degrasse Tyson Thinks There's a 'very High' Chance the Universe Is Just a Simulation », *Business Insider*, 22 avril 2016.
37. Aristote, *Éthique à Nicomaque*.
38. Martha C. Nussbaum, *La Fragilité du bien*, L'éclat, 2016.
39. Miguel de Cervantes, *L'Ingénieux Hidalgo Don Quichotte de la Manche*, 1615, deuxième partie, chapitre LVIII.

–V
MANIFESTE DE L'ACTION AU TEMPS DE L'EXPONENTIEL

1. Nicholas G. Carr, *Internet rend-il bête ? Réapprendre à lire et à penser dans un monde fragmenté* [2010], Robert Laffont, 2011.
2. Benjamin Constant, *Principes de politique*, 1815, chap. I.
3. Louis Delatronchette, « L'Assemblée inscrit la protection des données personnelles dans la Constitution », *Le Figaro*, 30 juillet 2018.
4. Claire Legros, « À Marseille, un algorithme pour "anticiper la sécurité" », *Le Monde*, 4 février 2018.
5. [www.laquadrature.net/fr]
6. [www.eff.org]
7. Cornelius Castoriadis, *Domaines de l'homme. Les Carrefours du labyrinthe*, Seuil, 1986, p. 319.
8. IEEE Standards Association [standards.ieee.org/develop/indconn/ec/autonomous_systems.html]
9. Lionel Prevost, « Le paysage des interfaces homme-machine que nous connaissons va profondément changer », *Le Monde*, 10 mai 2017.

10. Alexandre Grothendieck, « Comment je suis devenu militant », *Survivre* n° 6, janvier 1971, p. 9-10. Céline Pessis, *Survivre et Vivre. Critique de la science, naissance de l'écologie*, Introduction, L'échappée, 2014, p. 35.
11. Dominique Dubarle, « Vers la machine à gouverner ? », art. cit.
12. Eli Pariser, *The Filter Bubble: What the Internet Is Hiding from You*, Penguin Press, 2011.
13. Bruno Latour et Steve Woolgar, *Laboratory Life: The Social Construction of Scientific Facts*, Sage Publications, 1979 ; l'ouvrage fut plus tard traduit en français et parut sous le titre : *La Vie de laboratoire. La production des faits scientifiques*, La Découverte, 1988.
14. Lawrence Lessig, *Culture Libre* [2005], Lulu, 2012.
15. « "I Was Devastated": Tim Berners-Lee, The Man Who Created The World Wide Web, Has Some Regrets », Katrina Brooker, *Vanity Fair*, 1er juillet 2018.
16. Hans Jonas, *Le Principe responsabilité* [1979], Flammarion, « Champs essais », 2013, p. 15-16.
17. Andreas Malm, *L'Anthropocène contre l'histoire. Le réchauffement climatique à l'ère du capital*, La Fabrique, 2017.
18. Simone Weil, *L'Enracinement* [1949], Gallimard, « Folio essais », 1990, p.71-72.
19. François Jullien, *Les Transformations silencieuses*, Grasset, 2009.
20. Comité invisible, *Maintenant*, La Fabrique, 2017, p. 13.
21. Cf. Jürgen Habermas, *De l'éthique de la discussion*, Cerf, 1992.
22. Comité invisible, *Maintenant, op. cit.* p. 13
23. Auguste Blanqui, *Maintenant, il faut des armes*, La Fabrique, 2007.
24. Ivan Illich, *La Convivialité*, Seuil, 1973, p. 133.
25. Michel Foucault, *Dits et écrits*, vol. II, Gallimard, 1994, p. 176.
26. George Orwell, « La politique et la langue anglaise » [1946], in *Essais, articles*, Ivrea/L'encyclopédie des nuisances, 1995-2001, vol. IV, p. 158-159.
27. Françoise Rétif, introduction à Ingeborg Bachmann, *Toute personne qui tombe a des ailes*, Gallimard, 2015, p. 37-38.
28. *Bulletin de la République*, Journal officiel du gouvernement provisoire, décret du 28 février 1848, publié le 1er mars 1848, cité par Michèle Riot-Sarcey, in *Le Procès de la liberté. Une histoire souterraine du XIXe siècle en France*, La Découverte, 2016, p. 23.
29. Simone Weil, *L'Enracinement, op. cit.*, p. 29.

30. Pascal Lokiec, *Il faut sauver le droit du travail*, Odile Jacob, 2015.

31. *La Crise de la culture* [1954], Gallimard, « Folio », 2015, p. 246.

32. « Le travail n'est pas une valeur ! », dialogue entre Benoît Hamon et Pierre-Yves Gomez, mené par Martin Legros et Samuel Lacroix, *Philosophie Magazine*, n° 108, avril 2017.

33. Cité par Michèle Riot-Sarcey, in *Le Procès de la liberté*, *op. cit.* p. 47.

34. *Nul homme n'est une île*, réalisé par Dominique Marchais, production, Zadig Films, 2017.

35. Ernst Friedrich Schumacher, *Small Is Beautiful. Une société à la mesure de l'homme* [1973], Seuil, 1979, p. 171.

36. Tolstoï, *La Guerre et la Paix* [1869], tome II, Gallimard, « Folio », 2002, p. 711 et 728.

37. Henri Bergson, *L'Énergie spirituelle* [1919], PUF, « Quadrige », 1999, p. 24-25.

SOMMAIRE